KB180196

외식업
생존의 법칙

외식업 생존의 법칙

벼랑 끝 외식업, 위기 극복 긴급 매뉴얼

아라이 미치나리 · 김태경 지음 | 김수은 옮김 | 김성태 감수

이상미디어

개정판 서문1

격변하는 외식업 경영환경에서 노동생산성을 높이려면

2020년 1월에 한국을 방문해 《외식업 생존의 법칙》을 새로 내기로 계약했다. 이전 출판사 사정으로 절판된 책을 새로 내기로 하면서, 이왕이면 독자들에게 도움이 될 한국 상황이 들어갔으면 좋겠다는 의견을 받아들여 김태경 박사와 개정 작업을 같이하기로 했다. 한국 상황에 밝은 김태경 박사가 한국 외식업을 중심으로 내용을 보완하기로 하고, 나는 나대로 이전에 낸 원고를 손보았다.

나한테 이 책은 30년간 외식산업에 종사해 온 경험을 바탕으로 집필한 결과물이다. 그동안 나는 일본뿐 아니라 한국의 외식기업에 대한 현장 문제점을 진단하고, 해결 방안을 제시하는 일을 해왔다. 이 과정에서 한일 양국의 매장 활성화 컨설팅을 진행했다. 한국과 일본 외식업의 상호 진출과 친선을 도모를 꾀하는 일을 모색하다가 나는 한국의 외식 업계에 꼭 필요하다고 생각한 점을 발견했다.

그 내용을 크게 기초력, 운영력, 기획력 등 세 가지로 정리했다. 외식 경영에 필요한 내용을 폭넓게 소개하려다 보니 하나하나 자세하게 얘기하지 못한 부분이 없지 않지만, 필요하다 싶으면 추후 내용을 좀 더 보강해 책으로 낼 예정이다.

스물한 살이 되던 1981년, 호텔 주방에서 아르바이트를 시작한 후로 지금까지 나는 줄곧 외식업에 종사해 왔다. 1988년부터 1992년까지 한국에서 유학한 시절을 제외하면 외식업에서만 종사한 햇수는 어느새 30년이 넘는다. 그동안 한국과 일본의 외식 업계는 많은 변천 과정을 거치며 성장해 왔다. 특히 1993년부터 외식업 전문 컨설턴트로 활동하면서 나는 양국의 외식 업계에 넓고 깊게 관여했다. 이 과정에서 나는 외식 산업의 변화를 직접 목도하고, 경험할 수 있었다. 그런 만큼 한일 양국의 외식 산업을 이야기할 때면 감회가 남다를 수밖에 없다.

내가 근무했던 일본 최대 규모의 음식점 전문 컨설팅 회사 OGM 컨설팅은 일본 전역에 600여 개 회사를 클라이언트로 두고 있으면서 일본을 대표하는 수많은 외식기업을 육성하고 지원해 왔다. 그중에는 와타미和民, 아톰, 모노가타리物語 코퍼레이션, ㈜페퍼푸드 서비스, 토마토 & 어니언 등 많은 상장기업뿐만 아니라, 연매출 100억 엔이 넘는 ㈜코오라甲羅, 반도타로坂東太郎 등 비상장기업들도 많았다. 이들은 모두 일본의 외식산업 성장에 크게 공헌해 온 대표적인 외식 관련 기업들이다.

1993년, 한국 유학을 마친 나는 음식점 근무 경험과 한국에서 유학 경험을 바탕으로 OGM컨설팅에 입사해 창업자인 고故 사카키 요시오榊芳生 선생을 스승으로 모셨다. 장어요리를 가업으로 하던 집에서 태어나 젊은 시절 장어요리 전문점을 물려받은 그분은 매장을 19개까지 체인화하는 데 성공했다.

어려운 역경 속에서도 사카키 선생님은 외식업에 종사하는 사람들의 행복을 위해 일하고 싶다는 생각을 접지 않았다. 그는 전국을 돌아다니며 장어요리 전문점에서 사용하던 '비법 담은 장어 양념장'을 판매했다. 이 무렵 방문한 매장마다 자신의 경험을 바탕 삼아 조리기술은 물론 경영에 필요한 조언도 해 주었는데, 신기하게도 그의 가르침대로 실천한 매장들의 매출이 오르기 시작했다. 그 일이 입소문을 타고 퍼져나가면서 가르침을 받으려는 매장이 늘어났다. 그리고 마침내 클라이언트가 40개 사가 되었을 때 그는 OGM컨설팅을 설립했다.

그는 일찍이 '외식업은 인간 중심의 산업'이라는 점을 간파했다. 따라서 그의 컨설팅의 핵심도 바로 이 점에서 출발한다. '외식업이 사람들의 행복을 위해 존재하기 때문에, 사람들의 행복을 위한 경영을 해야 매장과 회사가 성장하고 발전할 수 있다'는 자신의 철학을 담아 컨설팅했다. 결코 '경영자와 그 가족의 행복만을 추구하는 경영을 해서는 안 된다.'고 강조했다.

사카키 선생님은 경영자가 '돈을 벌려면 어떻게 해야 합니까?'라고 물으면 '왜 돈을 벌고 싶습니까?'라고 되물었다. 그리고 대답을 못하는 경영자에게는 '돈을 벌고 싶은 목적이 무엇인지 다시 한번 생각하고 오라.'며 크게 꾸짖었다. 질문의 의미를 이해 못 하는 경영자도 있었지만, 다시 진지하게 생각하고 도움을 청하는 경영자에게는 '모든 사람의 행복을 위해 번성하는 매장을 만들어야 한다.'며 자신의 지론을 이야기했다.

아버지가 자식을 생각하는 마음으로 꾸짖는 듯한, 진심과 애정이 담긴 이 같은 조언에 경영자들은 그를 절대적으로 신뢰했다. 그 결과 실제로 그의 말을 듣고 자신의 가족 및 직원, 지역사회를 위한 공헌까지 생각한 경영을 함으로써 가업 수준이던 매장을 상장기업으로 성장시키는 성과를 이루어낸 경영자들도 많다.

사카키 선생은 한국을 무척 좋아했다. 젊은 시절 장어를 구입하기 위해 한국을 방문했을 때 한국의 자연환경과 한국 사람들의 정에 반했기 때문이다. OGM컨설팅을 설립한 후에도 한국의 많은 음식점 경영자에게 도움을 주고 싶다는 강력한 의지를 보였다. 그리고 마침내 그 바람을 실현하기 위해 1991년에 OGM-KOREA를 설립했다. 실제로 놀부, 투다리, 군산횟집, 벽제갈비, 아모제푸드 등 한국을 대표하는 많은 외식기업에 큰 영향을 끼쳤다. 놀부의 창업자인 김순진 전 회장은 놀부의 성공이 그의 가르침 덕분이었다고 말할 정도였다.

57세에 한국어를 배우기 시작해 하루도 공부를 게을리하지 않았던 그는 5년 후 한국어로 20분 동안이나 강연을 할 수 있을 정도였다. 2016년 1월, 세상을 떠날 때까지 한국어 책을 항상 머리맡에 두고 있었다는 사실로 보아 한국의 많은 경영자를 매료시킨 그의 한국어에 대한 열정이 어떠했는지는 미루어 짐작할 만하다.

OGM컨설팅은 비록 2009년에 문을 닫았지만, 그의 가르침은 수제자이자 서드 쿼터 컨설팅Third Quarter Consulting 대표인 카시와노 미츠루柏野滿에게 계승되어 발전된 이론으로 많은 경영자에게 전파되고 있다.

책을 출간하는 과정에서 카시와노 미츠루 대표의 감수를 바탕으로, 그의 저서인《점장의 실무를 알 수 있는 책》의 이론을 한국의 외식업 경영자들에게 적합하도록 새롭게 다듬었다. 그리고 30년 가까운 세월 동안 한국 외식산업의 변천사를 지켜보면서 사카키 선생의 철학을 계승한 우리의 생각이 한국의 격변하는 음식점 경영환경에 조금이나마 도움이 될 수 있었으면 하는 바람으로 내용을 구성했다.

한 세대 전만 해도 식당은 한국이나 일본이나 먹고 살기 위해 선택할 수밖에 없었던 생업의 성격이 강했다. 하지만 지금은 엄연한 산업의 한 축을 담당하고 있다. 최근 들어 외식업에 젊은 경영자들이 참여하면서 생긴 일이다. 그들은 제대로 된 비즈니스 감각을 익히고, 경영에 몰두한다. 외식업에 자존심을 걸고 즐겁게 일하는 모습은 멋지기까지 하다.

하지만 외식업은 접객 서비스 업종이다. 필연적으로 '감정노동'을 수반한다. 고객들의 태도나 일하는 동료들과의 관계에 따라 감정이 달라지고, 심하면 감정노동의 강도가 높아진다. 따라서 사람을 상대로 하는 외식 서비스 종사자들에게 '마음 경영'이라고 할 자기관리법이 필요하다.

'마음 경영'을 하려면 무엇보다 자기감정의 바닥을 보이지 않도록 해야 한다. 감정을 다 소진하기 전에 채우는 것, 휴대폰에 배터리가 방전되면 충전하듯이 스트레스로 감정이 소진되기 전에 새로운 에너지를 채워 넣어야 한다. 그래야 고객과 직원들에게 좀 더 친절하게 다가갈 수 있다. 이는 외식업 경영을 할 때 꼭 풀어야 할 숙제다. 이 숙제를 잘 해결해야 비로소 경영 철학과 경영이념을 확립할 수 있다.

그러므로 한국의 외식업도 지금 준비하지 않으면 안 된다. 부디 지금부터라도 철저히 준비해서 외식시장에서 반드시 승리하기를 바라며, 이 책이 조금이나마 도움이 되길 바라마지 않는다.

마지막까지 한국을 생각하며 천국으로 여행을 떠나신 은사 사카키 요시오 선생께 이 책을 바침과 동시에, 지금도 깊은 애정으로 지도해 주고 계신 카시와노 미츠루 대표께 진심으로 감사드린다. 또 이 책의 발간에 큰 도움을 주신 이상미디어의 이상규 대표께도 깊은 감사의 말씀을 전한다.

아라이 미치나리

개정판 서문 2

뉴노멀 시대에 외식업이 살아남으려면

코로나19가 우리 삶을 뿌리째 변화시키고 있다. 그중에서도 외식 생활은 전에 경험해 보지 못한 모습으로 바뀌고 있다. 식당에서 손님이 음식을 먹는 방식이 달라졌다. 여러 명이 공동으로 떠먹는 음식은 가능하면 피하고, 불가피할 경우 개인 앞접시와 개인 국자는 필수다. 반찬도 각자 덜어 먹는 전용 젓가락을 추가로 사용한다. 좌석도 밀집해 앉지 않는다. 혼밥, 혼술도 이제 더 이상 1인 가구의 이야기가 아니다. 식당 입장에선 여간 번거로운 게 아니고, 그에 따르는 비용도 만만찮다. 그런데 외식업 종사자들을 더욱 힘들게 하는 점은 손님들이 가능하면 최대한 외식을 꺼려 식당에 오려고 하지 않는다는 것이다.

외식업 종사자, 특히 식당 점주들은 저출산 및 고령화 사회로 말미암은 경제 저성장 시대에 임차료 인상과 각종 식자재 원가 상승으로 고통을 겪고 있다. 여기에 이제 코로나19 사태까지 겹쳐 숨통이 막히고 언제 질식사할지 모른다. 사실 많은 점주가 식당 문을 닫고 있거나 이미 닫았다. 코로나19 사태를 안정시키기 위해 정부 당국과 국민들 모두 힘을 쏟고 있지만, 언제 예전으로 돌아갈 수 있을지, 아무도 모른다.

코로나19와 친노동 정책으로 더욱 어려워진 외식업 현실

한편 지금까지 최저임금 제도(2020년 현재 최저임금은 시급 8,590원)는 정치적 대의를 떠나 식당 점주들을 포함한 자영업자, 소상공인들에게 경영상 현실적인 큰 부담을 안겨 주었다. 최저임금 급등으로 대다수 우리나라 식당 점주들의 인건비 지급 능력의 한계선에 이른 것이다. 그런데 이번에는 더 나아가 퇴직금 관련 친노동 정책이 도입되려고 한다. 그동안 현행법으로는 계속근로기간이 1년이 채 안 되는 근로자에게는 퇴직금 지급이 제외됐다. 그러나 2020년 6월 여당 의원에 의해 대표 발의된 '근로자 퇴직급여 보장법 개정안'이 통과되면 근로기간 1개월 이상인 직원 퇴직 시 의무적으로 무조건 퇴직금을 지급해야 한다.

최저임금제도에 이어 퇴직금 관련 법 개정은 식당 점주들에게 치명적인 경제적 부담으로 다가올 것으로 예상된다. 지금도 식당 점주를 포함한 자영업자들은 인건비가 가장 부담이 되기 때문이다. 이에 여당 내 일부 의원과 몇몇 정부 관계자는 이 퇴직금 관련 법 개정 추진은 시장에 미치는 파장을 고려해서 신중하게 살펴 현실적으로 해야 한다고도 말한다.

어쨌든 거대 여당에서 발의한 친노동법 개정안은 통과될 가능성이 높아 식당 점주의 직원 퇴직금 부담은 높아질 것이고, 최저임금 인상은 뜨거운 감자가 아닐 수 없다. 게다가 코로나19 사태는 언제 끝날지 알 수 없고, 저출산과 인구 고령화로 경제는 저성장기를 지나 가파르게 초저성장기로 내리닫고 있어 장기 불황의 그림자가 짙다.

이런 상황에서 식당 점주들은 과연 외식 사업을 계속 이어나갈 수 있을까? 이 어려운 시기를 식당 점주들은 어떻게 뚫고 나갈 수 있을까? 우리 점주들이 이 어려운 질문에 대한 답을 찾도록 희망을 주려는 마음으로 이 책을 쓰게 되었다.

지금 필요한 것은 합리적 경영을 위한 실행 매뉴얼

나는 마케팅 업무 특성상 해외 출장이 잦았다. 미국은 물론이고, 특히 일본 외식 시장에 관심이 많아 1년에 수차례 시장조사를 하러 다녔다. 식당 관련 책을 참고할 때 나는 국내 도서보다 외국, 특히 일본 번역서를 많이 보았다. 한일 간에 쌓인 감정을 떠나 일본의 외식업 관련 책은 구체적이고 알찬 내용들이 많았다. 그런데 국내 서적을 보면 '내가 이렇게 성공했으니 여러분도 성공할 수 있다'는 성공한 식당 점주들의 주관적 경험담과 격려가 대부분이다. 어떻게 해야 한다는 구체적인 방법론은 많지 않았다. 사실 그 책들에 나오는 식당 점주들의 성공도 정말 실력인지 운인지 알 수 없다.

그래서 구체적인 식당 운영의 노하우나 공유할 수 있는 성공 비결을 알려 주는 외식 관련 책들이 많았으면 좋겠다고 생각해오던 차에 2018년《외식업 승자의 조건》(개정 전 제목)을 읽게 됐다. 한일 외식 컨설팅 경험이 많은 한국계 일본인 아라이 미치나리 선생이 쓴 책이다. 최저임금 인상으로 불만이 가득한 우리나라 식당 점주들에게 식당을 운영하는 데 노동생산성의 중요성을 상세하게 설명해 주는 책이다.

투자는 했지만 식당 운영 경험이 부족해서 무엇을 어떻게 해야 할지 잘 모르는 점주들이 많다. 그런 이들을 위해 외식업의 특성을 잘 짚어 주면서 식당을 진두지휘할 수 있게 현장 매뉴얼을 제공한다. 예를 들면 인건비를 시간 단위로 관리해서 노동생산성을 높이고, 데이터 분석을 통해 메뉴를 관리하며, 고객 관리에서 최종 구매일과 구매 빈도에 더해 구매 누적액까지 분석하는 방법 등이다. 내가 아는 식당 점주들에게 반드시 권해야겠다고 생각할 정도로 정말 좋은 책이다. 지금과 같은 코로나19 시대에 꼭 필요한 전략들이기 때문이다.

그런데 이 책의 유일한 아쉬운 점이 있다면, 2년 전인 2018년 일본과 우리나라에서 지금 빠르게 진행되고 있는 저출산과 고령화 문제 등 외식시장의 어두운 현실을 그저 일본의 일로만 설명한 점이다. 그런 이유로 우리나라 독자들이 위기감을 못 느꼈던 것 같다.

이 책의 초판이 나오고 2년이 겨우 지났을 뿐인데, 우리 외식시장은 상전벽해桑田碧海와 같은 변화를 맞이했다. 마치 인류 역사가 예수 탄생 이전과 이후 세계로 나뉘는 것처럼 B.C.Before Corona(코로나 이전), A.C.After Corona(코로나 이후)라고 표현할 정도로 엄청난 변화다.

그냥 일시적인 전염병이라면 언급할 필요도 없겠지만, 코로나19는 우리가 지금까지 살아온 세계와는 다른 새로운 세계 질서를 만드는 대사건이다. 코로나19 이전과 이후의 세계는 다른 삶을 추구하게 될 것이다. 세계화, 신자유주의로 이야기되던 세계 질서가 새롭게 정비된다. 사람들의 식생활이나 외식활동도 많이 달라진다. 이에 따라 우리의 식당 운영도 많이 바뀌어야 한다.

식당 점주들이 먼저 노동생산성 높여야

출판사에서 처음 이 책을 다시 내자고 했을 때 설레는 마음으로 수락하고는 두세 달 망설였다. 외식업에서 노동생산성을 높이는 문제를 다룰 때 노동생산성 개념을 작은 식당까지 적용하려 하다 보면 일하는 노동자들이 너무 힘들어질 수 있기 때문이다. 식당 일은 육체노동과 감정노동이 결합되어 있어서 단순히 노동생산성을 높이는 방법을 다른 산업처럼 적용하기 어렵다. 감정노동에 따른 정신적 스트레스를 무시할 수 없어서다. 그래서 식당이라는 복잡한 현장에 노동생산성을 도입할 때 발생할 수 있는 문제도 고려해야 했다.

이 책에서는 노동생산성을 다루는데 특히 점주(점장)들의 역할을 강조한다. 식당에서 가장 인건비가 비싼 업무, 예를 들면 특히 주방 일을 누구보다도 점주 자신이 수행함으로써 비용을 더 절감하고 생산성을 높일 수 있기 때문이다.

일본에서는 식당 점주 80%가 주방에서 일하고, 한국 점주들은

80%가 카운터에서 돈만 받는다. 이러한 현실은 시사하는 바가 크다. 또한 내부 고객, 즉 직원에 대한 관리도 잘해야 한다. 직원 스스로 자신의 일에 만족감을 높이고 사명감을 갖도록 격려하고 응원해주며, 함께 성장하는 비전을 나누는 것이 식당 점주(점장)의 중요한 덕목이다.

어떤 일이든 원리를 알면 쉽게 할 수 있다. 군대 삽질도 요령을 알면 힘들지 않듯이 말이다. 이삿짐센터 전문가들은 그 무거운 냉장고나 피아노도 척척 들어서 움직인다. 식당 일도 마찬가지다. 방법을 알면 쉽고 즐겁게 할 수 있다. 함께 일하는 직원이나 아르바이트생은 가족적인 관계나 높은 임금보다 일을 제대로 배울 수 있는 식당을 선호한다. 식당도 그 나름의 전문성을 확보해야 하는 이유가 여기에 있다. 그렇기 때문에 식당을 진두지휘하는 식당 점주가 제대로 배워야 한다. 그래야 직원과 알바에게 업무를 제대로 지시할 수 있다.

과학적 경영관리가 답이다

나는 대학 졸업 후 롯데그룹에 입사해 십수 년간 마케팅 등을 담당했다. 중간에 다시 학교로 돌아가 마케팅 전공 박사 학위를 받고 다시 회사에 복직했다. 그러면서 마케팅 팀장으로 미국 TGI프라이데이스 본사 마케팅 부서와 많은 교류를 했다. 그런데 미국의 TGI프라이데이스는 마케팅 박사 학위를 받은 나보다 더 철저하게 필립 코틀러의 마케팅 원리, 즉 마케팅 교과서에 충실한 식당 실전 마케팅 전략을 전개하는 것을 보고 매우 놀랐던 적이 있다.

국제적인 프랜차이즈들은 서로 다른 해외시장에서 마케팅 전략을 구사하는데 교과서적인 원칙을 준수한다. 나 역시 TGI프라이데이스 현업에서 마케터로 활동하면서 교과서적인 원칙을 준수함으로써 큰 성과를 낼 수 있었다. 이 책 또한 우리나라 식당이 어려운 환경 속에서 일반적인 마케팅에 앞서서 알아야 할 식당 운영의 기본 원칙에 대한 이야기를 강조하고 있다.

이제 우리는 코로나19가 지나간 후의 변화를 이야기할 때다. 시장 변화를 어떻게 받아들이고 무엇을 준비할지 몰라 난감해하는 식당 점주도 있겠지만, 개중에는 존폐의 갈림길에서 폐업을 생각하는 점주도 있을 것이다. 하지만 위기는 늘 있었다. 그리고 우리는 위기를 통해 성장해 왔다. 이번에 닥친 코로나19라는 위기를 극복하면서 우리는 생존력을 키울 것이다. 그러자면 이 위기에서 살아남아야 한다. 지금은 승패를 떠나 생존이 우선이다. 그러려면 지금 당장 발등에 떨어진 불부터 끄자. 우선 비용을 절감하고, 효율성을 높이는 식당 운영 체제로 전환하자. 비상사태일수록 기민해야 한다. 단단히 고삐를 조이고 내실을 기하는 데 집중하자.

외식업은 사람의 가치를 함께 키워가는 일

식당食堂이라는 한자는 밥 식食, 집 당堂이라고 쓴다. '食'은 人(사람 인)+良(어질 량)이 더해진 한자다. 곧 '사람을 어질게 해 준다'는 의미 외에 '행복하게 해 준다'는 의미도 있다. 즉 외식업(식당)은 사람을 행복하게 해 주는 일이다. 외식업은 사람의 가치를 함께 키워가는 일이다. 우리 식당 점주들도 외식업의 가치를 가슴속에 잘 담아두면 좋겠다.

나는 그동안 책을 쓰면서 가르침을 준 선배들에게 늘 감사하다고 말해 왔다. 이 책에서는 나의 식당학 선생님이었던 TGI프라이데이스 길은진 점장, 이은경 강사, 박기석 팀장, 김상진 상무, 제주도에서 우리나라 최고의 교차숙성 돼지고기로 나의 체면을 지켜준 송민규 사장과 그밖에 나와 같이 식당 전쟁터에서 싸웠던 모든 친구에게 감사의 마음을 전하고 싶다.

좋은 책을 소개해 주고 많은 가르침을 주는 아라이 선생께 깊은 경의를 표하고, 이 책을 다시 쓰는 작업에 공동으로 참여하게 해준 데 깊은 감사를 드린다. 좋은 책을 다시 부활시켜 준 이상미디어의 이상규 대표에게도 감사의 말을 전하고 싶다.

아무쪼록 이 책이 코로나 시대에 식당 관리 교과서로서 우리나라 식당 점주들에게 현실적이고 구체적인 답을 찾아가는 데 도움이 되는 나침반 역할을 한다면 더 바랄 것이 없겠다.

우리 식당 점주들의 건승을 기원하면서.

김태경

감수의 글

외식업에서 승자가 되는 노하우

내게 오랫동안 외식업 분야를 경험하고, 축적한 노하우를 담은 도서를 추천하라고 하면 나는 단연 《외식업 생존의 법칙》을 말할 것이다. 특히 이 책은 오퍼레이션(매장 운영 체제) 부분에서 가장 효율적으로 사용할 수 있는 실무 지식과 도구를 제공한다는 점에서 실무서에 해당한다. 실제 경영을 하거나 외식기업에서 근무하는 직원들에게는 '바이블' 혹은 '교과서' 같은 책이 되어 주리라 확신한다.

2020년 한국의 최저시급은 8,590원, 여기에 주휴수당을 포함하면 10,308원. 야간 근무를 하면 12,885원…….

밤 10시~12시까지 일하는 곳이 많은 외식업체로서는 재료비와 더불어 부담이 큰 비용이 인건비다. 외식 경영자로서는 효율적인 관리가 절실함 부분이기도 하다.

이 책은 저자가 자신의 경험을 바탕으로 효율적인 인건비를 관리할 수 있는 관리 방법, 즉 시간 단위로 인건비를 관리함으로써 노동생산성이 높은 매장을 만드는 구체적인 해법을 제시한다. 매장 운영에서 가장 중요하지만, 데이터를 통해 이루어지지 않는 메뉴 관리를 마진믹스 시뮬레이션 분석으로 설명한다. 메뉴별 판매가격과 판매수량을 설정하여 메뉴의 인앤아웃in and out까지 가능하게 하는 데이터 분석을 활용해 시스템적 관리가 이루어지는 방법을 알려준다.

외식업에서 매번 지적되어 온 문제가 메뉴에 대한 과학적인 분석이 부족하다는 점이었다. 그래서 뷔페 스타일의 레스토랑을 운영하고 있는 나도 자체적인 분석 툴을 개발하여 활용해 왔다. 음주류 분야에서는 카사바나 앤 스미스Casavana & Smith 방식과 파베식Pavesic 방식의 메뉴 분석을 활용해 음주류의 인앤아웃을 결정하고 있다. 이 같은 현실에서 저자의 분석 시스템은 큰 도움이 되리라 생각한다.

마지막으로 저자는 고객관리에 대한 구체적인 조건들을 제시하고 있는데, 그중에서 RFM이라는 방법은 혁신적이다. 외식업에 관계하고 있는 모든 사람이 이 방법을 꼭 도입해 실행해 보았으면 하는 생각이 들 정도다. 우리 회사에서도 R(최근 구매일)과 F(구매빈도)의 두 가지를 분석해 CRM(고객관리)을 시행하고 있지만, 고객의 M(누적 구매액)까지 반영해 고객관리를 할 생각은 못했다. 저자가 제시한, 불특정다수를 겨냥한 매스마케팅에서 고객을 더 세분화한 타깃마케팅으로 전환할 경우, 얻을 수 있는 성과는 기대 이상이다. RFM

방식을 통해 효과적인 고객관리를 해본 저자의 산 경험인 만큼 이 책의 독자들은 치열한 경쟁에서 살아남을 수 있는 강력한 무기를 얻은 것이나 다름없을 것이다.

외식산업은 서비스 산업이면서 동시에 노동집약 산업이며 감정노동 산업이다. 게다가 창업하기도 쉽지만, 망하기도 쉬워 폐점률 또한 매우 높다. 요즘처럼 경쟁이 심해지는 외식산업에서 승자가 되는 길은 매우 힘들다. 그러므로 생존하기 위해서는 항상 배우고 준비해 행동으로 옮겨야 한다. 나와 함께 일하는 동료들과 매장을 방문하는 고객을 내가 가장 사랑하는 사람이라고 생각하는 사람이라면, 그 사람은 이미 성공의 라인에 서 있는 것이나 마찬가지다. 거칠고 험난한 외식산업에 종사하는 모든 분이 승자의 기쁨을 누릴 수 있기를 기원한다.

김성태

추천사

벼랑 끝에 내몰린 외식업자들에게 '희망의 등불'이 되어줄 책

2020년 1월에 jtbc TV에서 방영된 드라마 〈이태원 클라쓰〉는 과거 〈허준〉이라는 드라마로 젊은이들 사이에 한의사라는 직업을 호감과 선망의 대상으로 바꿔 놓았듯이 외식업을 매력적인 사업, 하고 싶은 직업으로 바꿔 놓았습니다. 침체에 빠져 있던 외식산업에서는 천군만마의 지원군이나 다름없는 드라마였습니다. 외식업의 위상을 올려준 작품이었으니까요. 드라마 한 편으로 외식업 종사자들의 사기가 높아지고, 자긍심도 커져서 내심 흐뭇했던 기억이 납니다.

그런데 그것도 잠시, 코로나19로 우리 사회 전체가 암울하던 8월 말 비극적인 소식을 접했습니다. 이태원을 지키던 홍석천 대표가 마지막으로 운영해온 식당을 접겠다는 폐업 소식을 SNS에 올린 겁니다. 글로벌 금융위기, 메르스 때도 잘 버텨온 그가 코로나19 사태 앞에서는 더 버틸 자신이 없다며 폐업을 선언했습니다.

'외식업에 일가견이 있고, 성공한 외식경영인으로 유명하던 그마저도 가게를 닫을 정도라니……'

그의 폐업 소식에 저절로 장탄식이 흘러나왔습니다. '아, 이 정도인가……' 외식업을 한다는 것이 얼마나 힘든 일인지 잘 알고 있었지만, 그의 폐업 선언은 외식업의 끝을 보여주는 것 같아 마음이 아팠습니다.

최저임금으로 힘들게 버티고 있던 외식업 자영업자들이 코로나19라는 미증유의 위기 앞에 완전히 주저앉게 생겼습니다. 최근 몇 년 사이에 외식업은 최악의 상황으로 내몰렸습니다. 정책으로 인한, 외부 경영환경 변화로 인한 위기가 숨 쉴 틈을 주지 않고 연이어 몰아쳤습니다. 상황에 여기에 이르자 어떻게 해야 할지 몰라 손을 놓고 있는 분들이 우리 주변에는 많습니다. 계속된 충격으로 패닉 상태에 빠진 것이지요.

이제, 깊은숨을 내쉬고 정신을 가다듬어야 할 때입니다. 더 늦기 전에 돌파구를 찾아야 합니다. 호랑이한테 잡혀가도 정신만 차리면 산다고 하지 않습니까? 이럴 때일수록 냉철하게 생각하고, 더 공부해야 합니다. 좋은 스승이 계신다면 그를 찾아가 의논해야 합니다.

코로나19라는 암담한 상황에 《외식업 생존의 법칙》이라는 책이 나온다고 하여 원고로 먼저 읽게 되었습니다. 물에 빠진 상황에서는 누구나 지푸라기라도 잡고 싶은 심정이 됩니다. 아라이 미치나리 선생과 김태경 박사가 공저로 쓴 이 책에는 생업에 바빠 외식업 종사자들이 놓친 '기본'을 강조하고 있습니다. 특히 아라이 미치나리 선생은 한국과 일본의 외식업을 비교하면서 먼저 외식업 위기를 겪은 일본이 해법을 찾아 성공한 사례를 풍부하게 소개하고, 김태경 박사는 코로나19에서 살아남기 위한 방안을 여러 각도로 제시한 부분이 흥미롭습니다.

이러한 내용들을 하나하나 되짚다 보니, 의외로 마음이 차분해졌습니다. 그리고 감정이입이 된 듯, 나도 극복할 수 있겠다는 생각이 들었습니다. 저 밑에서부터 끓어오르는 감정과 함께 불끈 주먹이 쥐어졌습니다. 이대로 무너지기 전에 뭔가 살아갈 방도를 찾아야겠다는 각오도 생겼습니다.

한국과 일본의 최고 컨설턴트 두 분이 저술한 이 책이, 거센 폭풍우가 몰아치는 막막한 밤바다에 내던져진 것 같은 참담한 심정의 외식업 종사자들에게 희망의 등불이 되어줄 것으로 생각합니다. 아무쪼록 외식업으로 생계를 유지하시는 모든 분에게 큰 도움이 되기를 바라는 마음으로 이 책을 추천합니다.

이상규(경희대학교 경영대학원 스타트업 MBA 주임교수)

《외식업 생존의 법칙》에 쏟아진 찬사 릴레이

이 책은 외식업을 하는 사람이라면 누구나 읽어 두어야 하는 '외식업의 체크리스트'다. 한국 외식업이 나아갈 방향과 앞으로의 변화를 내다본 아라이 미치나리 선생과 김태경 박사, 두 저자의 통찰력에 내내 놀라움을 감출 수 없었다.

— **고영호(마카도스시, 탄광맥주 대표)**

어려운 외식산업에 대해 전망하고 위기에서 생존전략과 관련한 방향성과 솔루션이 돋보이는 책이다. 축산업에 종사하며 외식업도 하는 나로서는 이 책을 곁에 두고 몇 번이고 더 보게 될 것 같다.

— **정수정(봉파머스 농장 대표)**

더 이상 '불황'이라는 말이 코로나19 시대를 반영하지 못할 만큼 소비는 바닥을 치고 있다. 이런 상황에서 지금 당장 그리고 가까운 미래에 실현 가능한 외식업 생존의 법칙을 제시하는 외식업 자영업자의 필독서다.

— **김정덕(단지에프앤비 대표)**

이 책이 코로나 사태를 극복할 수 있는 무기가 되었으면 한다.

— **여영주(리치푸드 대표)**

이 책이야말로 식당 사장 노동자에게는 바이블 같은 책이다.

— **허영준(어반스페이스 대표이사)**

나만 알고 있는 노하우가 모두 이 한 권에 다 담겨 있다. 이제 외식업의 교과서는《외식업 생존의 법칙》전과 후로 나뉜다.

— **안광선(대마족발·오봉집·조은음식드림 대표)**

코로나19 이후 혼돈의 시대에 등대 같은 책이다. 등대의 불빛을 따라 길을 찾듯, 우리는 기필코 길을 찾을 것이다.

— **송민규(숙성도 대표)**

외식업 생존 전략은 물론 기본을 다지는 내용을 꼼꼼하게 다루고 있다. 아울러 두 저자의 혜안이 다시 한번 빛나는 책이다.

— **김민중(고기운 청년단 카페마인드어스 대표)**

이 책은 가 보지 않은 길을 가야 하는 사람들에게 훌륭한 셰르파Sherpa(산악 등반자들에게 도움을 주는 현지 조력자)와 같은 식당 운영 가이드북이다.

— **이상필, 조윤희(101번지 남산돈까스, 남산식당 대표)**

코로나로 힘든 시기를 보내는 외식업 종사자들에게 용기를 줄 책이다.

— **전준형(월화고기 대표)**

이 책 한 권으로 외식업의 '전과 후'를 나눌 수 있는 기회가 생길 것이다.

— **최상구(더에스지파트너스㈜ 신도세기 대표)**

차례

개정판서문1 격변하는 외식업 경영환경에서 노동생산성을 높이려면 _004

개정판서문2 뉴노멀 시대에 외식업이 살아남으려면 _010

감수의 글 외식업에서 승자가 되는 노하우 _018

추천사 벼랑 끝에 내몰린 외식업자들에게 '희망의 등불'이 되어줄 책 _021

릴레이 추천사 《외식업 생존의 법칙》에 쏟아진 찬사 릴레이 _024

1부 > 급변하는 한국의 외식산업

01 코로나19 이후, 무서운 쓰나미가 밀려온다 _031

코로나19 사태로 변화하는 식생활 | 전문 마케터가 본 외식시장의 변화

02 식당의 기초 체력을 키우는 일 _050

식당 운영의 황금 비법 세 가지 | 일본 외식시장으로 예측해 보는 한국 외식시장
우리나라 외식시장은 일본과 얼마나 닮았을까?

03 외식업에서 중식의 위치와 전망 _071

외식시장에서 배달시장(중식)의 위치 | 한일 중식시장의 비교

04 한국의 외식업에 거는 기대와 희망 _087

정보력에서 일본에 월등한 한국 외식업계 | 반드시 갖춰야 하는 교육 시스템
준비는 지금부터다

2부 > 외식업 승자의 조건

05 위기 때 최강의 무기는 '원칙 지키기' _099

경쟁에서 살아남기 위한 3가지 동력

06 기초력, 기본기가 승부를 가른다 _104

직원들의 모티베이션을 높여라 | 경영이념을 직원들에게 스며들게 하라
직원들이 다니고 싶은 직장을 만들어라 | 매장 운영 책임자의 능력, 매장의 생명선

07 운영력, 재방문 고객을 늘려 나가는 힘 _153

노동생산성 향상으로 안정적인 경영을 하라 | 안정된 QSC-A 레벨을 구축하라
스탠더드의 수준을 맞추라 | 효율적인 오퍼레이션의 구축하라
노동생산성이 높은 매장의 특징 | 지속적인 교육으로 높은 모티베이션을 유지하라
모티베이션 향상 시스템을 구축하라 | 운영력의 레벨업을 위한 기초
단골 고객을 확보하라 | 열심히 일하는 직장의 공통점 세 가지

08 기획력, 실전 외식업 실행 방향 잡기 _211

개발 업무와 콘셉트 설정 | 마케팅 기획의 포인트
판매 촉진을 위한 기획의 키워드 | 일하고 싶은 직장을 만드는 인사제도
경영기획, 현장에서 실천하기 위한 로드맵

에필로그 _280

1부

급변하는 한국의 외식산업

01

코로나19 이후, 무서운 쓰나미가 밀려온다

코로나19 사태로 변화하는 식생활

2008년 리먼 브러더스 금융 위기 이후 새롭게 변화하기 시작한 세상을 뉴노멀New normal이라고 이야기한다. 사실 이때만 해도 뉴노멀이 우리에게 현실로 다가오지 않았다. 그런데 이번 코로나19는 다르다. 우리나라는 전 세계에서 코로나 사태에 대해 선방한 국가로 알려져 있다. 그런데도 사회적 거리두기로 학교 개학이 연기되고, 재택근무와 온라인 수업 등 새로운 많은 일을 경험하고 있다. 미국과 유럽이 코로나에 비참하게 무너지기 전까지는 처음에는 메르스처럼 확진자만 생기지 않으면 지나가는 전염병이라고 생각했다. 사회적 거리두기로 생기는 일시적인 소비 빙하기라고 생각했다. 그런데 시간이 지나면서 점점 다들 IMF 외환위기 때보다 더 무서운 경제 공황의 쓰나미가 올 것이라고 두려워한다.

이미 사회적 거리두기로 지금까지도 여러 분야에서 수많은 변화가 일어나기 시작했는데 앞으로 더 많은 변화가 다가올 것으로 예상된다. 코로나 이후 세계경제가 요동치면서 우리나라 경제 역시 여간 불안한 것이 아니다. 우리나라는 GDP에서 무역 비중이 70.4%(2018년)로 무역 의존도가 매우 높다. 또 자영업자의 비율은 2018년 기준 25.1%로 OECD 국가 중 7위다. 참고로 미국 자영업자 비율은 6.3%, 일본 자영업자 비율은 10.3%다. 이런 경제구조에서 세계경제가 불안해지고 내수가 위축되면 아무런 버팀목이 없는 자영업자들은 무너지게 된다. 이번 코로나19 사태로 자영업의 심각한 몰락이 올지 모른다. 그럴 경우 자영업자들이 받는 타격을 감당하기 어렵다.

이번 코로나19 사태로 우리 식생활에는 많은 변화가 일어났다. 현재에도 변화가 진행 중이며 앞으로도 또 새로운 변화가 꾸준히 일어날 것으로 보인다.

먼저, 외식을 줄이고 가정에서 식사하는 사람들이 증가했다. 이 같은 트렌드는 코로나19 종결 후에도 지속될 것이라고 생각한다. 코로나19 종결 후 정상적으로 돌아오더라도 사람들의 식습관에 많은 변화가 올 수도 있다. 사람들의 행동이 '활동적인 생활방식on the go lifestyle'에서 '가정에서 안전한 소비safe in-home consumption'라는 트렌드로 이동했다. 코로나19로 외식 소비는 급감하고 배달음식과 택배로 가정간편식HMR, Home Meal Replacement 제품 소비가 늘어나고 있다.

사람들 방문이 없는 식당들은 너나 할 것 없이 배달과 밀키트Meal Kit(손질된 식재료와 믹스된 소스를 이용해 쉽고 빠르게 조리할 수 있는 간편 가정식) 제작 판매에 참여하고 있다.

또 코로나 바이러스가 침을 통해서 전파된다고 확인되었으니, 상에 올라온 음식을 함께 나누는 우리의 식탁 문화는 퇴출될 가능성이 높아졌다. 물론 서양에서도 가정에서 음식을 나눠 먹는 경우가 흔하다. 하지만 마른반찬은 물론이고 찌개나 전골 같은 국물 음식까지 각자의 숟가락과 젓가락을 사용해 함께 먹는 '한국식 공유형 상차림'은 외국인들에게 낯설고 당혹스러운 식문화다.

그런데 이번 코로나19 사태 초기에 사회적 거리두기 이후 전환된 생활 속 거리두기 세부 지침을 중앙사고수습본부, 중앙방역대책본부, 질병관리본부 및 해당 지자체 등 정부 당국에서도 공식 발표했다.

손님은 탁자 사이 간격을 2미터(최소 1미터) 두고 앉기, 일행이 아닌 사람들과 최대한 간격을 두고 앉기, 가능한 한 서로 마주보지 않고 한 방향을 보고 앉기, 식사할 때 대화 자제하기, 음식은 각자 개인 접시에 덜어 먹기 등을 실천해야 한다.

한편 식당 점주 및 종업원은 계산할 때 비대면 기기 또는 투명 칸막이 등 설치하기, 탁자 사이 간격을 2미터(최소 1미터) 두거나 탁자 간에 칸막이 설치하기, 의자를 한 방향 또는 지그재그로 배치하기, 개인접시와 국자, 집게 제공하기 등을 지켜야 한다고 되어 있다.

실제로 나는 한두 달 사이에 식당에서 변화된 풍경을 자주 목격하고 있다. 며칠 전 버섯전골을 전문으로 하는 식당에 갔다. 주문하고 일행과 함께 기다리는 동안 옆 테이블의 모습을 보니 기본 반찬들이 깔린 테이블에 네 명이 앉았다. 각각의 자리 앞에는 개인 앞접시와 개인용 작은 국자가 놓여 있다. 곧이어 전골냄비가 나오자 각기 개인용 국자를 이용해 자기 앞접시에 전골을 덜어 먹기 시작했다. 그보다 좀 더 신선한 모습은 사람들이 기본 반찬들도 새 젓가락을 사용해서 앞접시나 밥공기에 덜어 먹는 것이었다. 잠시 후 내가 앉은 테이블에도 같은 방식으로 테이블 세팅이 이루어지고, 우리 역시 같은 방식으로 식사했다.

모든 음식이 커다란 상 하나에 차려져 나오는 '공간 전개형 상차림'이 우리가 일상적으로 만나는 상차림이긴 하다. 이미 한국인 중에서도 이런 형태가 위생적이지 못하다며 꺼리는 사람이 많지만 '한국 고유의 전통', '나눠 먹지 않으면 정情이 생기지 않는다'며 좋은 문화로 보는 이가 많아 바꾸기 어려웠다. 그런데 코로나19 사태는 공유형 상차림 반대파가 판세를 뒤집을 결정적 기회를 제공했다.

식생활 변화에서 우리가 가장 주의해야 할 점은 엥겔지수다. 2017년도 외식비를 포함한 우리나라의 엥겔지수는 27.4로 높은 편이다. 외식비를 제외한 엥겔지수는 14.1이다. 미국의 엥겔지수는 12.9, 일본의 외식비 포함 엥겔지수는 25.5, 일본의 외식비 제외 엥겔지수는 20.7이다.

2017년의 엥겔지수가 높은 것은 외식 비용이 늘었기 때문이지만, 코로나19 이후는 소득의 감소로 외식을 최소화해도 엥겔지수가 높아질 수 있다. 소득 감소로 엥겔지수가 높아지면 가정에서 식사하거나 일상식으로 점심, 저녁을 식당에서 먹는 것도 음식 가격이 지금보다 낮아진다. 개별 가게에서 더욱더 저렴한 음식을 찾기 때문이다.

한편, 식생활의 경제 측면에서 양극화는 더 심화되었다. 이제 음식과 식재료를 선택할 때 포만감과 생존을 위해 값싼 식재료를 찾는 사람과, 탐식과 미식을 추구하면서 맛있고 안전하며 안심할 수 있는 국내산 고급 식재료를 찾는 사람들로 더욱 양분될 것이다.

회식을 기피하면서 공식적인 회식 횟수가 극감하였다. 고기와 함께 술을 마시는 축제식의 고기 문화가 급격히 위축된 것이다. 저녁에 술을 마시는 회식은 회사 법인카드 사용이 아니면 급격히 감소한다. 그래도 밥집형 식당은 유지가 될지 모르지만 일반 술집형 식당은 코로나19 사태 이전의 매출을 회복하지 못하고 있다.

또 건강에 대한 관심도 높아졌다. 폭음문화가 사라지고 술은 간단히 집에서 혼자 즐기는 문화가 확산된다. 100세까지 살 수 있다는 기대감으로 20~30대 젊은 층부터 건강관리에 신경을 더 쓰는 추세다. 마스크를 쓰고 다니는 생활이 일반화되면 남녀 모두 몸매관리에 신경을 더 많이 쓰게 된다는 농담 같은 말도 회자된다.

로컬푸드에 대한 관심 역시 높아진다. 코로나19 이전, 세계화로 분업화된 경제체제 속에서 값싼 중국산, 미국산 식료품에 대한 수요가 많았던 것과 달리 한국산 식재료에 대한 관심이 높아진다. 값싼 중국산 김치를 제공하던 식당은 이제 추가로 돈을 받더라도 국산 김치를 내놓는다. 값싼 수입 돼지고기보다 가격이 다소 비싸도 안전하고, 안심할 수 있는 '한돈'에 대한 일부 계층의 충성도는 더 높아진다.

문제는 경제 불황으로 소득이 감소하면 비싼 국내산 식재료에 대해서 얼마나 지불 능력을 가질 수 있는가다. 높아지는 엥겔지수를 감당할 수 있는가 하는 문제가 생긴다. 그러나 고소득층은 더욱더 품질 좋은 국내산 식재료에 대한 욕구가 커진다.

식당 점주는 외식업 전쟁터의 지휘관

우리나라에 자영업자가 많은 이유는 뭘까? 압축성장의 산업화 속에서 수많은 사람이 경쟁에서 밀려나 자영업자가 되었는지, 아니면 자발적으로 자영업을 하는지 우리나라 자영업의 발생에 대한 냉철한 판단이 필요하다.

그동안 정부는 압축성장의 산업화에 재벌을 앞세웠다. 삼성은 삼성맨, 현대는 현대맨, LG는 LG맨 등 기업마다 자기 스타일의 인력만을 선택적으로 확보했다. 나는 개성이 강하고 자유로운 영혼을 가진 사람, 창의성이 넘치는 사람들이 기업의 조직 내에 합류할 수 없었기 때문에 자영업자의 길에 접어들었다고 생각한다.

대기업 지배 구조의 산업화 속에서 부는 대기업이 가져가고, 자영업자들은 더 작은 파이를 더욱 많은 사람이 나눠 먹는 구조다. 대기업은 고도 성장기에 주력 산업의 육성과 국제무역 전쟁에서 경쟁력을 확보할 수 있었다. 그런데 지금은 재벌 3세, 4세 가족이 늘어나면서 동네 상권까지 침범하고 있다. 그러니 자영업자들은 점점 더 어려워질 수밖에 없다.

사람들은 대기업과 맞짱 떠서 자영업자들이 이길 수 있는 유일한 업종을 외식업이라고 이야기한다. 대기업이 아직 외식업에 대한 이해가 부족하기 때문이다. 자본력을 앞세운 과학적 시스템과 인력 교육 프로그램을 가동하면 대기업의 경쟁력은 우리가 상상하는 그 이상이다.

스타벅스가 좋은 예다. 폐업률이 높은 개인 커피숍에 비해 스타벅스의 매출 성장과 영업이익은 독보적인 성장세를 보였다. 일례로 2019년에만 약 1,400개 매장을 통해 1조 8,696억 원의 매출, 1,328억 원의 당기순이익을 기록했다. 코로나19 사태 이후 매출이 줄어 일반 커피숍은 매출 대비 임대료의 부담이 늘어나서 경영에 어려움이 있다. 그러나 많은 매장의 임대료를 매출 수수료 방식으로 운영하는 스타벅스는 매출 감소에 따른 임대료 부담이 일반 커피숍보다 덜하니 더욱 경쟁력을 가지게 된다.

이런 상황이 다른 외식업종에도 진행된다면 정말 경쟁에서 살아남을 수 있는 개인 식당은 1/3 정도도 안 된다. 이미 우리나라의 10대 외식기업이 외식업 전체 매출의 6.1% 이상을 차지하고 있다. 일본의 상위 10대 외식기업이 7.6%인 것을 감안하면 우리나라의 외식시장도 기업 참여도가 높다.

상황이 이런데 만약 식당 점주들이 프랜차이즈 점주로 자본가 사장 코스프레 하고 카운터에서 계산이나 하고 있다면 개인 식당들은 기업형 식당들과 경쟁이 더욱더 어렵게 된다. 그런 점주들은 최저임금 인상과 코로나 이후의 대공황 같은 경기 침체에서 더 살아남기 힘들다. 점주는 이제 자본가가 아니라 스스로 식당 점주(지휘관)임을 자각하고 행동해야 생존할 수 있다.

노동하는 식당 점주가 되어 식당에서 가장 인건비가 비싼 일을 스스로 해 나가지 않으면 안 된다. 아라이 선생의 책에서 언급한 일본의 외식업 손익 구조로는 노동 비용을 줄여야 수익이 생기니 당연한 선택이다. 가장 인건비가 비싼 핵심 인력이 주방장이다. 일본의 식당 점주들은 스스로 식당에서 가장 숙련되고 가장 인건비 비중이 큰 역할을 담당하고 있다.

자기 식당의 노예가 된 식당 점주

노동하는 식당 점주의 의미를 이해하려면 드라마 〈멜로가 체질〉에 나오는 대사에서 자영업자를 식당 점주라고 넣어 보자. 그럼 이해가 쉬워진다.

> "자영업자도 노동자인데요."
>
> "사장 노동자지. 일하는 만큼 벌 수 있는 기회가 열려 있잖아. 사장 노동자에게는 노력은 있어도 노동은 없어."
>
> "일하는 만큼 버나요?"
>
> "꿈에 가까워지는 게 버는 거지."(이하 생략)

우리나라의 많은 식당 사장들은 어쩌면 아르바이트생만도 못하다. 아니, 어느 달에는 아르바이트생보다 가져가는 돈이 적다. 내 돈

투자해서 식당 운영하고 내가 경영주인데 벌어가는 돈의 액수는 아르바이트생보다 못한 식당 사장들을 사전적 의미의 부르주아, 자본가, 경영자, 기업가라고 부르기에는 현실이 너무도 비참하다.

수입이 없는 것도 그렇지만 식당을 운영하면서 일주일에 하루 쉬기가 어렵다. 주 52시간의 노동 시간도 의미가 없다. 자기 자본을 투자해서 차린 자기 식당에 노예가 된 식당 사장들, 자신의 노동만큼의 대가도 챙기기 힘든 식당 사장들을 우리는 '사장 노동자'라는 새로운 계급으로 정의하고 관심을 가져야 한다.

현실 속의 식당 점주는 스스로 자신의 식당을 진두지휘해야 한다. 진두지휘를 하려면 식당의 모든 것을 알아야 한다. 전쟁에서 지휘관의 진두지휘 능력으로 전쟁의 승패가 좌우되듯이, 식당에서 식당 점주의 능력이 곧 식당의 성공과 실패를 좌우하는 세상에 우리는 살고 있다. 스스로 경쟁력이 없다고 판단되는 점주들은 다른 일을 찾아야 한다. 젊은 식당 점주들은 폐업하면 다른 일자리를 찾아가면 된다. 그런데 나이가 오십이 넘어가면 우리나라에서는 특별한 기술이 있어도 남의 밑에서 일하기 어려운 사회 구조다. 한참 돈 들어가는 자식들 뒷바라지도 해야 할 나이다.

연금 생활자로 살아가야 하는 나이가 되어서 폐업해도 문제다. 우리나라 노인이 받는 연금은 일본보다 적다. 그마저도 노후 연금을 준비하지 못하는 사람들이 많다. 사회적 준비 없이 고령화 사회가 되었다. 저출산으로 인구도 절벽이다. 이미 고령화 사회로 외식시장이 줄어들고 있는 일본과는 또 다른 모습이 우리나라에서 전개

될 수 있다. 일본 외식시장보다 더 어려운 현실이 기다리고 있을 수도 있다.

가난한 노인 인구의 양산으로 일본이 지난 1997년 이후 겪었던 외식시장 축소 때보다 더 가파른 시장 감소세를 보일지도 모른다. 그리고 우리나라에서 코로나19가 진정되어도 미국과 유럽 등 이미 위축된 세계 경제를 회복하는 데는 상당한 기간이 걸린다. 무역 의존도가 높은 우리나라는 이런 세계 경제 위축에 경기 회복이 더딜 수밖에 없기 때문이다. 1990년대 초부터 일본에서 시작된 장기 대불황인 헤이세이平成 공황보다 더 심한 경제 공황기를 만나게 될 수 있다. 내수시장 기반을 조성하지 않고, 수출 의존형 성장을 해온 문제점들이 하루아침에 쏟아져 나올 것이다.

이러한 불안한 현실에서 우리는 왜 자영업자가 되었는지, 왜 빚을 내서 식당을 차리게 되었는지 생각해 보아야 할 일이다. 먼저, 일자리를 못 구해서이고, 아니면 간신히 구하긴 했는데 거기서 받는 월급으로는 도저히 생활이 안 되기 때문이다. 그때 주변에서 "누구는 식당 해서 돈 벌었더라" 하는 소리만 듣고 식당을 개업한다. 혹은 TV에 방영되는 〈백종원의 골목식당〉을 보니 나도 저 정도는 할 수 있다는 자신감에 아무 준비 없이 개인 식당을 개업한다.

그런데 막상 여기저기 돈 빌려서 연 식당이 생각만큼 잘 안 된다. 물론 잘되는 몇몇 식당도 있다. 하지만 외식업에는 불변의 1위, 영원한 승자는 없다. 조금만 시장의 감을 놓치면 식당 문 닫는 건 하루아침이다. 10년 전 유명한 식당 사장이라 해도 지금의 위기에서는 성공하라는 법이 없다.

우리나라에서 식당을 운영하면서 가장 많이 망해 본 사람이 놀부 창업자 오진권 회장 말로는 자신과 백종원이란다. 연 매출 100억 원쯤의 식당이 어느 날 인터넷 신문의 가짜뉴스 하나로 사라질 수도 있는 시장이 외식시장이다. 그만큼 식당의 관리를 철저히 제대로 하지 않으면 한순간에 무너질 수 있다는 말이다.

그 다음 이유로는 개인 식당을 열 자신이 없으니 프랜차이즈 가맹점으로 식당을 개업한다. 프랜차이즈는 성공을 나누는 사업이다. 우리나라의 많은 프랜차이즈들의 역사를 살펴보면 30년 이상 된 프랜차이즈를 찾기가 어렵다. 우리나라 외식시장이 얼마나 치열한 시장인지 반증해 주는 대목이다. 아니, 그보다 프랜차이즈 자체도 경쟁력을 가지고 있지 않다. 그냥 유행하는 아이템들을 카피해서 가맹점을 모집하고 사라지는 '떴다방 프랜차이즈'가 많다.

코로나19 이후 또 새로운 형태의 프랜차이즈들이 많이 생기겠지만, 앞으로는 어설픈 프랜차이즈가 성공하기 더 어려운 환경이 조성될 것이다. 이미 사람들의 가치 소비에 대한 의식이 높아지고 맛에 대한 요구도 높아졌다. 어중간한 맛으로 운영하는 프랜차이즈의 성공 확률은 더욱더 낮아진다.

포스트 코로나는 전략보다 구조 조정이 더 중요하다

이번 코로나19 사태로 내수시장이 작은 우리나라는 피해가 더 클 것으로 예상하고 있다. 특히 자영업자들의 피해는 IMF 외환위기 때보다 더욱 클 것으로 예측된다. IMF 외환위기 때 많은 사람이 자영업자의 길로 들어섰다. IMF 외환위기가 터지고 힘들게 20년을 버틴 자영업자들은 이제 나이도 자본력도 코로나19 이후의 경제 공황을 쉽게 이겨낼 힘이 없다.

그리고 이 포스트 코로나 공황에서는 브랜드 파워가 있더라도 어중간한 마케팅 전략으로는 효과가 크지 않을 것이다. 혹자는 1929년에 시작된 경제 대공황에 마케팅과 케인즈 경제학이 발달했다고 말할지 모른다. 그러나 그 당시는 마케팅의 내성이 없었던 마켓 1.0의 시대다. 이제 사람들이 마케팅에 내성이 생겨서 어설픈 마케팅 전술, 전략이 안 맞는다. 비용만 낭비하고 효율성도 떨어진다.

몇 해 전 나는 몇몇 외식기업의 마케팅을 책임지고 있던 외식 마케팅 실전에 참여했다. 지금의 상황을 보면 우리나라 외식시장은 코로나 이전부터 구조적 문제가 많았다. 그래서 마케팅보다는 구조 개선이 우선되어야 한다고 생각한다.

최근 외식업계에서 마케팅으로 이름이 알려진 강연자나 컨설턴트 중 일부는 '마케팅의 신'처럼 회자되고 있지만, 그들 중에는 마케팅 석사도 박사도 찾아보기 힘들다. 어설픈 마케팅 전술로 순간의 위로는 될지 모르지만 다 희망 고문일 뿐이다.

코로나19 사태 속에서 행할 수 있는 가장 훌륭한 전략은 어떤 타이밍에서 어떻게 철수하는가를 결정하는 것, STPSegmentation 시장 세분화, Targeting 목표시장 설정, Positioning 포지셔닝 전략을 다시 세워서 어떤 업종으로 전업할 것인가를 고민하는 방법밖에 없다. 어설픈 7PProduct

상품, Price 가격, Place 유통, Promotion 촉진, People 직원, Physical Evidence 물리적 증거, Process 프로세스'S MIX 전술을 구사하면 빨리 망할 수 있다.

코로나 빙하기로 자연스럽게 식당 폐업이 늘게 될 것이다. 또 개업도 다시 많아지겠지만 새롭게 개업하는 식당들은 규모나 형태가 과거와는 다른 모습이어야 한다. 이제 넓은 매장의 임차료와 비싼 인건비를 감당하지 못한다. 최소한의 공간에서 가능한 자가 노동력으로 운영할 생계형 매장들이 생겨날 수 있다. 그러나 그것도 예전처럼 겁 없이 달려들면 안 된다. 특히 청년 창업은 정부에서 지금까지 권장하는 분위기였지만, 이제는 철저히 창업을 자제시키고, 청년들의 일자리를 만들어 주는 데 정부가 노력을 기울여야 한다.

앞으로 식당은 거창한 창업보다는 내실 있는 개업에 포커스를 맞춰야 한다. 청년 창업이 청년 개업보다 멋있게 보일지는 모르지만, 식당 개업은 창조적인 창업가 정신보다 우선하는 조건은 지치지 않는 체력이다. 그 뒤를 이어 친절한 서비스 정신 그리고 음식 맛에 최선을 다하는 정성이 필요하다.

코로나 사태 이후 세계 경제의 공황은 어쩌면 단순한 질병의 후유증이 아니라 세계화와 신자유주의 경제체계의 한계 상황과 약점을 여실히 보여 주는 것이 될 수 있다. 그래서 정부가 이제 더 적극적으로 국가 경제체제 유지와 자영업자 보호에 뛰어들어야 한다.

코로나19 사태가 아니라도 이미 우리 사회 전체는 물론 외식시장은 지금까지와는 다른 시장 변화를 조금씩 겪고 있었다. 압축 성장 시대가 지나고 저성장 시대가 된 지 오래다. 모든 사회의 의식과 전체 산업의 구조가 달라져야 한다. 변화를 따라가지 못하면 선진국으로의 도약은 어렵다.

외식시장 역시 과거 압축 성장 시대에 시장이 매일매일 커지던 시기가 지났다. 이제 더욱더 체계적이고 과학적인 식당 관리와 효율적인 비용 절감을 통해 이윤을 창출해야 하는 시대가 되었다. 지금은 산업의 본질과 구조적 모순을 혁신적으로, 아니 혁명적으로 해결해나가는 혼신의 노력이 필요한 때다.

전문 마케터가 본 외식시장의 변화

육류시장의 브랜드 마케팅을 시작하면서 나는 고기구이 식당들을 많이 방문하고 식당 점주들을 만났다. 어떻게 하면 고기의 가치를 높여서 맛있는 고기를 사람들에게 제공할까 고민하면서 자연스럽게 식당에 관련된 일을 주로 해왔다. 브랜딩, 마케팅, 기획, 메뉴 개발 등의 일들을 맡아서 직접 기획하고 식당들을 런칭했다. 대부분 고기에 관련된 식당이 많았다.

2016년에 문을 연 〈만덕식당〉은 우리나라 최초의 교차숙성 돼지고기 전문음식점이다. 고깃집 창업에 필요한 경영, 기술, 서비스 등을 적극 도입하면서 '만덕식당'은 숙성육의 새로운 트렌드가 되었다. 이때의 경험을 살려 〈만덕식당〉의 숙성 기술을 정리해서 《숙성, 고기의 가치를 높이는 기술》이라는 책을 썼다. 그 뒤 숙성육 강의와 코칭이 많아져 더욱더 많은 고기 관련 식당 점주들과 만나는 기회도 늘었다. 식육 마케터인 내가 외식시장을 예측해볼 때, 솔직히 구이 식당은 점점 어려워질 것으로 보인다.

물론 실력 좋은 젊은 기획자들과 사장들의 노력으로 몇몇 대박집이 생기고는 있지만, 구이 식당들은 대체로 운영의 어려움을 겪고 있다. 대중적으로 알려진 〈명륜진사갈비〉 정도가 히트를 치고 있다. 아니 〈명륜진사갈비〉 때문에 고기구이 식당들이 더 힘들 수도 있다. 그런데 이렇게 고기구이 식당들이 힘든 것은 우리나라에 식당들이 너무 많아서가 아니라, 직장인들이 회식을 잘 안 하기 때문이다.

1997년 IMF 외환위기 전에는 과별로 매일 삼겹살 회식을 하고, 실적 발표하는 날 실적 좋으면 한우등심 집에서 고기를 굽고 소주를 마셨다. 지금은 도저히 상상 못하겠지만 당시에는 이사가 상무로 진급하면 부장이 이사가 되고, 과장이 부장 되고, 대리가 과장이 되며, 같은 과의 동기 중에 술 취한 부장을 댁에 모셔다 드린 동기가 대리로 진급하던 시대였다.

삼겹살 불판을 앞에 두고 소주잔을 들고 "우리가 남이가?" 하고 부장님이 외치면 "아멘" 하듯 건배를 했다. 이러한 회식 문화는 전쟁의 폐허를 딛고 자본주의 시장경제를 도입해 경제발전을 이루던 시기에 볼 수 있는 풍속도로, 신흥종교 의식처럼 행해졌다. 미국이 영국을 앞질러 세계 최강의 선진국이 될 수 있었던 데는 영국인이 홍차를 마실 때 미국인들은 카페인이 강한 커피를 마셔서 카페인의 힘으로 경제를 일으켰기 때문이라는 말이 있다. 우리나라는 삼겹살과 한우 등심기름 에너지로 한강의 기적을 이룩했는지도 모른다.

그런데 그 당시 주축이 되었던 세대, 전후 베이비붐 세대(1946~1964년 출생)가 은퇴하기 시작했다. 한때는 오렌지 세대부터 X세대, Y세대, Z세대가 한 회사를 다녔다. 이들에게 부장이나 이사는 먼저 회사에서 나갈 사람이다. 어쩌면 삼겹살로 대표되는 고기구이 식당은 축제의 장이었다. 고기와 술은 제례이고 축제의 음식이었다. 우리는 퇴근 후 늘 고기와 술을 마시는 축제를 매일 밤 전국 방방곡곡에서 열었던 행복했던 시절이 있었다.

이제 축제는 끝났다. 사실 2019년이 단군 이래 처음으로 고기가 남는 해였다. 쌀은 통일벼가 도입되고 나서 1978년 처음으로 쌀을 자급자족할 수 있었다. 반면 고기는 2018년까지 국내 생산이든 수입육이든 이월 재고가 약간 남았을 뿐이지 생산되는 전량을 소비했다. 2018년까지는 고기는 없어서 못 먹을 정도였는데, 2019년에 처음으로 고기가 시장에서 남아돌기 시작했다.

2018년 하반기에 식육 유통업자들은 아프리카돼지열병ASF이 발생할 거로 예측했다. 이 병이 발생해 2010년 구제역 때처럼 300만 두 돼지를 살처분하면 돼지고기가 부족해서 가격이 상승할 거로 예측한 유통업자들이 돼지고기를 평소보다 많이 수입, 비축했다. 그런데 아프리카돼지열병을 조기 차단할 수 있게 되어 살처분되는 돼지의 수가 적었다. 국내 돼지고기의 공급량이 평소와 별 차이가 없었다. 결국 수입육이 다 재고가 되었다. 그 과잉 재고들이 남아돌아 고기구이 시장을 형성했다.

사람들은 고기가 부족할 때는 맛있고 맛없고를 그다지 따지지 않았다. 그런데 고기가 조금 남아도니 '맛있다, 맛없다'고 평을 하는 이들이 늘었다. 맛있는 것만 찾는다. 몇 년 전까지는 고깃집을 열면 웬만하면 수지 타산이 맞았다. 그런데 이제 고기맛을 안 사람들이 맛있는 식당만 찾아다닌다. 그래서 맛있다고 입소문이 난 식당은 여전히 문전성시를 이루고, 맛없는 식당은 더 빨리 폐업하는 양극화로 이어진다. 비록 일시적이긴 하지만, 돼지고기 공급의 변화만으로도 식당의 성패를 갈릴 수 있다는 점은 흥미로운 일이다.

여기에 고깃집이 예전 같지 않은 이유를 하나 더 들자면, 소주의 알코올 도수가 내려가면서 삼겹살 같은 기름진 안주를 찾는 사람들이 줄었다는 점이다. 그렇다고 소주에 삼겹살 조합이 깨진 것은 아닐 것이다. 불판에서 지글지글 삼겹살 구워지고, 돼지기름 냄새가 풀풀 풍길 때, 절로 생각나는 것은 소주 아니던가.

그럼에도 돼지고기 1인당 소비는 계속 늘어났다. 저녁에 식당에서 구워 먹는 고기 소비가 늘어서가 아니라 돈가스, 편의점의 도시락, 구내식당, 배달 등 일반 식사 반찬으로서 고기 소비가 늘어났기 때문이다. 흔히 수입 돼지고기 부위 중 삼겹살을 가장 많이 수입한다고 생각하지만 몇 년 전부터 목전지의 수입이 삼겹살보다 많다.

이런 고기구이 식당의 변화만으로 외식시장의 변화를 알 수 있다. 이제 시각을 넓혀 외식시장의 변화를 알아보자.

우리나라는 위생과 의료서비스가 개선되고, 평균 수명이 늘어나면서 인구도 계속 증가해 왔다. 하지만 인구 증가의 둔화와 함께 출산율이 점점 떨어지고, 65세 이상의 노령 인구가 점점 늘고 있다.

전형적인 노령화 사회로 접어든 것이다. 이러한 인구 통계적인 변화가 우리 사회 전반에 미치는 영향은 크다. 생산 가능한 젊은 층이 사라지고 노년층이 늘면서 경제 활력이 줄어들 뿐 아니라 외식 소비에도 많은 변화를 가져왔다.

사람들의 식생활과 외식생활도 달라졌는데, 대다수 식당은 예전의 방식을 그대로 유지하고 있다. 더 큰 문제는 음식을 제대로 할 줄 모르는 사람들이 식당을 운영하고 있는 경우가 많다는 것이다. 변화에 뒤처지고, 감각도 떨어지고, 내세울 음식도 없다면 잘될 수가 없다. 가끔 드물게 잘되는 식당이 있는데, 얼마 가지 못한다.

코로나로 달라지는 육식생활

사회적 거리두기 또는 생활 속 거리두기가 생활화되면서 식당에서는 테이블을 줄여 테이블과 테이블 간격을 넓히거나 식당 이용객의 수를 제한했다. 안심하고 식사할 수 있는 방안을 실천하는 식당이나 카페가 생겨났다. 테이블을 반으로 줄이면 인건비도 줄일 수 있다. 물론 임차료가 인하되지 않으면 경영은 여전히 어렵다. 이런 상황이 지속되면 우리 사회 전체의 임차료 인하운동이 일어날 수도 있다. 코로나 이후 경제 공황으로 임차료가 전반적으로 인하되는 패러다임 전환을 보이게 될 수도 있다.

한편 사회적 거리두기를 현장에 적용하면서 환대를 듬뿍 담은 서비스로 고객에게 서비스하는 식당의 브랜드 가치는 높아진다. 코로나 빙하기와 경제 공황의 긴 터널을 탈출한 뒤 살아남은 식당은 사람들 마음의 사다리 꼭대기에 기억되는 브랜드 식당이 될 수 있을 것이다.

공간 전개형 식단, 한국식 공유형 상차림에서 방향을 전환해서 하루아침에 독상으로 1인 반상을 차려내기는 어렵다. 찌개집이나 삼겹살집 등 고기구이 식당에 독상 메뉴를 만드는 것은 쉬운 일이 아니다.

그렇다고 한 불판에서 삼겹살이나 한우 등심을 굽는 일은 여간 번거로운 일이 아닐 것이다. 가능하다면 삼겹살이나 등심도 1인분씩, 반찬도 1인분씩 따로 제공하고, 테이블 가운데 둔 큰 불판을 식사하는 사람들이 임의로 나누어 고기를 개인별로 직접 구워 먹는 형태로 달라질 수 있다. 이것은 가치 소비형이다. 각자 남의 눈치를 보지 않고 자기가 좋아하는 식으로 고기를 알맞게 익혀 먹는 가치 소비가 확산될 것이다.

코로나19 이후에 가장 먼저 인기 메뉴로 부각되는 것은 돈가스다. 주식화 된 고기 식사인 돈가스는 1인분씩 먹을 수 있는 몇 안 되는 고기 메뉴 중 하나다. 고기반찬으로는 개인 접시에 담아 내놓은 불고기가 앞으로 다시 부활이 기대되는 메뉴다. 이제 모든 찌개는 테이블당 국자를 주고, 반찬도 가능한 한 독상 형태로 쟁반에 담아서 주어야 한다. 이러한 식생활 문화의 변화를 가져오는 것은 가치소비 시대의 문화라고 할 수 있다.

02

식당의 기초 체력을 키우는 일

식당 운영의 황금 비법 세 가지

2002년 월드컵에서 한국 축구를 세계 4강 신화로 만든 히딩크, 하지만 그가 처음 국가대표 감독을 맡았을 때만 해도 그는 비난의 대상이었다. 유럽 전지훈련에서 치른 경기마다 5:0으로 패하자 언론에서는 그를 '오대영'이라는 별명으로 불렀다. 이런 국내 여론에도 그는 아랑곳하지 않았다. 오히려 선수들에게 오직 기본에 충실할 것을 주문했다. 그는 한국 축구에서 필요한 것은 현란한 테크닉이 아니라 전후반 90분을 지치지 않고 뛸 체력임을 알고 있었다. 그래서 더더욱 기술 향상이나 전술 훈련보다는 기초 체력 훈련에 집중했다. 그는 명장답게 한국 축구가 나아가야 할 방향을 간파하고 있었다.

우리 외식시장은 산업 구조적인 어려움으로 살아남기 어려운 환경이다. 폐업이 계속 늘어나면서도 폐업한 수만큼 개업이 이루어진다. 농담처럼 간판업자와 인테리어, 설비업체만 돈을 번다고 한다. 코로나19 사태 같은 갑작스러운 외부 충격 또는 광우병이나 구제역, 아프리카돼지열병, AI 같은 가축 질병까지도 식당 영업에 영향을 미친다. 이런 외부적 위기는 식당 점주들이 감당할 수 없는 일들이다. 신이 아닌 이상 이런 외부적 위기들을 예측하기도 불가능하다. 단지 우리가 할 수 있는 일은 언제 닥칠지도 모르는 내외부적 위기를 이겨낼 수 있는 식당의 기초 체력을 키워 놓는 것이다 .

식당의 기초 체력을 키우는 일은 우선 식당 상태와 주변 환경을 정확히 알아야 가능하다. 가장 중요한 것은 내 식당에 대해서 정확히 아는 일이다.

소크라테스가 "너 자신을 알라"고 했지만, 사실 우리는 모두 자기 자신에 대해서 잘 모른다. 내가 운영하는 식당 역시 늘 맛있고 친절해서 사람들이 좋아한다고 생각한다. 실제 시장에서 사람들이 어떻게 생각하는지는 다들 잘 모르고 있다. 또 실질적으로 얼마를 팔고 얼마를 벌고 얼마가 남는지 잘 모르는 경우가 너무 많다. 그냥 통장에 돈이 좀 남아 있으면 벌고 있고, 돈이 모자라면 장사가 안 되는 거라고 생각하는 식당 점주들이 의외로 많다.

또한 인력은 장사가 잘될 때나 안 될 때나 거의 같은 인원을 쓰는 곳이 많다. 장사가 안 되면 최소 인력까지도 줄여서 식당을 운영하지 못하는 경우도 있다. 어떤 식당을 보면 식당 개업 순간부터 돈을 벌 수 없는 구조로 식당을 시작하는 점주들도 있다. 대기업에서 오래 근무하고 부장, 이사로 은퇴한 이들 중에는 사회적 지위 때문에 자기 관리 능력 이상의 큰 규모로 식당을 열었다가 계속 적자를 보고 퇴직금을 다 날리는 사례도 비일비재하다. 아내가 음식 솜씨가 좋아서 식당을 차리면 잘될 거라고 주변에서 하도 이야기해서 식당을 차렸다는 분들 중에도 망한 사람들이 많다.

식당의 위기가 올 때마다 사람들은 기본으로 돌아가라back to the basic고 말한다. 그렇다면 식당의 기본은 무엇일까?

첫째는 음식 맛이다. 식당을 운영하는 데 맛은 기본 중의 기본이다. 맛없는 식당은 살아남지 못한다. 이 맛은 내 입에 맞는 맛이 아니라 내 식당에 손님으로 오는 사람들이 좋아하는 맛이어야 한다.

둘째는 사람이다. 우리나라 노포를 취재한 박찬일 셰프의 《노포의 장사법》이나 《백년식당》에 나오는 많은 노포의 공통점은 바로 근무 연수가 오래된 직원들이 많다는 점이다. 우리나라처럼 직원 교육을 책이나 매뉴얼로 하지 않는 식당에서는 근무 연수가 길어서 몸으로 배운 매뉴얼이 최고다. 노포는 그만큼 숙달된 전문가들이 근무하고 있다. 장기 근속한 직원이 많은 식당의 점주에게는 배울 점이 많다. 그중 하나가 사람 중심의 경영을 한다는 점인데, 장기 근속자가 많다는 이야기는 식당 점주가 직원을 잘 관리한다는 방증일 것이다. 이뿐만 아니라 식당 점주라면 외부 고객인 손님에게 친밀하게 다가가 세심한 부분까지 챙기는 능력도 갖춰야 한다.

셋째는 숫자를 보는 능력이다. 경영은 숫자로 한다. 매출이 얼마인지, 인건비가 얼마나 나가는지, 얼마를 벌었는지 모두 다 숫자다. 실적에 대한 결산을 그때그때 철저히 해야 한다. 전문적인 회계 업무까지는 아니더라도 자기 식당의 월 손익계산서를 스스로 작성할 줄 알아야 한다. 이를 통해 재무 상태를 파악할 수 있으며 지나간 과거의 숫자를 관리할 뿐 아니라 미래의 숫자까지도 설정할 수 있다.

또한 식당 경영자는 미래를 예측하는 능력도 매우 중요하다. 요일별, 계절별, 월초 월말, 기후별로 방문객이 일정하지 않는 것이 식당이다. 잘 팔리는 메뉴가 매일 다를 수도 있다. 하지만 재료를 준비하고, 메뉴를 만들어야 하는 식당 경영자에게 중요한 것은 그날 올 손님의 수를 예측하는 일이다. 또 '맛의 결정적 순간MOT'을 지키려면 식재료의 신선도가 관건이다. 음식 맛이 식재료의 신선도에 따라 다르기 때문이다.

인력 운용 역시 손님을 정확히 예측하고 변동을 줄 수 있으면 더욱 좋다. 식당 공간도 테이블과 좌석을 많이 배치하던 시대는 지났다. 이제는 손님들이 더욱 쾌적하게 식사할 수 있도록 공간을 확보하는 것이 중요하다. 더 나아가서 최적의 인원으로 최고의 매출을 올릴 수 있는 테이블과 의자 배치에도 신경을 써야 한다.

예를 들어 테이블 13개에 인력 5명으로 월 매출 5,500만 원을 올리는 식당과 테이블을 10개로 줄이고 인력을 1명 줄여 4명으로 운영해서 월 매출 5천만 원이 나온 식당이 있다면 어느 식당의 이익이 더 클까? 후자가 이익이 더 클 수 있다.

이렇게 자기 식당에 대한 기본적인 능력을 키운 다음 경쟁사는 어떻게 하는지 시장의 트렌드는 어떻게 흘러가는지 늘 살펴야 한다. 어느 시장에서나 변화는 존재한다. 그런 만큼 기회는 열려 있다. 변화하는 시장을 주시하고 나의 부족한 점을 보강해야 한다. 이제는 화려한 마케팅으로 매출을 올리고 외형을 키워서 돈을 버는 성장 시대가 아니다. 찬찬히 내부 관리에 최선을 대해서 식당의 효율을 높여야 할 때다. 그래서 식당 점주의 관리 능력이 더욱더 중요하다.

일본 외식시장으로 예측해 보는 한국 외식시장

이제는 한일 관계 어느 한쪽이 일방적 우위 또는 열세가 아니라 서로 앞서거니 뒤서거니 하는 시대다. 일본 외식시장은 우리나라 외식시장의 선행 지표가 되는 중요한 역할을 해왔다. 일본과 우리나라 외식시장을 비교해 보고 무엇이 닮았고 무엇이 다른지, 또 우리가 일본의 어떤 트렌드를 따라가고 있는지, 일본이 우리의 어떤 트렌드를 따라오고 있는지 알아보기로 하자.

일본 외식시장은 1997년 이후 마이너스 성장을 기록하고 있다. 20년 가까이 이어져 온 경기 불황을 타개하고자 2012년 아베 총리가 내놓은 아베노믹스는 금융 완화, 재정 지출 확대, 성장 전략 등 3개의 화살로 상징된다. 이 경제정책으로 금융위기 이후 고전을 면치 못하던 일본 주가가 두 배 가까이 오르고, 엔저 효과와 법인세

〈그림1〉 외식업계의 현황과 향후 방향성

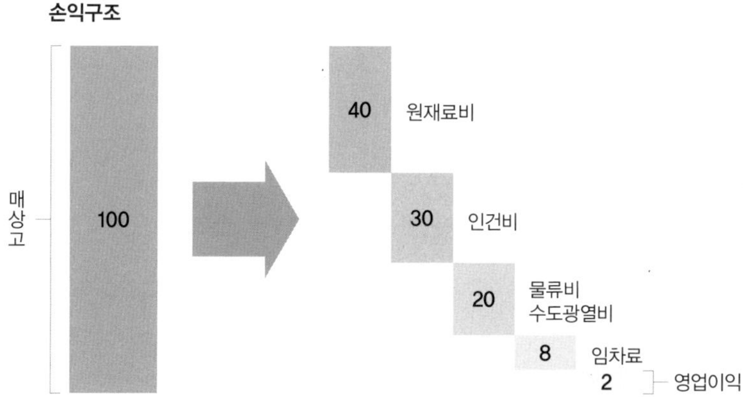

출처: 外食業界の現況と今後の方向性 2017年6月 株式会社 三井住友銀行 コーポレート・アドバイザリー本部 企業調査部(2017년 6월 주식회사 미쓰이스미토모은행 기업 지원 본부 기업조사부)

인하로 기업들의 실적이 향상되었다. 이러한 효과는 해외 여행객의 증가, 법인카드 사용 확대 등으로 이어졌다. 그러나 1997년의 시장 규모를 회복하진 못했다. 일본의 이런 외식시장의 축소는 단순히 경기가 어렵다는 이유로 소비가 둔화된 것이 아니라 저출산과 고령화로 인한 인구 감소가 가장 큰 문제로 작용했다. 우리나라 역시 저출산이나 고령화 문제는 앞으로 외식시장의 큰 문제로 떠오르고 있다.

이런 일본 외식시장의 어려움은 미츠이 스미토모 은행三井住友銀行 조사보고서의 외식업 손익 구조에서 다시 한번 확인할 수 있다. 식재료 40%, 인건비 30%, 영업 이익 2%라는 무서운 일본의 외식산업 구조 속에서 일본 외식업 종사자들은 나름대로 살아남기 위한 노력을 강구하고 있다. 손익에서 가장 큰 부분을 차지하는 원재료 비용을 절감하기 위한 노력으로 산지 직거래, 대량 구매, 거래 계약 등이 이루어졌다. 이러한 노력은 경쟁력 강화로 이어져 M&A를 통해 합병이 활발히 추진되고 있다.

아베노믹스의 효과로 수출 관련 기업을 중심으로 영업 실적이 향상되면서 기업들은 직원 채용 규모를 늘렸다. 하지만 저출산·고령화 사회에 접어든 일본은, 일자리는 많지만 정작 일한 사람이 없는 인력난에 빠져버린 것이다. 비교적 젊은 연령의 사람들이 일하는 분야인 외식업으로서도 인력난은 피해갈 수 없는 현실이 되었다. 이러한 인력난을 해결하고자 일본은 해외 인력 도입을 확대, 시행하는 한편, 인력이 부족한 업종을 중심으로 외국 노동자를 적극 수용하고 있다. 그리고 식당 나름대로 교육을 강화해 노동생산성 향상을 하는 데 많은 노력을 기울였다. 점주가 식당에서 가장 비싼 노동력을 대체함으로써 영업 이익에 자기 노동의 대가를 더한 수익을 가져간다. 일본의 자영업 식당들은 철저히 노동하는 식당 점주들이다.

우리나라의 외식산업은 지속적인 경제 성장과 함께 성장해 왔다. 1998년 IMF 외환 위기와 2006년 카드 대란, 2009년 글로벌 금융 위기 당시 경제 성장이 크게 주춤하면서 외식산업도 일시적인 마이너스 성장을 기록했다.

반면 일본은 1990년대 초 버블 경제가 무너지면서 장기 불황에 접어들었다. 일본 외식산업 총 매출도 1997년 29조 100억 엔을 정점으로 매년 감소해 2012년 22조 2,800억 엔을 기록했다. 2013년 이후 아베노믹스에 힘입어 2015년 25조 1816억 엔으로 상승했다. 2017년의 외식산업 시장 규모는 일인당 외식 지출액 증가와 인바운드inbound(외국인의 국내 여행) 수요 증가, 기업의 교제비 증가세 등으로 전년 대비 0.8% 늘어난 25조 6,561억 엔으로 추산되고 있다.

그러나 장기적으로 보면 외식시장의 시장 규모는 1997년을 정점으로 계속 줄고 있다. 그 원인은 저출산과 고령화에 의한 수요 감소, 저가 지향에 의한 매상 축소, 환율 변동이나 기후 불순에 의한 식재료 가격의 상승, 편의점이나 슈퍼 등의 중식업자와의 경합을 들 수 있다. 업태별로는 패밀리 레스토랑·패스트푸드·카페는 상승 추세지만, 젊은 층의 음주 기피나 고령화에 따라 술집·이자카야 업태가 감소하고 있다.

최근 일본 외식산업의 트렌드는 다음과 같다. 첫째, 한층 더 건강 지향성이 강화되어, 슈퍼푸드 등의 고영양·고품질 상품에 대한 관심이 높아지고 있다. 둘째, 젊은이의 알코올 기피 및 이탈이 확산되어 음료 주체의 업태가 쇠퇴하는 경향이 있다. 일하는 방식이 개혁되어 잔업 시간이 줄어들어, '집에서 술 마시기家呑み'라는 트렌드도 생겨나고 있다. 셋째, 기업 측의 트렌드로서는 특정 품목 메뉴에 특화한 전문점이 증가하고 있다. 넷째, 외국인 관광객 증가에 수반하는 인바운드 수요의 증대라는 경향이 있다. 다섯째, 뿌리 깊은 노동력 부족이 계속되고 있다.

일본 외식시장의 문제점은 시장의 축소, 노동력 부족, 음식의 안

전성 문제다. 시장의 축소는 저출산과 고령화 문제다. 인구가 줄어드니 외식시장이 축소되고 있다. 외식시장의 축소는 장기 불황으로 소비 심리가 위축되면서 뚜렷하게 나타났다.

게다가 최근 일본 외식산업이 침체되는 요인으로 중식시장의 확대를 들기도 한다. 도시락이나 반찬을 중심으로 한 중식시장이 여성의 사회 진출과 고령화 등을 이유로 확대되고 있기 때문이다. 즉 외식의 침체분을 중식이 흡수하고 있는 셈이다.

한편, 우리나라도 저출산, 고령화 문제가 사회문제가 되고 있다. 특히 우리나라 고령 인구의 소득이나 연금체계가 일본 같지 않아서 외식시장이 한순간에 급격히 축소될 수도 있다. 우리나라는 일본과 달리 중식인 배달음식, HMR, 밀키트 등을 포함해서 외식시장으로 본다. 이러한 점은 통계상의 착시를 불러일으킬 우려가 크다. 실질적인 식당 방문을 통한 외식인지, 집에서 배달하거나 사 먹는 것인지 구분할 수 없기 때문이다. 외식시장의 변화를 가늠하는 데 어려움이 예상되는 부분이다.

코로나19 이후 우리나라의 경제가 어려워지면서 사람들의 소비 심리도 급격히 위축되고 있다. 장기 불황으로 일본인들이 지갑을 닫고 허리띠를 졸라맸듯이 근검절약 습관이 우리에게도 소비를 줄이고 검소함을 추구하는 생활이 이어질 수 있다.

일본 외식업체들은 시장 축소의 문제점들을 해결하기 위해 많은 노력을 하고 있다. 일본의 외식업체들은 배달원들의 교통사고 등의 어려움으로 배달과 중식시장에 대한 참여도가 낮았다. 우버 등 제삼자에 의한 쉐어링 딜리버리(우리나라의 '배달의 민족' 같은 배달 대행)의 보급으로 배달 시장에 대한 참여도도 높아지고 테이크아웃 메뉴 연구도 충실히 하고 있다. 또한 외식업체에서 중식 배달 전문 브랜드를 만들어서 중식시장에 진출하는 전략도 펼치고 있다.

또한 노령 인구들을 위해 슬로프와 난간 등의 시설을 정비하고 어린이들을 위한 키즈존을 만들며 시니어 요금제 등을 도입하고 있다.

일본은 긴 불황으로 국민 모두가 저가 지향의 근검절약이 생활화되어 있다. 때문에 외식시장에서 가격 정책에 어려움이 많다. 인건비의 급등 등 원가 인상 요인들은 계속 발생하고 있다. 이에 따라 외식기업 입장에서는 대량 구입, 산지 직구매 등으로 매입 원가를 절감했다. 센트럴키친central kitchen(중앙 집중식 조리 시설)을 만들어서 최대한 생산 원가를 절감하기 위한 노력을 기울여왔다.

최근에는 손실 최소화에 신경을 쓰고 있다. POS 시스템의 빅데이터를 이용해 메뉴 수에서 재료 레시피를 분석한다. 매입량과 재고량을 조사하여 소비량을 산출하여 손실을 최소화하고, 식재료의 효율을 높인다.

중소기업들은 볼런터리 체인 가맹(임의연쇄점. 주로 도매상이 중심이 되거나 소매상이 모여 만든 체인 형태)으로 공동 매입을 실현해 저비용화를 도모하고 있다. 볼런터리 체인을 우리나라에서는 일종의 구매협동조합 정도로 해석할 수 있다. 천안의 병천순대 마을에서는 모든 순대를 한 곳에서 만들어 각 식당에 공급한다. 이러한 공급 방식으로 품질 유지와 원가 절감을 하고 있다. 이런 형태가 볼런터리 체인, 구매협동조합의 예다.

일본 외식시장의 내부적인 가장 큰 문제 중 하나는 노동력 부족이다. 이미 일본은 만성적인 인력 부족으로 아무리 시급을 올려도 인력을 충족할 수 없는 상황이다. 일손의 부족 때문에 장시간 노동이 확대되고 있다.

'외식시장의 축소→외식시장 점유율 쟁탈전→과도한 매장 수 확대→인력 확보가 어려운 현실→매장에서 과잉노동'이라는 '질곡의 사이클'이 반복되고 있다. 이 사이클을 끊기 위한 주문자 테이크 시스템이나 계산 키오스크 도입 등에 의한 기계화를 추진하고 총 노동시간의 줄이며 복리후생을 강화하려고 노력 중이다. 우리나라는 최저임금 인상으로 식당들이 어렵다고 하지만 노동 인력이 부족해지면 최저임금의 의미가 없어진다.

일본 외식시장의 위기 극복 전략

최근 일본의 외식시장은 위기 극복을 위해 IT시스템 도입, SNS 활용, 인바운드 수요에 대한 대응 전략을 실행 중이다. 인바운드 수요에 대한 대응 전략은 코로나19 사태 이후 일본과 우리나라가 풀어야 할 문제다. 현재까지 우리나라는 이번 코로나19의 방역 측면에서 가장 우수한 국가로 인정받기 때문에 중국이나 일본, 동남아 등 근거리 국가의 인바운드 관광 수요가 늘어날 수도 있다는 긍정적인 전망도 나오고 있다.

IT시스템 도입

일본 외식시장에 체인을 중심으로 IT시스템 도입이 활발히 진행 중이다. 한편 개인 식당에서는 비용 면에서 IT시스템 도입이 활발하지 못하다.

작업 효율을 높이는 오더엔트리 시스템(고객이 요구하는 제품의 시방, 규격을 명확히 해 희망 수량, 시기에 맞도록 효율적으로 제조, 공급하는 것을 목적으로 한 시스템)이나 매출이나 메뉴별 물량 관리를 위한 POS 시스템, 매출 향상을 위한 포인트 카드 시스템 등은 매장 규모·업태·콘셉트를 감안해 필요한 시스템이 도입되고 있다.

매출이 급성장할 때는 비효율적인 손실에 대해서 별로 생각하지 않고 공격적인 경영을 하면 되지만, 매출이 정체되었을 때는 눈에 보이지 않는 손실을 최소화해서 경영의 효율성을 높여야 한다. IT시스템은 관리자가 수작업으로 관리할 수 없었던, 보이지 않는 손실을 줄여주어 경영 효율을 높일 수 있다.

IT시스템의 데이터를 활용한 우리나라 식당의 분석력은 몇몇 기업형 식당 이외에는 거의 이루어지지 않고 있는 실정이다. IT시스템은 비용 절감을 위한 상세한 각종 데이터를 분석할 수 있는 좋은 장비임에도 우리나라 식당들은 식당 경영의 데이터 관리가 매우 미흡하다. 이는 커지는 외식시장에서 공격적인 경영을 하는 경향들이 많아서 관리 측면에 관심들이 별로 없기 때문이다. 코로나19 이후 외식시장의 파이가 줄어들면 철저한 경영 합리화를 통한 비용 절감이 식당 경영이 우선되어야 한다. 따라서 IT시스템의 역할이 점점 더 커지게 될 것이다.

SNS 활용

일본 외식시장에서도 요즘은 트위터, 인스타그램, 페이스북 등의 SNS를 활용하여 적극적으로 요리 홍보가 활발하게 이루어지고 있다. SNS를 활용한 입소문 마케팅은 우리나라가 일본보다 더 활성화되어 있는 분야다. 무리한 비용을 지불하고도 효과가 없는 식당 SNS 마케팅인지 아닌지 효율적으로 구분하는 것이 식당 점주들의 숙제가 되었다.

인바운드 수요에 대한 대응

일본 외식시장의 위기 극복 전략 중 가장 낯선 것이 인바운드 수요에 대한 대응이다. 인바운드, 즉 외국 관광객들에 대한 시장에 관심을 가진다는 것이다. 최근 일본 여행을 가 보면 한국어나 영어 등 다양한 언어로 된 간판이나 배너를 보게 된다. 웬만한 식당에 들어가도 한국어 메뉴판이 다 있다. 심지어 한국어를 할 줄 아는 종업원이 한 명 정도 있는 식당도 많다. 이는 일본을 방문하는 외국 관광객들을 외식시장으로 적극적으로 유입하기 위한 전략이다. 일본에 맛있는 음식을 먹기 위해 미식여행을 가는 것은 일본 외식시장의 이런 인바운드 전략의 성과다.

우리나라 역시 한류의 열풍으로 외국인의 국내 여행 수요가 늘어났다. 특히 삼겹살은 외국 관광객들에게 더 인기 있는 메뉴가 되었다. 반면 우리나라의 대표 토종 식재료인 한우 구이 식당들은 외국 관광객 공략에 활발하지 않다.

외국 관광객들에게는 불고기나 한우 샤부샤부 같은 메뉴들이 인기 메뉴가 될 수 있다. 우리 스스로 한우 불고기의 가치를 평가절하하고 있다. 외국 관광객의 방문이 많은 지역에 외국 관광객을 상대로 한 한우 식당이 많지 않다는 것도 안타깝다.

코로나19로 전 세계 관광산업은 장기 불황의 위기에 있다. 따라서 일본 외식시장이나 우리나라 외식시장에서 인바운드 수요에 대한 기대감은 좀 멀어질 수 있다. 그러나 우리나라는 코로나19를 가장 모범적으로 방역한 국가로 인정받고 있기에 코로나19 이후 선도국의 국가 브랜드 파워가 커져 중국, 일본, 동남아 등 근거리 인바운드 관광객의 증가를 기대하고 있다. 가장 지역적인 것이 국제적인 것이 될 수 있다는 사실을 명심하고 고유의 메뉴 개발을 준비해야 한다. 개인적인 견해로는 한우 불고기와 야채 쌈은 인바운드에서 가장 인기 있는 메뉴가 되리라 기대한다.

우리나라 외식시장은 일본과 얼마나 닮았을까?

우리나라 외식시장은 IMF 외한위기나 금융 위기 등 경제 충격에 의해서 전년보다 매출이 증가하지 않은 해는 있어도 일본처럼 장기 불황으로 지속적으로 외식시장이 축소되는 현상은 지금까지 없었다. 일본 외식시장의 장기적인 시장 규모 축소와 매출 감소는 일본

사회가 안고 있는 저출산, 고령화 문제와 관계가 깊다.

2010년을 정점으로 인구가 감소하기 시작한 일본에서는 해마다 65세 이상 고령자 비율이 증가하는 반면, 생산연령 인구의 비율이 감소하고 있음을 〈그림2〉는 잘 나타내고 있다. 일본의 고도성장을 견인하면서 소비를 이끌어 온 사람들은 1947~1949년 사이에 태어난 베이비붐 세대들이다. 이 시기에는 연간 270만 명이 태어났지만, 지금은 100만 명 정도밖에 태어나지 않는다. 이러한 베이비붐 세대

〈그림2〉 한국 vs 일본 인구 피라미드(2019년 조사 자료)

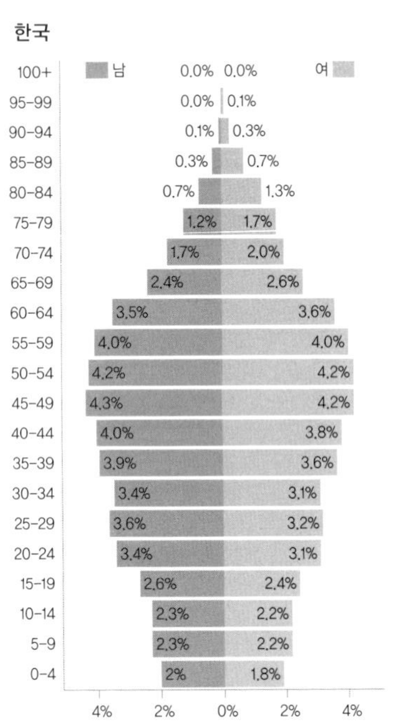

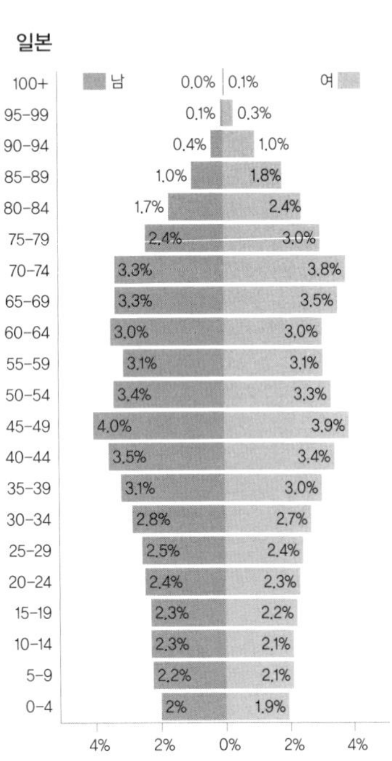

출처: https://www.populationpyramid.net

의 고령화와 저출산은 일본의 심각한 사회 문제가 되고 있다.

일본의 소비 트렌드는 인구 비율이 가장 높은 베이비붐 세대들에 의해 변화되어 왔다. 1970~1980년대에는 30~40대가 된 베이비붐 세대가 아이들을 데리고 외식할 장소가 필요해지면서 패밀리 레스토랑이 전성기를 누렸다. 패밀리 레스토랑이라는 말도 이때 생겨났다. 스카이락SKYLARK, 데니스Dennys, 로열 호스트Royal Host 등 일본의 외식산업을 대표하는 외식 프랜차이즈가 탄생한 시기 또한 이때로 일본의 외식산업이 가장 크게 성장한 시대였다.

베이비붐 세대들이 40~50대가 되면서 여유롭고 안정된 생활을 누리게 된 1990~2000년대에는 좀 더 부가가치가 높은 전문점이나 편안하게 식사와 주류를 즐길 수 있는 외식 업종이 각광을 받았다. 샤부샤부 전문점 키소지木曽路, 게 요리 전문점 코오라㈱甲羅, 고기구이 전문점 조조엔徐々苑 등이 이들의 욕구를 만족시키면서 높은 부가가치를 창출해 성장한 대표적인 기업들이다.

이 시기에는 또 20~30대가 된 베이비붐 세대의 아이들, 즉 베이비붐 주니어들이 사회 활동을 시작하면서 부모 세대와 함께 소비를 이끌었다. 선술집 체인점 와타미和民, 시로키야白木屋와 새로운 형태의 고기구이 전문점을 개발한 규카쿠牛角 등이 이들을 고객으로 만들면서 성장한 대표적인 외식기업들이다.

1990~2000년대야말로 베이비붐 세대와 베이비붐 주니어 세대가 함께 소비를 이끌면서 외식산업의 전성기를 가져왔다고 해도 과언이 아니다. 이렇듯 성장을 거듭하던 외식산업이 위축되기 시작한 때

는 베이비붐 세대가 정년을 맞이한 2000년대 후반부터다. 베이비붐 세대의 은퇴 시작과 함께 인구 감소 현상이 나타나면서 소비에도 그늘이 드리워진 것. 물론, 건강을 먼저 생각할 수밖에 없는 고령화로 인해 자연식 뷔페 등 건강식 업종이 일시적으로 인기를 끌기도 했지만, 지속적으로 소비가 줄어들고 있는 것만큼은 부인할 수 없다.

게다가 베이비붐 세대의 은퇴가 가속화된 2013년부터는 가정식 외식업종의 성장이 뚜렷하게 나타났다. 자식들이 모두 독립한 후 황혼의 부부만 생활하는 환경에서 식사를 하러 집 밖으로 나가기보다는 음식을 배달시켜 집에서 조용히 먹는 방식으로 외식의 형태가 바뀐 것이다.

이처럼 소비를 이끌어왔던 베이비붐 세대 라이프 스타일의 변화가 지금까지 외식산업의 매출을 좌지우지해 온 게 사실이다. 그런 점에서 베이비붐 세대의 영향력이 약해진 지금 일본 외식산업의 매출 규모가 자연 감소의 시대로 돌아선 것은 어쩌면 당연한 일이다.

우리나라는 저출산과 고령화 문제가 심각하지만 아직은 인구 감소가 나타나진 않았다. 최근 UN에서 예측한 자료를 보면 우리나라도 2028년부터는 인구가 감소한다.

아직 몇 년 남았으니 걱정할 것 없다고 이야기할 사람들도 있겠지만, 현실은 녹록지 않다. 일본이 인구 정점이 오기 전인 1997년을 피크로 외식 매출이 감소한 것을 감안하면 우리나라 외식시장도 곧 성장세가 하락세로 돌아설 전망이기 때문이다. 코로나19 이후 수출

〈그림3〉 대한민국 인구수와 성장 변화 예측

	한국(천 명)	2020년 대비	일본(천 명)	2020년 대비
2020년	51,282	100.0%	126,476	100.0%
2025년	51,331	100.1%	123,903	98.0%
2026년	51,312	100.1%		
2027년	51,285	100.0%		
2028년	51,244	99.9%		
2029년	51,195	99.8%		
2030년	51,135	99.7%	120,369	95.2%
2040년	49,704	96.9%	112,779	89.2%
2050년	46,706	91.1%	105,794	83.6%

출처: https://blog.naver.com/smellofmoney/221856567222
https://www.youtube.com/watch?v=g-U1wBSeLTU

의존도가 높은 우리나라는 세계경제의 불안정으로 외식시장의 축소가 예상된다.

IMF 외환위기 때 세계경제에는 별 문제가 없어서 경기가 빨리 회복될 수 있었다. 하지만 코로나19 이후 상황은 낙관하기 어렵다. 게다가 저출산과 고령화가 우리나라 외식시장에 미칠 영향도 무시할 수 없다. 우리나라 고령자의 연금 수준이 일본의 고령자 연금 수준보다 낮기 때문이다. 일본의 2012년 고령자 가구당 평균 소득 금액은 공적 연금이 209만 8천 엔으로 총 소득 303만 600엔 중 69.1%를 차지한다.

또한 일본은 노동 인력이 부족한 상태라 청년 고용이 활발하게 이루어지지만, 우리나라는 정반대다. 취업이 어려워지자 청년들이 창업의 길로 접어들면서 외식업 경쟁도 심해졌기 때문이다.

우리나라 외식시장은 일본과 얼마나 다를까?

〈그림4〉와 같이 인구를 음식점 매장 수로 나누었을 때 2014년 현재 매장당 인구수는 86.2명으로, 일본의 169.7명, 미국의 321.5명, 중국의 333.6명과 비교해 극히 적다. 전체 인구 비율은 일본과 한국이 약 2.4:1이지만 매장 수는 일본이 약 67만 개, 한국이 약 62만 4천 개 정도로 거의 차이가 없다(〈그림5〉). 또한 한국의 매장은 규모가 작고 영세하다는 특징이 있다. 그 배경에는 부부 둘이서도 간단하게 창업할 수 있는 소규모 프랜차이즈 매장이 상당수를 차지하고 있기 때문이다.

〈그림5〉는 우리나라와 일본 프랜차이즈 본사 숫자와 매장 수를 비교해 놓은 것으로, 프랜차이즈 비즈니스에서 우리나라가 일본에 비해 크게 활성화되어 있는 점을 알 수 있다. 실제로도 잠깐만 거리를 걸어 보면 불과 100여 미터도 안 되는 거리에 치킨집이 나란히 있거나, 한 건물에 치킨집 세 곳이 영업하는 것을 보기도 한다. 비단 치킨집뿐만 아니라 커피 전문점, 햄버거, 피자 등과 같은 프랜차이즈까지 포함한다면 이들 매장이 한국의 음식점 수 증가에 크게 기여하고 있음을 간단하게 확인할 수 있다.

일본은 FC본부 수 550개에 FC매장 수가 57,683개다. FC본부당 104.8개의 매장을 운영하고 있다. 반면 우리나라는 FC본부 수

〈그림4〉 대한민국 인구수와 성장 변화 예측

한국 인구	50,423,955명(2014년)	
1인당 GNP	$25,977(2013년)	
한국 외식시장 규모	매출 77조 2,850억 원	(2013년)
	점포 수: 624,831	
1인당 외식 지출	1,545,700원	
1점포당 인구	약 86.2명당 1인	

세계에서 가장 경쟁이 치열하다

일본 169.7(점포당 1인)
미국 321.5
중국 333.6

한국 외식산업 규모

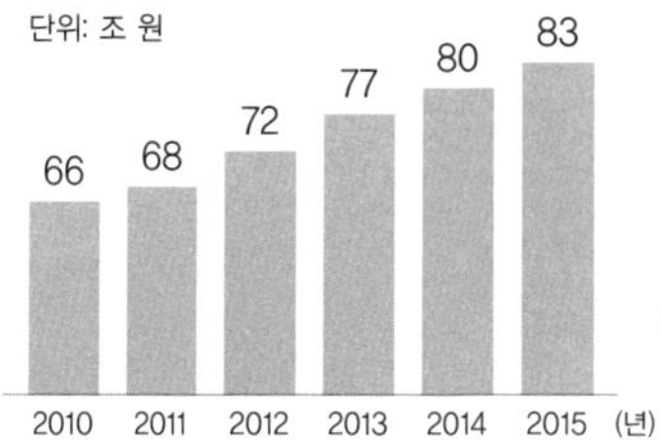

단위: 조 원

2010	2011	2012	2013	2014	2015 (년)
66	68	72	77	80	83

일본과 달리 아직 성장 시장

자료: 한국 외식산업협회 추정치

2,251에 FC매장 수가 65,806개다. FC본부당 29.2개의 매장을 운영하고 있다. 단순 수치로 프랜차이즈 본부의 프랜차이즈 매장 수는 일본이 우리나라의 약 3.6배다. 이는 우리나라의 프랜차이즈 본부의 영세성을 말해 준다.

프랜차이즈는 성공을 나누는 사업이다. 과연 우리나라 외식 프랜차이즈 본사들은 자신의 성공을 나누는 사업을 진정으로 하고 있는지 다시 봐야 한다. 우리나라는 외식 개인사업자는 물론이고 프랜차이즈 기업 역시 영세한 데다 전문성을 갖추지 못한 채 외식사

〈그림5〉 한국과 일본의 외식산업 비교

	한국	일본
시장 규모	77조 원	24조 엔
점포 수	624,831	670,000
FC 본부 수	2,251	550
FC 매장 수	65,806	57,683
FC 매장 비율	10.50%	8.60%

약 8조 엔
인구 비율 일본 : 한국 = 2.4 : 1

인구 비율은 1:2:2.4이지만 매출 규모는 3분의 1 정도이므로 아직 신장 가능성이 있다. 그러나 점포 수는 1.1:1로 거의 같다. 프랜차이즈(FC)와 관련해서는 본부 수가 일본의 5배일 정도로 훨씬 많다. 일본과 비교하면 소규모 영세한 가맹점이 많은 것을 알 수 있다.

업을 하고 있다.

또한 우리나라 프랜차이즈 본사의 업력을 살펴보면 역시 소규모 자영업체와 별반 다르지 않음을 알 수 있다. 코로나19 이후 식재료 원가 경쟁력이 없거나 주방에서 조리하는 음식보다 맛이 못 미치는 프랜차이즈들의 경쟁력은 로드 시장에서는 급격히 하락하게 될 것이다.

03

외식업에서 중식의 위치와 전망

외식시장에서 배달시장(중식)의 위치

우리나라에서 '중식'이라고 하면 점심이나 중국 음식을 떠올리지만, 일본에서는 내식과 외식 중간 형태의 식생활 패턴을 중식中食, なかしょく이라고 부른다. 다시 말해 집에서 먹는 밥, 내식과 음식점에서 사 먹는 외식과도 구분하는 개념으로, '밖에서 만들어진 음식을 사와서 집에서 먹는 음식'을 뜻한다.

일본에서는 이미 30여 년 전에 중식이 외식시장에 진출했다. 백화점이나 슈퍼마켓에서는 만들어진 음식을 소비자들이 구매할 수 있는 식품 코너를 해마다 확대해 왔다. 요리하는 시간을 절약할 수 있고, 가격도 외식보다 저렴해서 소비자들 사이에 인기를 모으면서 시장이 커졌다.

이와 같이 일본에서 중식 산업이 급격히 성장한 배경에는 여성의 사회 진출과 고령화로 인한 소비자들의 자발적인 수요도 작용했다. 하지만 동시에 장기간의 경기침체로 매출액 감소에 고심하는 소매 유통업체의 판매 전략의 일환으로 다양한 상품 개발과 서비스 차별화가 이루어진 점도 무시할 수 없다.

우리나라에서도 수년 전 대기업을 중심으로 중식의 한 갈래라고 할 HMR 사업을 전개했으나 뚜렷한 성장세를 보이지 않다가 최근 코로나19가 촉발되면서 빠른 성장세가 예고된다. 중식이 외식의 새로운 대안이 될지 아니면 중식이 외식의 강력한 경쟁 상대가 될지 일본의 중식시장을 통해 가늠해 보자. 우선 일본에서 중식을 어떻게 정의하는지 알아보자.

중식은 크게 세 가지 유형으로 분류된다.

테이크아웃형: 편의점, 마트, 백화점 지하 등에서 구입

배달형: 피자, 초밥 등의 배달, 택배

케이터링형: 자택 등 특정 장소에서 주방장이나 영양사 등에게 조리해 달라고 주문하는 형태

코로나19 이후 우리나라에서 새로 주목받는 밀키트는 일본의 딜리버리형과 케이터링형의 혼합 정도로 이해하면 될 것 같다. 물론 우리나라의 밀키트는 집에서 직접 요리해야 한다.

일본에서는 직접 매장을 방문해서 음식을 사 가는 테이크아웃형이

비중이 높은 반면 우리나라는 배달형 비중이 매우 높다. 식당을 방문해서 먹는 것과 거의 동일한 가격으로 주문 배달해서 먹고 있다.

코로나로 언텍트가 대세다. 코로나로 사회적 거리 두기를 하니 다들 집 밖 출입을 자제하면서 배달음식을 시켜 먹는 일이 많아졌다. 방문 손님이 없으니 식당에서도 배달과 밀키트를 시작했다. 우리나라는 '배달의 민족' '요기요' 등 배달앱이 발달되어서 배달시장은 지속적으로 확장되어갈 거로 전망한다.

이런 상황에서 배달시장에 본격 진출하려는 식당 점주들이 있다. 어떻게든 살아보겠다는 절박한 심정은 알겠지만, 자칫 스스로 무덤을 파고 들어가는 꼴이 될 수 있다. 식당의 음식과 배달 음식은 얼핏 같아 보이지만 다르다.

우리나라는 식당에서 먹거나 외부에서 만든 음식을 구매해서 집에서 먹는 중식을 모두 같은 산업으로 분류한다. 이것이 우리 외식업의 현실이다. 하지만 이 문제는 나중에 큰 충격으로 다가올 것으로 예측된다. 중식 분야가 성장하고 외식이 축소되어도 외식시장이 계속 성장하는 것으로 외식 통계가 집계되기 때문이다. 이렇게 되면 외식시장의 위기 경고가 늦어질 수 있다.

외식과 중식은 업業의 성격이 확연히 다르다. 외식은 마케팅 7P'S MIX가 경영에 중요한 요소다. 일반 마케팅의 4P'S MIX나 외식 마케팅의 7P'S MIX나 무엇보다 중요한 건 상품, 가격, 유통, 촉진, 직원, 물리적 증거, 프로세스의 믹스, 즉 혼합되어 새로운 맛을 내는 주스처럼 각각의 요소가 잘 결합되어 차별화된 마케팅 전술이 되어야 한다. 하지만 외식 마케팅의 7P'S MIX와 중식 마케팅의 7P'S MIX 요소의 적용 방식은 다르다.

코로나19 여파로 경제가 침체된 가운데 배달만은 호황을 맞고 있다. 외식업계도 예외는 아니다. 최근 외식업계에는 배달Delivery, 밀키트Meal kit, 가정간편식HMR, Home Meal Replacement을 합친 DMH 시장이 형성되었다.

솔직히 말해 나는 이들 시장에 대해 희망적인 전망을 하지 않는다. 그리고 식당이 이들 시장에 참여하는 것에 대해서도 부정적으로 보고 있다.

다 알고 있다시피 모든 배달음식에는 배달비가 포함되어 있다. 그리고 우리나라의 배달음식은 특별식 개념이 크다. 특별식은 손님을 대접하거나 입학식이나 졸업식과 같은 특별한 날에 먹는 음식이다. 단연히 일상식보다 비싸다.

밀키트 역시 가격 면에서 부담이 될 뿐 아니라 특별식 위주로 구성되어 있다. 가정간편식 또한 반찬의 개념으로 접근하면 식당에서도 충분히 이 시장에 진출할 여지는 충분하다. 하지만 이미 대형 식품회사들이 시장을 주도하고 있어 향후 전망을 낙관할 수 없다.

맛집, 배달, 밀키트, 가정간편식의 공통점은 음식을 판매한다는 점이다. 이런 점에서 식당에서도 얼마든지 배달에 참여하고 밀키트를 판매할 수 있다. 하지만 일시적인 사회적 거리 두기 기간에만 배달을 해야지, 지속적으로 배달을 한다면 식당으로서는 얻는 것보다 잃는 것이 더 많을 수 있다.

식당은 배달, 밀키트, 가정간편식에서는 제공하지 못하는 것을 고객에게 제공한다. 바로 '환대hospitality' 서비스다. 식당에서는 음식뿐 아니라 그 식당만의 분위기와 환대를 같이 제공한다. 그러기 위해 식당은 고정비에 많은 비용을 투자한다. 고객에게 특별한 서비스를 제공하기 위해 최고의 상권에 있을 가능성이 높고, 그런 만큼 임대료 또한 비싸게 지급할 것이다. 그리고 독특한 분위기를 연출하기 위해 인테리어 비용도 들였을 것이고, 고객에게 좋은 서비스를 제공하기 위해 인력도 선발했을 것이다. 이러한 투자를 하고도 배달 전문 업체와 경쟁하려 든다면? 공연한 비용 손실을 초래할 수 있다. 따라서 배달음식으로 특화된 식당이 아니라면 배달에 전념하는 것을 추천하지 않는다.

한일 중식시장의 비교

일본의 중식시장 규모는 2018년 10조 2,518억 엔으로, 2017년 대비 1,963억 엔이 증가했다. 10년 전에는 8조 2,516억 엔으로 매년 성장해 호조세를 보이고 있다. 우리나라 배달음식 시장 규모는 2017년 약 15조 원에서 2018년에는 20조 원 이상으로 성장한 것으로 추정했다. 이 중 '배달의 민족'이 전체 거래의 약 4분의 1을 차지하고 있다.

우리나라의 편의점 도시락 시장은 2019년 약 5천억 원으로 추정한다. 일본의 2018년 외식시장은 총 규모가 약 314,627억 엔, 이 중

중식이 외식의 약 33%를 차지한다. 2018년 일본의 편의점 도시락 시장의 규모는 15,364억 엔으로 추정된다.

우리나라는 2017년 외식시장이 약 128조 원이었다. 같은 해 중식시장이 15조 원이었으니 외식산업 전체의 12% 정도를 차지하는 셈이다. 이는 우리나라 중식시장의 가능성을 3배 이상 확장될 것을 의미한다.

일본 중식시장은 1997년 이후 일본의 외식시장이 약보합세로 고전하는 동안 지속적인 성장을 거듭해 왔다. 일본의 중식시장의 성장 요인을 알아보는 일은 우리나라 중식시장의 확장 가능성을 예측하는 좋은 선행 지표가 될 수 있다.

일본 중식시장의 성장 요인

일본에서 중식시장이 지속적으로 커지는 이유는 다음과 같다.

첫째, 여성의 사회 진출이다. 여성들의 사회적 참여가 늘어서 간편식에 대한 욕구가 증가했다. 매일 바쁘게 살더라도 맛있는 것을 간편하게 집에서 먹고 싶은 욕구를 중식이 충족시켜 주었다. 우리나라도 역시 여성의 사회 진출이 늘어나면서 중식이 포함된 외식 비율이 높아지고 있다.

둘째, 맞벌이 가구의 증가다. 시간이 부족한 맞벌이 부부를 중심으로 간편식에 대한 욕구가 늘어났다. 맞벌이 가구가 증가하는 우리나라도 역시 이런 현상이 보편화되고 있다. 2015년 조사에 의하면 우리나라도 경제활동 참가율이 남녀 각각 74%와 51.3%였다. 아직은 큰 격차가 있지만, 계속 여성의 사회 참여가 높아질 추세다. 이에 따라 가정 내 가사 분담도 과거와 다른 모습이다. 바쁜 사회생활로 집에서 식사하는 기회가 줄어들고, 집에서 식사를 할 때면 배달 음식을 주문하는 경우가 많다.

셋째, 1인 가구의 증가다. 혼자 생활하는 사람은 집에서 혼자 요리를 해 먹을 경우 1인분씩 음식을 요리하면 식재료 관리가 만만치 않다. 중식을 이용하는 것이 비용을 아끼고 다양한 음식을 먹을 수 있어 만족도가 높아진다.

1인 가구가 급증하는 데는 몇 가지 원인이 있다.

먼저 개인주의의 확산에 따른 가치관의 변화다. 그리고 고령화로 인한 사회적 요인이다. 특히 인구의 고령화에 따른 1인 세대의 증가가 사회 문제로 표면화되고 있다. 또 하나는 가계의 경제력이 약화되고 고용 불안이 초래한 경제적 요인이다. 경제력 약화가 이혼과 고용 불안에 따른 가족관계 단절로 이어지면서 결혼을 단념하는 젊은이들이 늘고 있다. 우리나라의 1인 가구 증가는 개인주의 확산에 따른 독립형이 아니라 사회적, 경제적 문제에 의한 가족의 해체 성격이 강하다. 이러한 점을 파악해 앞으로 중식시장에서는 1인 가구들을 수용하기 위한 다양한 대책이 필요하다.

넷째, 고령화 인구의 증가다. 나이 많은 고령자들이 매일 밥을 직접 해 먹는 것은 쉬운 일이 아니다. 그뿐만 아니라 해마다 1인 가구 고령자들이 늘고 있다. 고령 1인 가구(65세 이상)와 고령 일반 가구(가구주 65세 이상)의 식품 지출 구성을 비교하면 고령 1인 가구는

야채와 생선 같은 신선 식품 관련 지출이 적은 반면, 외식이나 반찬 등 조리식품에 대한 지출이 많다. 같은 고령 가구라도 1인 가구와 일반 가구에서 소비하는 식품에 차이가 있다. 퇴직 후에 1인 가구가 된 남성은 음식을 조리하는 습관이 없는 사람이 많다. 외식이나 조리 식품의 지출이 높아지는 것은 자연스럽다.

국제연합UN이 정의한 바에 따르면, 국가의 고령화는 다음과 같이 세 단계로 구분된다.

고령화 사회: 65세 이상 인구가 전체 인구의 7% 이상 14% 미만

고령 사회: 65세 이상 인구가 전체 인구의 14% 이상 20% 미만

초고령 사회: 65세 이상 인구가 전체 인구의 20% 이상

행정안전부가 발표한 바에 따르면, 우리나라는 2017년 8월 말 주민등록상 노인 인구 비율이 14%를 넘어서면서 고령사회가 되었다. 인구의 고령화로 전체 노인의 인구가 늘어나고, 동시에 핵가족화가 빠르게 진행되면서 우리나라의 전체 독거노인 수가 증가하고 있다. 2017년 관심의 사각지대에 놓인 독거노인 수는 약 138만 명이라고 한다.

65세 이상 빈곤율(65세 이상 노인 가구 중 소득이 전체 가구 중위소득의 50% 미만인 비율)은 61.8%로 전체 빈곤율(19.5%)의 세 배에 이른다. 우리나라는 일본과 달리 고령사회로 진입하면서 노인 연금 등의 복지 혜택이 부족하다. 노인 가구들, 특히 1인 노인 가구의 빈

곤율이 높아서 지금처럼 특별식 위주의 중식시장 성장에는 별 영향을 미치지 않을 수 있다.

다섯째, 가정 내 소비, 인터넷 쇼핑의 활성화다. 사람들이 외부로 나가지 않고 집에서 인터넷으로 쇼핑하는 추세가 급격히 늘어나고 있다. 우리나라는 인터넷이 발달된 나라다. 가정 내 소비가 가장 활성화된 국가 중 하나다. 거기에 코로나19 이후 언택트 서비스(비대면 서비스)에 대한 수요가 뚜렷하게 증가하고 있다.

언택트란 접촉contact을 뜻하는 콘택트에 언un이 붙어 접촉하지 않는다는 의미다. '쿠팡, 마켓컬리, 배달의 민족' 등 인터넷 플랫폼들이 발달되어 가정 내 소비문화는 음식뿐 아니라 모든 분야에서 앞으로 지속적으로 증가할 것으로 예측된다.

여섯째, 중식의 이미지가 좋아졌다. 중식의 내실이 알차지면서 소비자들이 맛있다는 긍정적인 생각으로 전환되고 있다. 일본의 중식은 우리나라와는 달리 일반식 구성이 높다. 우리나라의 중식이 배달앱을 이용한 배달시장이 중심이라면, 일본의 중식은 직접 편의점이나 백화점, 식료품점, 수퍼마켓에서 테이크아웃을 하는 경우가 많다. 일본 중식의 업태별 시장 규모 구성비는 편의점 점유율이 가장 높고 전문점, 식품 슈퍼가 이어진다.

- 1위: CVS(32.3%)
- 2위: 전문점·기타(28.8%)
- 3위: 식품 슈퍼(26.2%)

• 4위: 종합 슈퍼(9.2%)

• 5위: 백화점(3.5%)

2020년 아베 신조 일본 총리는 지난 4월 7일 기자회견에서 "식품 등 생활필수품의 제조·가공, 물류업계, 소매점은 영업을 계속해 달라"고 말했다. 세븐일레븐 등 대기업 편의점들도 "편의점은 사회적 인프라이므로 가능한 한 영업을 계속한다"는 방침을 세웠다. 이는 일본 사회에서 편의점이 먹거리 유통의 중요한 사회적 인프라임을 이야기해 준다. 2020년 2월 기준으로 일본 전역에는 5만 5,460개의 편의점이 있다. 우리나라는 2018년 기준으로 전국에 38,451개의 편의점이 있다. 궁극적으로는 이들 편의점도 식당의 경쟁자다.

중식의 메뉴 구성비로 보면 대부분 밥 종류와 일반 반찬류다. 우리나라는 아직까지는 일반 밥 종류나 반찬 종류보다는 특별식인 식당 메뉴를 배달해 먹는 중식이 중심이 되어 있다.

• 1위: 밥류(46.4%) (도시락, 주먹밥, 초밥 등)

• 2위: 일반 반찬*(35.7%) (고로케, 튀김, 샐러드 등)

• 3위: 봉지 반찬**(7.1%) (감자샐러드, 감자조림, 고등어 된장조림 등)

• 4위: 조리면(5.7%) (조리완료 야끼소바, 우동, 와리소바, 스파게티 등)

• 5위: 조리빵(5.1%) (샌드위치 등)

* 일반 반찬: 양·중식 반찬, 조림, 구이, 볶음, 튀김, 찜, 무침, 초무침, 샐러드 등

** 봉지 반찬: 용기 포장 후 저온 살균되어 냉장에서 1개월 정도 오래 보존하는 조리 완료 포장 식품. 감자샐러드 등의 샐러드, 고등어 된장조림 등

우리나라에서 편의점 도시락의 맛이 점점 좋아져서 일반 식당 메뉴들과 경쟁하고 있듯이 일본은 이미 식당 식사와 맛을 경쟁할 수 있는 수준이 되었다. 우리나라는 최근 들어 배달앱을 중심으로 중식 시장에 참여하는 식당이 늘고 있지만, 궁극적으로는 일본처럼 일상식 시장에서 편의점이나 식품슈퍼(일본은 식료품만 파는 슈퍼가 있음.)와의 경쟁이 될 수 있다.

한국의 중식시장 전망

앞에서 일본의 중식시장의 성장 배경을 살펴보았다. 일본의 외식시장 전체에서 중식이 차지하는 비율은 33% 정도이고, 우리나라 외식시장에서 중식이 차지하는 비율은 12% 정도여서 중식시장의 미래가 밝은 건 사실이다. 하지만 일본에서 중식시장 성장 배경을 살펴보면 우리와 같은 면이 있지만 전혀 다른 면도 있다.

일본의 중식시장이 지속적으로 성장하는 이유를 종합해 보면 편리성과 경제성이라고 생각한다. 혼자 밥 먹는데 굳이 식당에 앉아서 밥 먹을 이유가 없다. 식당의 밥값에는 식당 이용료와 서비스비도 포함된다.

2012년 제주도에 제주햄 프로젝트가 있어서 혼자 내려가서 1년 정도 자취를 한 적이 있다. 혼자 살아가니 식사를 직접 해 먹는 것은 낭비 같기도 해서 삼시 세끼를 사 먹었는데 그 비용이 만만찮았다.

식당에서 먹는 메뉴를 그대로 배달해서 먹으니 한 번에 주문할 수 있는 금액 하한선도 있다. 배달료도 내야 한다. 편리성은 우리나라의 중식, 배달음식이 일본보다 크지만, 경제성으로 보면 외식 이상의 비용을 지불해야 한다.

일본 중식은 일반식으로 밥이나 반찬을 편의점이나 슈퍼에서 판매하는 형태다. 그냥 반찬가게의 반찬을 직접 사 와서 집에서 먹는 구조라는 점이 우리나라의 배달음식 중심의 중식과는 매우 다르다.

코로나19 이후 경기 침체로 우리나라도 초가성비의 시대가 온다. 초기에 배달음식이 강세를 보였으나 코로나19 확산이 길어지자 편의점 도시락이나 동네 반찬가게로 이용 횟수가 늘었다.

현재 우리나라에서 HMR 형태로 출시되는 즉석밥은 130g, 190g, 210g, 300g 등으로 개인의 양에 맞춰 선택할 수 있다. 물론 동네 반찬가게에서도 밥과 반찬을 중량 단위로 포장해 판다면 집에서 먹는 방식이 초가성비 식사가 될 수 있다.

일본은 식당에서 중식시장에 참여하는 비율이 매우 작은 반면 우리나라는 외식과 중식을 구분하기 어려울 정도로 식당들이 중식시장에 뛰어들고 있다. 아니, 우리나라 음식 배달의 전통적인 대세가 중국집 짜장면과 치킨, 그리고 족발 야식 배달이었다는 것을 생각해 보면 외식과 중식의 구별이 어렵다. 중국집에서는 홀에서 식사도 할 수 있고, 전화로 배달 주문을 할 수도 있다. 치킨집도 작은 홀에서 사람들이 생맥주도 마시고 치킨도 먹고 배달도 한다. 족발집은 배달 전문이니 상권이 없는 골목에 자리 잡고 배달만 열심히 하는 족발집도 여럿 있다.

지금 비록 코로나19로 외식 업계 전체가 빙하기에 접어들었지만,

식당은 대표적인 환대산업hospitality industry임을 잊으면 안 된다. 식당은 환대받으며 기분 좋게 서비스를 경험하는 공간이다. 그렇기 때문에 식당을 찾는 사람은 음식만 먹으러 가지 않는다. 넓은 홀의 쾌적한 분위기를 자아내는 인테리어, 진심 어린 미소와 철저한 서비스 정신으로 접대하는 직원들. 이 모든 것이 한데 어우러져 음식의 맛과 더불어 특별한 추억을 선사하는 곳이다.

이렇듯 차별화된 서비스, 경쟁력 있는 메뉴, 색다른 분위기를 제공한다면, 그 식당은 입소문을 타고 고객들이 스스로 찾아오는 그 지역 명소로 자리 잡을 것이다.

환대歡待는 손님과 주인 사이의 관계 진전을 말한다. 환대하는 행동이나 관례, 즉 손님이나 방문자 그리고 낯선 사람들을 관대하고 호의적으로 받아주고 기쁘게 해주는 것을 말한다. 호텔, 레스토랑, 카지노, 리조트 클럽 그리고 관광객을 대하는 서비스업의 일을 말한다. 또한 도움이 필요한 어떤 사람에게 주의를 기울이거나 친절한 행동을 하는 것으로, 서비스 정신Service, 精神이라고 한다.

마이클 앤드류 포드는 환대를 이렇게 정의한다.

"환대란 손님에게 집중하는 능력이다. 그리고 손님이 자신의 영혼을 발견할 수 있는 공간을 창조해 내는 능력이다. 더 나아가 다른 사람의 외로움과 고통을 없애줄 뿐만 아니라, 자신들의 외로움을 공유할 수 있다는 사실을 인식하도록 돕는 것이다."

이처럼 외식과 중식의 가장 큰 차이는 환대다. 외식에서 맛과 환대는 중요한 요소가 된다. 반면 중식은 특히 우리나라에서 중식은 스피드, 즉 배달 속도가 생명이다. '배달의 민족'이 대행하는 배달에 식당의 환대를 담을 수 없다. 식당 메뉴는 이 환대, 서비스 가격까지 포함되어 있다.

음식을 먹을 때 온도는 참 중요하다. 음식의 온도가 맛의 많은 부분을 좌우하기 때문이다. 식당 메뉴들은 가정으로 배달되는 시간 동안 최상의 맛을 유지할 수 있을까? 배달음식은 편의점이나 마트보다 전문 업체가 맛있게 더 잘 만든다. 가격 경쟁력까지 갖췄다. 갈수록 치열해지는 이 시장에 최근에 새로운 경쟁자가 나타났다. 레스토마켓(레스토랑&마켓)이라는 테이크아웃 전문점이다. 레스토마켓에서 배달까지 한다면 앞으로 이 시장에는 거센 싸움이 일 것이다. 한정된 시장을 두고 중식과 외식이 경쟁을 해야 하기 때문이다.

아모제푸드 같은 테이크아웃 전문점이 지금은 백화점이나 마트에 있지만 머지 않아 동네 편의점에 숍인숍shop in shop 형식으로 입점하면 식당은 그들과 경쟁할 수 없다. 메뉴뿐 아니라 가격 경쟁력에서 밀리기 때문이다. 그리고 예전과 달리 소비자들은 양보다는 질을, 같은 품질이면 콘셉트 있는 브랜드를 선호한다. 이처럼 변화하는 고객의 니즈에 식당이 발빠르게 대처하지 못한다면 승부는 기대할 수 없다.

일본 중식의 주축은 편의점이다. 자본에 의한 대량 생산체계와 물류 시스템으로 공략해 들어오는 편의점과 중식시장에서 경쟁하는 것은 지금의 식당들에서는 구조와 비용 면에서 무리다. 우리나라에서도 공유 주방이나 배달 전문점들과의 비용 경쟁에서 기존 식당들은 경쟁력이 있다고 확언하기는 어렵다.

유명한 중국집은 음식 맛을 지키기 위해 배달하지 않는다. 우리나라의 음식들은 특히 식당에서 만드는 메뉴들은 대부분 요리해서 서비스하는 순간 가장 맛있는 맛을 유지하는 음식들이다. 식당 음식이 가정에 배달되어서 먹는 순간 가장 맛있는 맛의 순간을 잃어버리기 때문이다.

물론 음식이라는 아이템이 같으니 식당을 운영하는 이들이 중식 시장에 진출하는 데는 유리한 면이 많다. 중식에 어울리는 메뉴 개발, 중식시장의 미래에 대해서 다시 고민해야 한다. 식당의 위치나 인력 배치까지도, 아니, 식당 브랜드까지 다시 고민해야 한다.

왜 외식과 중식을 분리해야 하는가?

앞에서 이미 외식과 중식의 음식이라는 공통점이 있지만 접근 방식에서 외식은 환대 산업이라는 걸 강조했다. 외식업에서 환대, 서비스가 빠진다면, 그건 영혼이 없는 육체와 같다.

중식은 일상식으로 생존을 위해 먹는 행위일 뿐이다. 반면 외식에는 영혼이 행복해지는 마음의 카타르시스가 있다. 고급 식당에서 식사하는 것은 두 시간 동안 뮤지컬이나 오페라 공연을 보는 행위와 같다. 맛있는 음식을 좋은 사람들과 마음에 드는 서비스로 환대받는 건 생존 너머의 행복이다. 외식업은 사람을 행복하게 해 주는 업이다.

〈그림6〉 중식 시장의 개념

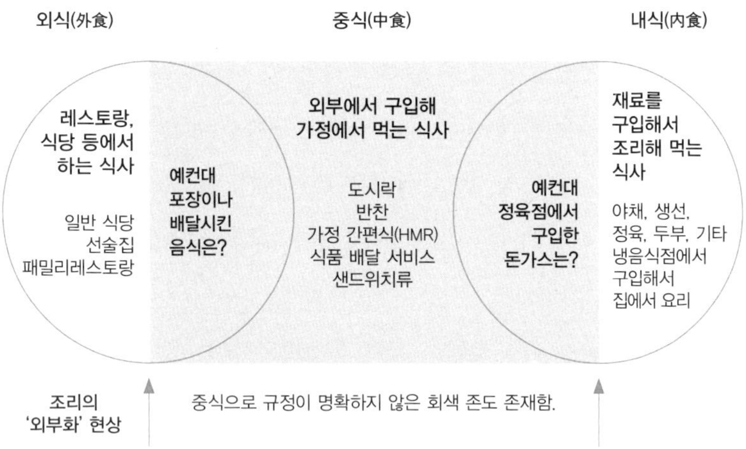

출처: 행복한 가게

물론 중식의 맛도 사람을 행복하게 해 줄 수는 있지만, 성격을 좀 달리 봐야 한다. 지금부터라도 배달 외식업 중식과 더 발전할 중식과 외식은 구분해서 관찰하고 연구해야 한다.

04

한국의 외식업에 거는 기대와 희망

정보력에서 일본에 월등한 한국 외식업계

우리나라 고객은 일본인 고객보다 인터넷과 SNS를 활용한 음식점 정보 수집 능력이 훨씬 뛰어나다. 블로그가 음식점의 가장 효과적인 마케팅 수단으로 활용되고 있다는 사실만 보아도 인터넷의 영향력이 일본에 비해 월등하다고 말할 수 있다.

특히 스마트폰의 보급은 정보량은 물론, 정보를 파악하는 속도를 빠르게 높여 주었다. 삼성의 스마트폰 점유율이 세계 1위라는 사실은 우리의 스마트폰 사용 수준이 세계에서 가장 높은 축에 속한다는 점을 방증한다. 그리고 이는 원하기만 하면 언제 어디서든 많은 정보를 얻을 수 있는 구조임을, 따라서 고객이 접하는 정보량이 방대할 수밖에 없음을 말해 준다.

최근 우리나라 음식점 경영자들에게 '요즘에는 입지 조건이라는 개념이 사라진 것 같다', '단골 확보가 어려워졌다'는 말을 자주 듣는다. 고객이 인터넷이나 SNS를 통해 맛집 정보를 얻기 때문이다. 새로운 매장이 문을 열면 그 정보를 접한 다른 지역 상권의 고객들이 찾아오기도 하면서 벌어지는 일들이다.

또 매장의 교체가 자주 일어나는 지역에서는 신규 매장이 오픈할 때마다 새로운 매장으로 고객들이 이동한다. 이 같은 현상은 기존 매장도 고객들에게 항상 새로운 정보를 제공하고 소통에 힘쓰도록 한다. 그래야만 고객을 확보할 수 있기 때문이다.

이런 일들은 인터넷 선진국인 우리나라이기에 가능한 일이다. 게다가 맛집이나 요리 프로그램이 전성기를 구가하고 있다. 요즘에는 유명 셰프 겸 외식기업을 운영하고 있는 사람들이 종종 텔레비전에 나와 음식이나 음식점을 추천하기도 한다. 이렇게 소개된 곳은 한마디로 '대박'이 난다. 사람들이 폭발적으로 모여 들면서 몇 개월 동안이나 하루 종일 대기 행렬이 끊이지 않는다.

내가 자주 가는 삼겹살집도 TV에 소개된 후 맛집 명소가 되었다. 한동안 대기 행렬이 길어 1시간 이상 기다리지 않으면 이용할 수 없는 상태가 계속되었다. 근처에 삼겹살을 파는 다른 매장이 있는데도 불구하고 그쪽으로는 아무도 가지 않았다. 직원들은 '이제 더 이상 고객이 안 왔으면 좋겠다'는 듯한 지친 표정으로 성의 없이 대응하지만 사람들은 돌아갈 생각을 전혀 하지 않는다.

우리나라에서 텔레비전을 통해 접하는 정보의 위력은 일본보다 훨씬 강하다. 그만큼 우리나라에서는 고객이 접하는 정보의 양이 방대하기 때문에 언제든 고객이 이동할 수 있다는 사실도 인식하고 있어야 한다.

반드시 갖춰야 하는 교육 시스템

일본에서 노동력을 확보하기 가장 어려운 산업이 외식산업이다. 우리나라도 예외는 아니다. 일본만큼이나 일손이 부족해 해마다 많은 음식점이 힘들어 한다. 매장 수는 계속 증가하고 일하려는 사람은 한정되어 있는 게 현실이다. 삶이 풍요로워진 우리나라의 젊은이들에게 '하루 종일 서서 계속 움직여야 하는 음식점 일은 힘들다'는 인식이 팽배해 있다. 앞으로 현장 인력의 확보는 더욱 어려워질 수밖에 없다.

우리나라의 음식점 경영자들에게 일본의 선술집 메뉴를 보여주면 으레 물어보는 질문이 "이런 메뉴의 업종에는 셰프가 몇 명이 필요하냐"는 것이다. 그들의 관심은 오로지 '셰프 확보'에 있다. 셰프 확보가 어려우면 금세 난색을 표명한다. 그리고 체인화하기도 어렵다는 이유로 지레 포기해 버린다. 하지만 실제로 메뉴를 소개한 일본 선술집 프랜차이즈 매장 중에서 전문 셰프를 고용하고 있는 곳은 아무 데도 없다. 30평 이하 매장의 경우, 정직원은 점장 혼자뿐이고 나머지는 모두 아르바이트생을 고용한다. 일손이 부족한 매장에서는 음식 주문이 들어오면 홀을 담당하는 스무 살 전후의 아르바이트생이 주방으로 들어가 그 선술집의 인기 메뉴인 계란말이를 만들어 고객에게 직접 제공하기도 한다. 물론, 계란말이를 완벽하게 만들 수 있을 때까지는 한 달 정도의 훈련이 필요하다. 결코 매뉴얼만으로 가능한 일이 아니기 때문이다.

교육이 필요한 이유가 여기에 있다. 아르바이트생으로만 인력을 활용하려면 점장(점주)이 끈기 있게 가르쳐야 한다. 그뿐만 아니라 배우는 사람에게도 매장을 위해 열심히 일하면 급여(시급)가 오를 수 있다는 동기부여가 따라야 한다. 아르바이트생이 더 많은 돈을 벌겠다거나 더 높은 직급으로 올라가겠다는 목표를 갖고 열심히 일할 수 있도록 한다면 그보다 더 큰 동기부여는 없을 것이다.

전문가만큼은 아니더라도 조리를 할 수 있는 조리작업 시스템과 매뉴얼 및 일에 대한 의식 부여 교육 시스템은 그래서 필요하다. 한국에는 아직 이러한 조리 시스템과 교육 시스템이 정착되어 있지 않다. 그래서 높은 인건비를 지불해야 하는 전문 기술력을 가진 셰프가 있어야 하며, 생산성이 낮은 조리 시스템으로 인해 일손도 많이 필요할 수밖에 없다.

실제로 체인점이 아닌, 높은 기술력을 필요로 하는 전문점에서도 조리와 교육 시스템의 강화를 통해 어느 정도 인력난을 극복할 수 있다. 일본에는 이미 적은 인원으로도 작업이 가능하도록 주방 레이아웃을 효율적으로 설계하거나 기자재를 도입하여, 아르바이트생이나 파트타이머에게 부분적으로 조리를 맡길 수 있는 교육을 실시하고 있다. 고객이 많을 때를 대비한 급속냉각 시스템cook-chill system

과 같은 과학적인 조리법을 통해 전문 셰프의 일손을 줄이면서 인력난을 극복하고 있는 매장과 기업이 많다.

일본의 음식점에서 일하는 사람 수를 보면 총 3,736,142명 중 정직원이 1,067,371명으로 72%가 비정규직이다. 즉, 노동력의 70% 이상을 파트타이머와 아르바이트생에 의존한다는 뜻이다. 이처럼 굳이 높은 기술력을 가진 인재를 필요로 하지 않는, 대부분의 종사자가 파트타이머와 아르바이트생에 치중되어 있는 일본의 외식산업에도 인력난이 존재한다.

반면, 2017년 데이터에 의하면 한국의 외식업 종사자 수는 210만 명 정도다. 그 가운데 파트타이머나 아르바이트생의 비율은 일본에 비해 상당히 낮다. 이처럼 아직 파트타이머와 아르바이트생의 업무가 충분히 확립되어 있지 않은 우리나라는 앞으로 어떻게 변화해 가야 할까?

우리나라도 오토 매장이 늘어나면서 직원 교육의 중요성에 대한 인식이 점점 커지고 있다. 불과 몇 년 사이에 식당 운영자들 스스로도 수많은 교육을 받기 위해 열심히 찾아다니고 있다. 외식업에서 요즘처럼 교육열이 높았던 시절은 없었다.

준비는 지금부터다

앞서 말한 바와 같이 우리나라의 외식산업도 앞으로 10년 안에는 지금의 일본과 같은 상황을 맞으리라 예상된다. 그러므로 앞으로 겪게 될 치열한 경쟁시대에 대비하기 위해서는 지금부터 준비해야만 한다. 여기서 준비는 일하는 사람들의 의식을 바꾸고 그들의 모티베이션을 높이기 위해 교육을 강화하는 일이다.

인구가 줄어들수록 일하려는 사람을 구하기가 더욱 어려워질 것은 불 보듯 뻔한 일이다. 지금 매장에서 일하고 있는 직원들은 매우 소중한 존재일 수밖에 없다. 따라서 그들이 오랫동안 일할 수 있는 '그만두지 않는 직장 환경 만들기'는 매장과 기업이 안고 있는 가장 중요한 숙제다.

치열한 경쟁 속에서 고객을 확보하려면 많은 정보량을 가진 고객의 욕구를 신속히 파악해 단골 고객으로 만들어야 한다. 평범한 서비스만 제공해서는 더 이상 고객이 매장을 찾아오지 않는다. 고객의 욕구를 가장 빠르고 정확하게 파악할 수 있는 사람은 고객과 가장 가까이에 있는 현장 직원들이다. 직원들이 적극적으로 일할 수 있도록 매장 환경을 만들어가지 않으면 그 매장은 곧 문을 닫을 수밖에 없다.

또 인력의 확보가 어려운 요즘 같은 환경에서는 무엇보다 효율적인 인력 관리가 필요하다. 다섯 명으로 매장을 운영하고 있다 하더라도 네 명으로도 언제든 운영이 가능한 체제를 만들어 놓아야 한다. 그리고 직원들이 과잉노동을 하지 않도록 시스템을 정착시켜야 한다. 이를 위해서는 모든 직원들의 일에 대한 의식과 모티베이션을 높여야 하며, 능력을 향상을 위한 교육을 강화해야 한다. 그래야만 조직 안에서 안정적으로 가동되는 시스템을 구축할 수 있다.

일본은 이전 10년 동안 직원 교육을 실시하지 않거나 시스템 구축을 게을리했던 기업은 경영이 어려워졌다. 그러나 교육에 투자를 아끼지 않고 조직 운영 시스템을 확실히 구축한 기업은 그렇지 못한 매장의 고객을 흡수해서 오히려 안정적으로 성장해 나가고 있다. 즉, 지금부터 준비를 철저히 한다면 10년 후에는 지역 상권뿐만 아니라 전 지역에서 번성하는 매장으로 확실히 자리매김을 할 수 있다는 말이다.

일본 동북지방의 아키타秋田 현은 일본에서 가장 인구 감소율이 높은 지역이다. 그곳에는 연매출 30억 엔에 종업원 수가 450여 명인, 아키타 현에서는 가장 큰 규모의 외식기업 '아지맥스Ajimax'가 있다. 이곳 아키타 시에 있는 번화가인 오마치는 20년 전까지만 해도 저녁만 되면 많은 사람이 모여들었다. 하지만 지금은 활기를 찾아볼 수가 없다. 저출산과 고령화로 인해 인구가 확연히 감소했기 때문이다. 그럼에도 저녁시간이 되면 다른 매장과 달리 아지맥스 매장만은 자리가 없어 대기하는 고객들로 북적인다.

아지맥스는 연매출 30억 엔의 1%에 상당하는 3천만 엔을 매년 종업원 교육에 투자하고 있다. 정직원뿐만 아니라 파트타이머와 아르바이트생 등 매장에서 일하는 직원이라면 누구에게든 교육을 위해 아낌없이 투자한다. 사내 교육뿐만 아니라 컨설턴트를 초청하는 등 직급별로 커리큘럼을 구성해 교육하고, 외부에서 개최되는 세미나에도 큰 비용을 들여 참가시킨다. 또 그 해에 높은 성과를 올린 직원에게는 하와이로 해외 연수를 갈 수 있는 기회도 준다. 해외 연수 비용만도 1백만 엔이 넘는다.

반면, 본사 사무실은 비좁고 사장실도 없다. 영업이익 중에서 가능한 한 많은 금액을 직원들이 열심히 일할 수 있도록 교육에 투자하면서 매장 확장을 위한 기초자금으로 사용하고 있다. 당연히 직원들은 매장에서 자신의 성장과 미래의 비전을 확신하며 열심히 일하고, 이러한 직원들의 높은 모티베이션은 매장의 분위기를 긍정적으로 만듦으로써 자연스럽게 고객을 매장으로 이끈다. 그리고 이 같은 매장과 기업은 지역의 우수매장, 우수기업이 되어 어려운 환경 속에서도 꾸준히 성장해 나간다.

10년 안에, 외식시장에서 기업과 식당을 '대박식당'으로 만들고 싶다면 지금부터 준비해야 한다. 그 기본은 '경쟁에서 살아남기 위한 강력한 조직 운영'이다. 따라서 어떻게 하면 일하는 사람들의 의식과 모티베이션을 높여 조직을 강하게 만들 것인가 고민해야 한다.

다시 한 번 강조하지만 지금부터 준비하지 않으면 격변하는 외식시장에서 살아남을 수 없다. 준비하지 않으면 실패를 맛보게 될 뿐이다. 대박식당이 될 수 있는 가장 중요한 노력은 식당 점주들 스스로 교육을 받아서 무장을 철저히 해야 한다.

'훈련소의 땀은 전쟁터의 피와 바꿀 수 있다'는 말이 있다. 훈련된 식당은 사람들의 사랑을 받을 수 있다. 식당 사장은 전장의 지휘관으로 전장을 진두지휘해야 한다. 식당 사장 스스로 식당의 모든 분야에 대해서 가장 전문가가 되어야 한다.

외식산업은 사람 산업이다. 사람의 중요성이 그 어떤 산업보다 크다. 식당은 만만하지 않은, 육체노동에 감정노동까지 더해지는 어려운 일이다. 마음에 상처받지 않게 서로 격려하고 위로하며 일해야 한다.

또 식당은 사람의 가치를 알아야 하는 사랑산업이다. TV 드라마 〈이태원 클라쓰〉의 박새로이 사장이 우리에게 전해 준 메시지가 있다.

"지금 우리 시대에는 사람 가치가 최우선이다."

돈을 버는 것도 중요하지만, 무엇인가 배울 수 있는 상사와 함께 식당에서 일하고 싶어 하는 사람들이 많은 시대다.

〈골목식당〉 같은 식당 관련 프로그램을 보거나 직접 식당을 방문했을 때 식당에서 일하는 사람이 전혀 훈련이 안 되어 있는 경우를 많이 보게 된다. 그건 점주와 점장, 일하는 사람도 마찬가지다. 교육을 받지 않아서 그렇다. 아니, 무엇을 어떻게 배워야 할지 모르니 자기 마음대로 하는 것이다.

식당을 '밥장사'라고 부르지만 엄밀히 말해 삶의 현장이다. A부터 Z까지 하나하나 배우고 연습하고 훈련해야 하는 치열한 전쟁터다. 우리 모두는 살아남기 위해, 승자가 되기 위해 식당을 열었다는 점을 기억하자. 그리고 직원들은 배울 점이 많은 점주와 근무하고 싶어 한다.

2부

외식업 승자의 조건

05

위기 때 최강의 무기는 '원칙 지키기'

경쟁에서 살아남기 위한 세 가지 동력

카와시노 미츠루의《점장의 실무를 알 수 있는 책》에는 10년 후 경쟁에서 살아남아 승자가 되기 위한 세 가지 동력에 잘 나와 있다. 바로 기초력, 운영력, 기획력이다.

제1동력은 기초력으로 다음과 같은 과정이 필요하다. ① 직원들의 모티베이션 함양 ② 경영이념의 전달과 공유 ③ 직원 간 원만한 인간관계 ④ 매장 운영 책임자의 능력.

제2동력은 운영력으로 다음과 같은 과정이 필요하다. ① 안정된 QSC-A 레벨 구축 ② 효율적인 작업 시스템 확립 ③ 지속적인 교육과 높은 모티베이션 유지 ④ 철저하고 지속적인 향상 ⑤ 단골 고객 확보 ⑥ 열심히 일하는 직장 환경 만들기.

제3동력은 기획력으로 다음과 같은 과정이 필요하다. ① 개발 기획-콘셉트, 매장, 메뉴, 상품, 시스템 개발 ② 마케팅 기획 1-고객 정보 관리방법 ③ 마케팅 기획 2-판매 촉진, 수익성 향상 ④ 인사제도 기획-교육 시스템, 시간급여 사정제도, 성과 배분제도, 독립제도 ⑤ 경영기획-감동 스토리 만들기.

승자는 기초가 튼튼하다

프로 운동선수 중에서도 좋은 결과를 낼 수 있는 선수와 그렇지 못한 선수의 차이는 기초를 완벽히 다졌는지 아닌지에 따라 달라진다. 야구의 경우, 충분한 달리기 연습과 다리와 허리 훈련을 반복해 하반신을 튼튼하게 단련한 선수는 자세가 흐트러지지 않는다. 투수라면 정확하고 빠른 공을 던질 수 있으며, 타자라면 타구의 비거리를 늘릴 수 있는 토대가 된다.

기초의 중요성은 흔히 말하는 일류 대학 입학을 목표로 하는 수험생들에게도 적용된다. 초등학교, 중학교 시절에 수학의 기본이나 국어의 읽고 쓰는 기초를 반복해 몸에 익힌 학생이 시험에서 높은 점수를 받는다. 공부시간이나 방법은 같아도 시험을 치를 때의 문제 이해도, 해답을 푸는 속도와 정확성은 이 같은 기본의 차이에서 나오기 때문이다. 시험의 당락을 결정짓는 근소한 차이도 바로 이 기초력에 따라 다르게 나타난다.

외식업도 마찬가지다. 특히 '인간 중심 산업'인 외식산업은 일하는 사람의 마음가짐과 자세, 생각에 따라 2단계인 운영력과 3단계인 기획력에서 나타나는 효과가 달라진다. 즉, 기초력은 직원들의 의식과 모티베이션을 높이는 원동력이다.

운영력은 매출과 직결된다

운영력은 매장의 영업 수준 향상을 꾀하는 단계로, 야구선수로 치면 투구의 자세나 타격 기술을 몸에 익히는 단계와 같다. 외식업에서는 QSC-AAtmosphere(매장 전체의 분위기) 레벨의 강화를 의미한다.

기초력으로 다져진 직원들의 높은 의식과 모티베이션을 바탕으로 다음 단계인 운영력을 강화해 나가야 고정 고객(단골 고객)을 확보할 수 있다. 운영력을 어떻게 강화시키느냐에 따라 그 매장의 진짜 강점이 결정된다. 그러려면 정확성, 지속성, 향상성의 강화가 필요하다. 매일 정해진 일, 이른바 일상적인 업무들을 정해진 대로 정확하고 끈기 있게 완수해 나가는 것부터 운영력의 강화는 시작된다.

냉면 전문점을 예로 들어보자.

면을 삶고→면을 씻고→면을 식기에 담고→육수를 붓고→토핑을 얹고→고객에게 제공한다. 이렇게 정해진 순서에 따라 물 흐르듯이 전 과정이 이어진다면 이 냉면집의 운영력은 최상이다. 하지만 정해진 순서대로 이루어지지 않는다면 이 매장에 대한 고객의 신뢰는 떨어질 것이다.

이를테면 면을 삶는 시간이 일정하지 않거나, 면을 씻는 방법이 서툴고 육수의 온도가 들쭉날쭉하거나, 면을 담는 그릇의 온도가 일정치 않는 등 주방에서 당연히 이루어져야 할 일들이 지켜지지 않는다면 고객은 그 식당을 다시 찾지 않을 것이다.

주방에서 일상적인 업무가 제대로 진행되려면 무엇보다 상품력을 일정하게 유지하고, 강화해야 한다. 면을 삶을 때는 면의 양에 따라 물의 온도가 달라지지 않는 방법을 연구해야 하고, 아무리 바쁘더라도 육수의 온도와 그릇의 온도가 일정하게 유지될 수 있는 방법을 찾아내야 한다. 그래야 고객의 만족도를 높일 수 있다.

이처럼 먼저 정해져 있는 일, 당연히 해야 할 일을 철저하게 완수하는 게 가장 중요하다. 일상적인 업무를 그저 아무 생각 없이 단지 반복하기만 한다면 발전은 기대할 수 없다. 평소에 일상적으로 해오던 일들도 효율성을 높이려는 의식을 갖고 연구를 계속해 나가면 업무의 수준은 틀림없이 향상되기 마련이다. 일에 대한 이러한 인식과 연구의 반복은 운영력의 강화로 이어진다. 여기에 기초력과 운영력만 제대로 갖춘다면 충분히 번창하는 매장으로 나아갈 것이다.

정확한 작전 기획이 필요하다

세 번째인 기획력은 매장을 지속적으로 번창시키고 확대해 나가기 위한 단계다.

매출이 떨어지면 보통 고객을 끌어들이기 위해 다양한 마케팅 방법부터 찾는다. 메뉴를 바꾸거나, 새로운 상품을 개발하려고 한다. 물론, 모두 필요한 일들이다. 하지만 기초력과 운영력을 충분히 갖추지 못한 채 마케팅을 시작하면 잠시 반짝 하는 효과는 있을지 몰라도 지속되지 못 한다. 자금만 투자하고 효과는 누리지 못하는 일이 종종 벌어지고 만다. 일본 기업 중에는 영업이익보다 더 많은 비용을 들이고도 마케팅 효과를 보지 못했던 기업이 많다.

기초력과 운영력을 갖추지 못한 상태에서 곧바로 기획에 뛰어들면 매장에 고객이 찾아온다 해도 고객들에게 실망만 안겨 줄 확률이 높다. 일시적으로는 매출이 오르는 것처럼 보일지 몰라도 지속되지 않으면 큰 의미가 없다. 기획력은 어디까지나 기초력과 운영력이 안정적으로 갖추어진 상태에서 실시해야 효과가 있다는 사실을 반드시 기억해야 한다.

기획력은 전쟁이라는 상황에서 보자면 전쟁에 이기기 위한 작전에 해당한다. 전쟁에서 이기기 위한 것인 만큼 매우 중요한 부분이다. 그러므로 정확하고 완벽하게 이루어져야 한다. 치밀한 작전 아래 충분히 훈련된 모티베이션 높은 병사(기초력)가 정확한 전술(운영력)로 싸워야 승리할 수 있다. 기초력, 운영력, 기획력의 세 가지가 잘 맞아떨어져야 승리를 가져올 수 있다.

06

기초력
- 기본기가 승부를 가른다

직원들의 모티베이션을 높여라

기초력을 갖추려면 무엇보다 '직원들의 모티베이션'을 높여야 한다. 다가올 변화의 시기에 안정적으로 인재를 확보하고 음식점을 운영해 나가기 위해서는 직원들의 모티베이션을 높이는 일을 최우선 과제로 삼아야 한다. 일하는 사람들이 일하는 목적을 명확히 하지 않으면 모티베이션은 향상되지 않는다. '무엇을 위해서 일을 하는지'에 대해 직원들에게 이해시키는 일이 경영자의 중요한 역할 중 하나다.

모티베이션이란?

모티베이션은 '모티프motive'와 '액션action'의 합성어다. 모티브는 '동

〈그림7〉 모티베이션

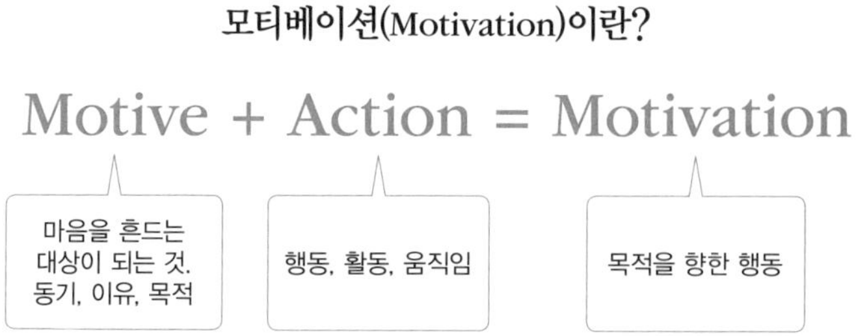

모티베이션(Motivation)이란?

Motive + Action = Motivation

Motive	Action	Motivation
마음을 흔드는 대상이 되는 것. 동기, 이유, 목적	행동, 활동, 움직임	목적을 향한 행동

기, 이유, 목적'등으로 해석된다. 화가나 작가가 작품을 발표할 때 '이번 작품의 모티브는 OO'이라고 쓰는 경우가 종종 있듯, 예술가를 예로 들면 '창작의욕을 불러일으킴으로써 창작활동을 촉진시키는 어떤 마음'이 모티브다. 여기에 '행동, 활동, 기능'을 의미하는 액션이 더해지면 모티베이션, 즉 '동기가 부여된 목표를 향한 움직임'이라는 의미가 된다.

모티베이션을 '의지'나 '의욕' 정도로 해석하는 경우가 많지만, 정확하게는 '목적과 목표가 명확한 의욕적인 행동'을 말한다. 따라서 목적과 목표가 명확한지를 먼저 확인해야 한다.

경영상의 목적과 목표는 개인의 행복으로 꽃핀다

목적과 목표라는 두 단어의 의미는 매우 비슷해 구분하기가 좀처럼 쉽지 않다. 서드쿼터 컨설팅 대표 카시와노 미츠루에 의하면 "목적目的의 '적'은 '표적'으로 이르러야 할 곳이고, 목표目標의 '표'는 '길잡이'로써 목적지로 향하는 도표이자 목적을 향해 하나씩 하나씩 이루어 나가는 것을 의미한다"고 말했다.

음식점 직원이 10년 후에는 독립해서 음식점 사장이 되겠다는 꿈을 가지고 있다면 이것은 목적일까 목표일까? 만약 독립해서 음식점을 창업했지만 매장의 매출이 부진하다면, 그는 어떻게 할까? 그가 바라는 미래는 어떤 모습일까?

그는 '음식점 사장'을 생각할 때 성공한 음식점 경영자의 경제적인 부나 사회적인 지위와 명예를 주로 떠올렸을 가능성이 높다. 또 성공하여 여유를 누리면서 사회 공헌에도 앞장서는 '음식점 사장'이 되고 싶다고 생각했을지도 모른다. 이때 '음식점 경영자'는 그에게 행복을 주는 동기로 작용한다. '음식점 경영자가 되어 행복한 인생을 보내는 것'이 '목적'이고, 그 목적을 달성하기 위한 자신의 모습이 '음식점 경영자'다. 즉, '음식점 경영자'가 바로 '목표'가 되는 것이다.

한국이라는 국가적 차원에서 생각해보자. 예를 들면, '남북통일'이 목적이 아니라 '한민족이 평화롭고 안정적으로 행복하게 사는 것'이 목적이며, 그 목적을 위해서 달성해야 할 목표는 '남북통일'이 될 것이다.

하지만 대부분의 음식점 직원은 독립해서 돈을 벌어 여유 있는 생활을 하고 싶다고 막연하게 생각한다. '목적'인 '자신의 행복'에 대해서는 충분히 고민하지 않는다. 때문에 결코 성공이 쉽지 않은 외식업 시장에서 바라던 꿈을 이루지 못하고 좌절할 때가 많다.

경영자와 직원은 '목적'과 '목표'의 의미를 정확히 이해하고 명확하게 설정해야 한다. 직원이 일을 열심히 하지도 않고 부지런하지도

〈그림8〉 목적과 목표

않다고 불평하는 경영자들이 많다. 이는 경영자 자신이 사업의 목적과 목표를 명확히 하지 못했거나 직원들에게 정확히 전달하지 못했기 때문이다. 게다가 직원들마저 자신의 목적과 목표를 명확히 정하지 못했다면 그런 현상이 나타나는 것은 당연한 일이다.

사업의 목적과 목표를 '경영이념'에 분명하게 나타내어 개인의 목적과 목표까지도 서로 공유하면 비로소 직원들의 모티베이션을 극대화할 수 있다. 따라서 '개인의 행복'이라는 동기를 명확히 하고, 자신이 속한 조직에서 일을 통해 실현할 수 있도록 목표를 확실하게 설정해야 한다.

카시와노 미츠루 대표가 외식업에 종사하는 사람들을 대상으로 창안한 '행복'과 '목적' 및 '목표'의 관계를 나타낸 표를 보자.

〈그림8〉에는 음식점 직원들의 모티베이션을 향상하고 기초력를 강화할 수 있는 답이 들어 있다. 처음에는 목적인 '자신과 가족의 행복을 설정하는 일'부터 시작한다. 자신과 가족의 행복은 개개인의 인생관이나 라이프 스타일이 바탕이 되므로 가능한 한 명확하게 행복감을 설정해야 한다.

예를 들어, A 점장은 현재 35세, 가족 구성은 아내 33세, 딸 8세, 아들 5세, 그리고 1년 수입이 4천만 원이라고 가정했을 때, 10년 후에는 45세, 아내 43세, 딸 18세, 아들 15세가 된다. 그렇다면 10년 후 A 점장의 가족이 행복하게 생활하기 위해서는 어느 정도의 수입이 필요할까? 당연히 아이들은 성장하고 필요한 경비는 지금보다 훨씬 많아지게 될 것이다. 지금보다 넓은 집이 필요할 것이며, 매년 한 번은 해외로 가족여행을 떠나 아이들의 견문을 넓혀 주어야 할지도 모른다.

10년 후 자신의 가정이 어떤 생활을 누리고 싶은지, 그 생활로 얻게 되는 것은 무엇인지를 구체적이고 명확하게 해야 한다. 행복해지기 위해 벌어야 할 수입은 어느 정도인지, 그러기 위해서는 어떤 능력과 지위를 갖추어야 하는지를 확실히 정해야 한다. 그래야만 그 수입과 능력과 지위를 얻는 것이 목표가 되고, 그 목표를 달성하기 위해 실천해야 할 계획들이 나온다. 이러한 목표 달성은 결코 혼자서 할 수 없다. 직원들과 함께 좋은 팀워크를 이루어 매장을 잘 운영해 나가야 가능한 일이다. 그래서 직원을 교육하고 인재로 성장시키는 일은 중요하다.

외식업에서 목표를 달성하기 위해서는 성공 식당을 만들어야 한다. 성공 식당이 되려면 고객을 만족시킴으로써 고객의 지지를 얻어 매출을 올려야 한다. 그리고 그 매출을 지속적으로 관리하면서 수익을 확보해 나간다. 그래야만 매장을 확대해 나갈 수 있는 기회도 오기 때문이다.

매장 확대는 직원에게 자신의 능력을 더욱 향상시켜 더 높은 단계로 오르는 기회를 준다. 매장이 늘어나면 아직 점장이 아닌 직원에게도 점장이 될 기회가 주어질 수 있다. 점장에 적합한 능력을 갖추도록 하는 일에 동기부여로 작용할 수 있다는 말이다. 또 매장 수가 증가하면 여러 매장을 관리하는 슈퍼바이저나 지역 매니저라는 직무가 필요하다. 현재 점장으로 있는 사람도 그 직무에 도전할 수 있다. 프랜차이즈 본사에서 근무하는 직원도 가맹점이 성장해 나가면 매장 수가 증가하고, 본사의 업무가 확대됨에 따라 새로운 직급으로 승진할 기회가 찾아온다.

이처럼 자신의 행복을 실현하고 성공 식당을 지속적으로 확대해 나가기 위해 조직의 구성원들이 하나가 될 때 '변화의 시대에 살아남는 조직'을 만들 수 있다. 이는 바로 '무엇을 위해 일하는가'에 대한 답이기도 하다. 그러므로 〈그림8〉에 나온 대로 실현해 나갈 수 있도록 직원들에게 사업의 목적과 목표를 정확히 전달해야 한다. 그것이 경영자의 중요한 책무다. 사업의 목적이란 '경영이념'을 실천하는 것이고, 그 실천이 일하는 사람들의 목적과 밀접하게 연관되어 있다는 점을 직원들에게 충분히 이해시켜야 한다.

비전 제시로 목표를 명확히 하라

사업의 목표란 구체적으로 비전, 즉 경영계획을 말한다. 3년 후, 5년 후, 10년 후에 회사가 어떻게 발전해 나갈지를 계획해야 직원들도 자신의 목적을 달성하기 위한 목표를 설정할 수 있다. 비전은 종업원과의 '계약서'인 동시에 '계획서'인 셈이다.

요즘은 시대가 급변하면서 10년 장기계획은 큰 의미가 없다는 의견도 많다. 하지만 적어도 5년 후 계획인 중기 경영계획은 명확하게 서야 한다. 경영계획에 대해서는 마지막 단계인 기획력에서 좀 더 자세히 알아보겠다.

경영이념을 직원들에게 스며들게 하라

외식업에서 일하는 사람들은 '목적'을 이루려면 '목표'를 먼저 달성해야 한다. 이때 가장 중요한 일은 '마음을 단련하는 것'이다. 물론, 현장에서 일하기 위해서는 체력도 강해야 하고, 조리나 접객 관리에 관한 지식을 쌓아야 한다. 하지만 체력을 강화하거나 지식을 쌓는 일보다 먼저 해야 하는 것이 마음을 단련하는 일이다.

외식업은 감정노동이다

나는 외식업은 '감정노동'이라고 생각한다. 직원들이 서로 협력해 가며 일할 때나 고객에게 서비스를 제공할 때 작은 감정 변화로 팀워크가 무너지고, 고객을 실망시키는 경우가 있다.

어느 날 예상보다 많은 고객이 내점했을 때를 생각해 보자. 만약 고객이 안내를 받지 못한 채 입구에서 계속 기다렸다면 그 고객은 이미 화가 난 상태라고 보아야 한다. 겨우 안내를 받았는데, 주문도 받지 않고 몇 번이나 불러도 오지 않는다면 고객은 직원에게 화를 내게 될 것이다. 게다가 한꺼번에 밀려드는 주문으로 주방은 이미 혼란스러운 상태다. 주문한 음식이 늦어질 것은 뻔한 일이다. 고객은 또다시 화를 낼 수밖에 없다. 결국 이 모든 상황은 도미노처럼 연쇄반응을 일으킨다. 홀에서 일하는 직원들은 주방에 음식을 빨리 달라고 재촉하고, 주방은 지금 만들고 있다고 소리치고, 식당은 아수라장이 되고 만다.

이런 과정에서 홀을 담당하는 직원과 주방에서 일하는 직원들 모두 지치고 서비스를 받는 고객도 기분을 망치고 만다. 실제 이런 일은 현장에서 자주 일어난다. 이런 상황에서 자신의 마음 중심을 어디에 두고, 감정을 어떻게 컨트롤할 것인지는 평소 직원 교육을 통해 훈련되어야 한다. 교육과 훈련이 이루어진 매장에서는 고객 서비스와 직원들 간의 팀워크가 분명 다를 것이다.

경영이념은 창업자의 경영철학이다

과연 내 마음을 어디에 두고 대처해 나가야 할까? 나는 '마음을 두어야 할 곳'이 매장이나 회사의 '경영이념'에 나타나야 된다고 생각한다. 단지 경영이념을 정해만 놓을 것이 아니라 매일같이 직원들이 함께 외치고 이해하도록 해야 한다. 그런 과정을 거쳐야 혼란스러운 상황이나 어려움에 직면했을 때 자신의 감정을 다스리고 올바르게 행동해 나갈 수 있다.

어떤 사람들은 '경영이념을 이해하는 것만으로는 매출이 오르지 않는다'고 말한다. 하지만 나는 경영이념을 철저하게 실천한 후 매장의 매출도 오르고 조직도 몰라보게 변화된 사례를 수없이 보아왔다.

경영이념이란 매장이나 회사 경영자의 '창업정신'을 표현해 놓은 것으로, 경영과 관련한 경영자 자신의 철학을 의미한다. 경영이념을 직원 모두에게 전달하고 공유하면 직원들의 마음이 단단해져 괴로운 일이나 힘든 일에도 쉽게 좌절하지 않을 뿐만 아니라 인간관계도 좋아진다.

경영이념에는 첫 번째 '고객 만족', 두 번째 '종업원의 행복', 세 번째 '사회 정의'라는 세 가지 내용을 명확히 표현해야 한다. 첫 번째는 고객에 대한 매장의 마음가짐과 생각 및 자세를 명확히 함으로써 고객을 만족시키고 고객의 지지를 받는 번성점포가 되는 것을 목표로 한다. 두 번째는 직원들의 행복을 위해 번성점포가 되어야 한다는 뜻이며, 세 번째는 매장이 지속적으로 커나가면서 사회에 공헌할 수 있어야 한다는 의미를 담고 있다.

경영이념은 사명과도 같기 때문에 말로 표현되고 공유되어야만 큰 효과를 나타낸다. 매장이 지속적으로 번성해 나가면 경영이념이 사회 정의로도 이어질 수밖에 없다. 내가 이렇게 확언하는 데는 세 가지 이유 때문이다.

첫째는 지역사회가 매장의 존재 가치를 인정하고 감사한 마음을 갖게 되기 때문이다. 번성점포란 '우리 지역에 많은 도움이 되는 매장'이라고 평가받는 매장이라 해도 과언이 아니다. 가족이 식사를 할 때나 함께 일하는 직장 동료들과 회식을 할 때, 중요한 고객을 접대하고 싶을 때 안심하고 찾아갈 곳이 있다면 지역주민들은 그 매장에 감사한 마음을 갖게 된다.

둘째는 고용기회를 촉진하기 때문이다. 번성점포가 되면 자연스럽게 협력 업체들이 늘어난다. 따라서 여러 업체의 운영에도 도움이 되며, 그곳에서 근무하는 직원들의 삶도 윤택해진다.

셋째는 국가 재정 확보에 기여할 수 있기 때문이다. 번성점포가 되어 많은 매출을 올리면 세금도 많이 내게 된다. 그만큼 지역의 성장에 공헌하고 나라 전체를 풍요롭게 하는 데 일조할 수 있다. 즉, 지역사회의 성장과 국가의 번영으로 이어지게 된다.

이처럼 번성점포를 만들고 계속해서 발전시켜 나가는 일은 사회에 공헌하는 길로, 궁극적인 경영의 목적이 될 수밖에 없다. 번성점포를 만들고 확대해 나가면 지역사회와 국가에 공헌하는 일이라는 점을 이해한다면 직원들도 매장에서 근무하는 것을 자랑스럽게 여길 것이다. 그렇게 되면 매장의 분위기가 크게 바뀌는 것은 어쩌면 당연한 일이다.

자아실현을 성취하면 모티베이션이 높아진다

미국의 심리학자 매슬로는 인간의 욕구를 5단계로 설명하는데, 그중 가장 큰 것이 '자아실현의 욕구'라고 한다.

제1단계인 생리적 욕구는 살아가기 위한 기본적이고도 본능적인 욕구(먹고 마시고 자고 싶은 욕구)다. 제2단계인 안전의 욕구는 위기를 피해 안심하고 안전하게 생활하고 싶어 하는 욕구(비바람을 피할 집, 건강 등)다. 제3단계인 소속과 사랑의 욕구는 어딘가에 귀속되고자 하는 욕구로, 집단에 속하거나 동료를 만들려는 욕구인데, 3단계까지가 바로 외적으로 충족하고 싶어 하는 욕구다. 제4단계는 사회적 욕구로서, 다른 사람으로부터 인정받고 존경받고 싶어 하는, 즉 내적인 마음을 충족시키려는 욕구다. 마지막으로 제5단계인 자아실현의 욕구는 '자신이 하는 일은 옳은 일이며 세상에서 인정받는 존재'가 되고 싶어 하는 욕구다.

매슬로의 5단계 욕구설을 바탕으로 본다면 인간의 가장 큰 욕구인 자아실현의 욕구를 성취하는 일에 사람들은 높은 모티베이션을 가질 수밖에 없다. 바로 사람들과 함께 지역사회를 위해서 일할 때 느끼는 행복감, 경영이념을 공유하고 사회에 공헌하고 있다는 행복감이야말로 인간이 느낄 수 있는 최고의 행복, 자아실현의 욕구를 성취하는 일인 것이다.

모든 사람이 인간의 욕구 중 가장 높은 단계인 '자아실현의 욕구'를 채우며 산다고는 말할 수 없다. 한국 사회에서 평범한 생활을 하고 있는 사람이라면 소속과 사랑의 욕구까지는 채우고 있다고 볼 수 있다. 또 '존경(인정)의 욕구'를 충족하기 위해 매일 목표를 세워가며 노력하고 있는 사람도 있겠지만, 그 이후 단계의 욕구까지 성

〈그림9〉 머슬로(Maslow) 5단계 욕구

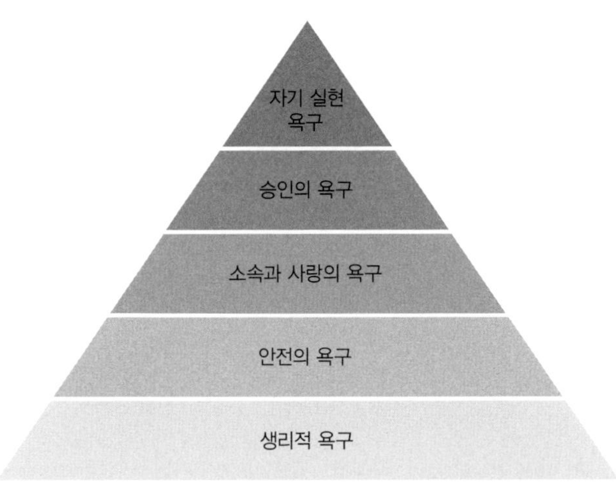

취해 가며 살고 있는 사람은 많지 않으리라 생각된다.

가장 높은 단계의 욕구를 실현하기 위해서는 자기가 속한 조직의 목적이 지역사회를 위한 공헌에 부합해야 한다. 그리고 직원들 개개인이 그와 같은 경영이념을 철저히 실천해 나가야 '자아실현과 공헌의 욕구'를 만족시킬 수 있다. 그렇게 직원들이 자신의 회사와 매장에서 일하는 것을 자랑스럽게 생각하게 되는 순간 모티베이션은 극대화된다.

경영이념을 실천하면 승자가 된다

최근 10년간 일본 외식산업의 변화를 보면 '경영이념'의 전달과 공유가 정착되어 있는 조직이 '변화의 시대에 살아남는 승자'가 된

〈그림10〉 경영이념

사례 1

아지맥스

【경영이념】

우리는 자리이타自利利他의 마음 실천이 행복의 길이라고 확신하고 고객에게 외식산업을 통해서 최고로 행복한 맛, 즐거움, 기분이 좋아지는 플러스 에너지를 발산하여 지역 제일의 점포가 되고, 지역사회에 꼭 필요한 기업이 되겠습니다. 그리고 우리도 고객과 더불어 최고의 행복과 육체 건강, 정신 건강, 경제적인 건강을 달성할 것을 맹세합니다.

【기업 이념】

강점을 최대한 살려 강점 신장법長所伸展法으로 성장한다. 기업, 인재, 식재의 특색을 최대한 살리고 신장시켜 타 회사와 다르게 탁월하고 압도적인 독자성으로 고객을 생각하는 희업稀業, 인재, 요리를 만들어 블루오션을 창조하고 성장한다.

【신조】

맛 가득, 즐거움 가득, 미소 가득, 활기 가득, 플러스 에너지를 발산하여 우리 회사와 관련된 분들이 행복해질 수 있도록 공헌하겠습니다.

사례 2 RCP

목적: 성장, 번영 그리고 풍요로운 인생.

목표: 일일시호일日日是好日.

【행동 지침】

하나, 자신을 여유롭고 우수하게 성장시킨다.

하나, 항상 감사하는 마음으로 모두를 신뢰하며 적극적인 자세로 임한다.

하나, 스스로 솔선수범해 도전하는 자세를 가진다.

하나, 높은 목표를 설정하고 계획을 세워 반드시 달성한다.

하나, 결과를 내기 위해 전력을 다한다.

하나, 우리는 고객의 지지를, 관련된 기업의 번영을, 지역사회에 공헌을, 자신의 행복을 반드시 실현한다.

다는 것을 알 수 있다. 한국의 외식산업도 마찬가지다. 때문에 현장에서 경영이념의 실천은 직원들에게 요구되는 최우선 과제다

위의 표는 대표적인 일본 외식기업들의 경영이념으로 대략 세 가지 항목으로 구성되어 있음을 알 수 있다. 첫 번째는 경영목적, 두 번째는 경영목표, 세 번째는 신조 및 행동규범이다.

RCP사의 경영이념을 보자. 먼저 경영의 목적은 '성장, 번영 그리

고 풍요로운 인생'이다. 한 사람 한 사람이 성장하고, 그 성장은 관련된 모든 사람들의 번영으로 이어져 '풍요로운 인생을 보내는 것'을 목적으로 삼는다.

경영목표는 '일일시호일日日是好日'이다. 이는 창업자인 카시와노 미츠루 대표의 좌우명으로, '하루하루를 후회 없이 열심히 살아서 매일이 최고의 날이 되게 하라'는 뜻이다. 자신의 성장을 목표로 삼으며 하루하루를 열심히 살아가자는 강한 메시지를 담고 있다.

그 뒤에 성장과 관련된 행동규범 6가지 항목이 구체적으로 기록되어 있다.

경영이념을 직원들에게 전달하고 공유하라

경영목적은 사업을 통해 도달해야 할 '골GOAL'임과 동시에 그것에 도달하기 위해 '달성해야 할 목표'다. 신조나 행동규범은 목표 달성을 위해 개개인이 몸에 익히고 행동해야 할 것들인 반면, 경영이념은 창업자가 창업할 때 겪었던 어려움을 하나씩 헤쳐 나가면서 터득한 철학에 근거하는 경우가 많다. 다른 사람의 말을 인용하거나 책에서 적당한 말을 발췌해 옮겨 놓기만 한 경영이념은 빛을 발하기 어렵다. 경영자의 일관된 창업정신과 철학, 혼이 담겨 있을 때 빛을 발한다. 또 아무리 혼이 담겨 있는 경영이념이라 해도 벽에 걸어 놓고 보기만 해서는 안 되며, 모든 직원의 마음에 스며들어야 한다. 그러려면 경영이념의 전달과 공유가 매우 중요하다.

카시와노 미츠루 대표는 "스며들게 하면 스며든다"고 했다. 경영자가 직원들에게, 점장이 매장의 직원들에게 경영이념을 전달할 때 상대의 마음에 스며들도록 설명하면 자신의 마음에도 그 내용이 스며들게 된다는 의미다. 또 "열 번 반복해서 말하면 자신의 말이 된다"며, "이해했다는 것은 다른 사람에게 설명할 수 있게 되었다는 뜻이다"라고 했다. 다시 말해 경영이념을 전달하는 과정에서 스며들도록 만드는 행동을 반복하다 자신의 말이 되고, 더 나아가 자신이 상대에게 설명할 수 있을 때 비로소 경영이념을 완전히 이해하게 된다는 의미다.

이처럼 한 사람 한 사람의 마음에 경영이념이 스며들고, 그것이 행동으로 나타날 때 다른 사람과의 공유가 이루어지고 조직이 강화된다. 그렇다면 구체적으로 어떻게 해야 모든 직원에게 경영이념을 전달할 수 있을까? 현장에서는 매일 아침 조회 때 복창을 하는 경우가 많다. 경영자가 이메일이나 동영상을 통해 정기적으로 경영이념이 담긴 메시지를 보내기도 한다.

내 지인 중에 6개 매장을 운영하는 경영자는 1년 365일 매일같이 직원들에게 경영이념이 담긴 메시지를 이메일로 보낸다. 매일 현장에서 일어나는 일이나 해결해야 할 과제 그리고 느낀 점과 경험한 일들을 소재로 자신의 '철학'을 전달하는 것이다.

사실 직원들에게 전달할 무엇인가를 매일 생각하고 글로 적어 이메일을 보내는 일은 결코 쉽지 않다. 게다가 매장의 모든 직원이 그 이메일을 본다고도 장담할 수 없다. 점장을 비롯한 극히 일부 직원들만 볼 수도 있다. 그럼에도 끈기 있게 매일 보내다 보니 처음에는 답장도 없고 질문도 없던 직원들이 점점 자신의 의견을 말하고 질문을 보내오기 시작했다. 그렇게 답장을 하거나 질문을 한 직원을 자세히 관찰해 보니 예전과 달리 생각과 행동이 분명히 바뀌어 있었다. 그 변화는 이메일을 보지 않은 다른 직원들에게도 나타나기 시작했다고 한다.

이 경영자는 “1%의 직원에게라도 내 생각이 전해졌다면 그것은 큰 변화다. 0%와 1%에는 엄청난 차이가 있다”며, 실제로 현장에서 직원을 만나 보면 그것을 느낄 수 있다고 했다.

경영이념을 전달하는 일은 이처럼 간단치 않다. 지속해서 실시해야 효과가 나타나기 때문이다. 월례회의에서 복창하는 정도로는 결코 직원들 마음에 경영이념을 스며들게 할 수 없다. 경영자는 다양한 기회를 통해 직원들에게 지속적으로 경영이념을 전달해 나갈 필요가 있다. 조회, 사보, 이메일이나 메신저 등의 그룹 메일링을 통한 메시지 발송, 이념교육과 같은 교육의 개설, 정기회의, 경영이념과 관련된 내용이 담겨 있는 서적의 제공이나 교육용 동영상 시청 등이 있다. 그 외에 전달할 수 있는 방법은 많다. 이러한 노력이 있어야 ‘강한 조직’을 만들고, ‘변화의 시대에 살아남는 승자’가 되는 조건에 다가갈 수 있다.

직원들이 다니고 싶은 직장을 만들어라

번성점포로 나아가는 조직, 직원들 모두가 서로 협력하는 조직은 어떻게 만들 수 있을까?

사람이 부족한 외식산업에서 직원들의 장기 근속을 높이는 것은 매장 운영에 매우 중요한 일이다. 직원이 그만두지 않는 직장 환경을 만들어야 한다는 뜻이다. 한국도 마찬가지다. 어쩌면 일본보다 더 심각한 상황일지도 모른다.

카시와노 미츠루 대표는 사람이 직장을 그만두는 세 가지 이유를 이렇게 말한다. 첫째, 원만한 인간관계를 유지할 수 없다. 둘째, 직장에서 성장을 기대할 수 없다. 셋째, 일에 대한 보수가 낮아 돈을 모을 수가 없다. 그중에서도 세 번째 이유로 그만두는 사람이 가장 많다고 생각하기 쉽지만, 실제로 분석해 보면 첫 번째와 두 번째 이유로 그만두는 사람들이 더 많다고 한다.

그는 직원들의 이직률을 줄이는 방법도 또한 세 가지라고 말한다. 동료들과 함께 일한다는 의식을 높임으로써 인간관계를 원만히 만들고, 명확한 목표설정을 통해 직원들의 모티베이션을 높이며, 정당한 평가와 적절한 처우가 반영될 수 있도록 해야 한다(평가제도)는 것이다.

그렇다면 원만한 인간관계는 어떻게 만들 수 있을까?

'고마워요'의 힘

나는 예전에 한 잡지에 실린 흥미로운 실험을 본 기억이 있다. 동일한 환경에서 같은 식물의 씨앗을 A와 B 두 개의 화분에 나누어 심은 다음, 매일 물을 줄 때 A 화분에게는 '고마워요'라는 감사의 말을 하면서 주고, B 화분에게는 아무 말도 하지 않고 물을 주는 실험이었다. 결과는 어땠을까? A 화분의 식물이 B 화분보다 빨리 자라났다고 한다.

이 실험은 언뜻 '고마워요'라는 감사의 말이 엄청난 힘을 발휘한다고 생각할 수 있지만 사실은 그렇지 않다고 한다. 그 힘은 '고마워요'라는 말이 아니라 '고마워요'라는 말을 하는 사람에게서 발산되는 플러스 파동 때문이었다. 사람에게서 나오는 '플러스 파동'이 화분 A의 식물을 빠르게 성장시켰던 것이다. 물이 담긴 용기에 '바보'라고 계속 말한 뒤 현미경으로 들여다보니 용기 안의 물 분자가 파괴되어 있었다는 또 다른 실험도 있다.

사람도 마찬가지다. 사람은 체내의 수분이 약알칼리성일 때가 가장 자연스러운 상태다. 칭찬을 받아 기분 좋은 상태가 되면 혈액이 '약알칼리' 상태가 되고, 무시당하거나 이유 없이 화가 났을 때는 '산성'이 된다. 그런데 분노나 괴로움, 불안 등으로 체내의 수분이 산성이 되면 스트레스 지수가 높아지고, 그 상태가 지속되면 산성이 된 수분이 세포를 파괴해서 암 세포로 변할 가능성이 높아진다고 한다. 즉, 사람이 건강하기 위해서는 체내의 혈액을 '약알칼리성'으로 유지해야 하는데, '고마워요'라는 감사의 말에는 그처럼 자연스럽게 약알칼리성 상태로 만드는 힘이 있음을 알 수 있다.

직장에서는 서로 플러스 파동을 주고받으며 협력하는 환경을 만들어 나가는 것이 원만한 인간관계를 만드는 길이다. 그리고 '고마워요'라는 감사의 말은 그런 환경을 만드는 데 큰 역할을 할 수 있다.

'고마워요'라는 감사의 말은 왜 플러스 파동을 발산할까?

'고마워요.'는 상대를 '인정'하는 말인 동시에 상대의 '공헌'에 대해 감사를 나타내는 말이기 때문이다. 즉, 앞서 언급한 매슬로의 5단계 욕구로 설명하면 '고마워요'라는 감사의 말에는 인간의 '존경(인정)의 욕구'와 '공헌 욕구'를 동시에 만족시키는 힘이 들어 있음을 알 수 있다. 자기가 하는 일이 '고마워요'라는 말을 통해서 남에게 인정받고, 칭찬을 들으면 기분이 좋아져 플러스 파동을 발산한다는 말이다.

번성 점포는 문이 웃는다

키타가와 하치로는 자신의 책 《번영의 법칙》에서 "번성점포는 문이 웃는다"고 했다. 여기에는 사람들이 서로 협력해 가면서 일을 하면 마치 '문이 웃고 있는' 듯한 기운이 발산되어 고객들을 자연스럽게 매장으로 이끌게 되고, 결국 매장이 번성한다는 뜻이 담겨 있다. 매장 안에서 서로에게 전해지는 플러스 파동이 매장 문 밖으로까지 흘러넘치면 그 파동이 빛이 되어 고객을 무의식적으로 매장으로 들어오게 만든다는 것이다.

쉽게 믿을 수는 없지만, 아니라고 말하기도 어렵다. 예를 들어, 어떤 매장은 주말도 아닌 평일에 평소와 마찬가지로 특별한 이벤트도 하지 않는데 이상하게 매출이 좋은 경우를 종종 본다. 나도 경험한 적이 있다. 특히 매월 마지막 날 그런 일이 자주 일어난다.

매출이 목표를 달성하기 어려운 상태에서 직원들 전원이 목표달성을 바라는 마음으로 서로 협력해 일을 하다 보니 마지막 한 시간을 남겨두고 갑자기 평소보다 많은 고객이 들어와 목표를 달성했다는 이야기를 듣기도 한다. 나는 이러한 현상이 일어나는 이유로 일하는 사람들의 '플러스 파동'이 평상시보다 강했기 때문이라고 생각한다.

직원들이 서로에게 감사하는 마음으로 '고마워요'라는 말을 주고받으면서 기분 좋고 즐겁게 일할 수 있는 환경을 조성하는 일은 서로 플러스 파동을 전달하며 고객을 매장으로 끌어들이는 가장 효과적인 방법이다. 그리고 이처럼 원만한 인간관계 속에서 일하는 사람들은 쉽게 직장을 그만두지 않는다.

긍정적인 말은 플러스 파동을 만들어낸다

플러스 파동을 만들어내는 또 하나의 방법은 적극적으로 행동하고 긍정적인 말을 사용하는 것이다.

실제로 긍정적인 말과 부정적인 말을 소리 내어 말해 보면 긍정적인 말을 할 때는 기분이 좋아지고, 몸이 가벼워지는 기분이 든다. 반면, 부정적인 말을 할 때는 우울해지고 몸이 무거워지는 느낌이 든다. 이처럼 사람의 기분은 말 한마디에 크게 좌우되기도 한다.

부모가 아이들에게 '공부를 하지 않으면 훌륭한 사람이 될 수 없어'라거나, '이 정도 성적으로는 일류대학에 갈 수 없어'라는 부정적인 말을 하면서 화를 낼 때가 있다. 이런 행동은 결과적으로 아이들에게 '나는 훌륭한 사람이 될 수 없어', '나는 일류대학에 못 갈

〈그림11〉 긍정적인 말, 부정적인 말

긍정적인 말	부정적인 말
간단하다. 할 수 있다. 행복해. 활기차다. 아직 젊다. 즐겁다.	어렵다. 할 수 없다. 힘들어. 피곤해. 나이 먹었다. 재미없다.
긍정적인 행동말	**부정적인 행동말**
바로 하자. 같이 힘내자. 도전하자. 제가 하겠습니다. 해내자.	무리예요. 할 수 없어요. 그런 소리 못 들었어요. 그 방법 안 배웠는데요. 내 일이 아닌데요. 전에 이야기했잖아요.

거야'라는 의식을 심어 주게 된다는 사실이 최근 연구 결과를 통해 알려졌다.

이 같은 부정적인 말을 '너는 공부만 하면 반드시 훌륭한 사람이 될 수 있어', '앞으로 조금만 더 노력하면 반드시 일류대학에 합격할 거야'라는 긍정적인 말로 바꾼다면 아이들은 긍정적인 사람으로 성장하게 될 가능성이 높다. 말하는 방식에 따라 사람의 의식이 좌우된다는 뜻이다.

마찬가지로 직장에서도 긍정적인 말을 사용하는 것이 좋다. 하루 일이 끝났을 때 서로 '피곤하지?'라고 묻기보다 '오늘도 잘했어. 수고했어!'라고 말한다면 피로가 반으로 줄어들 수도 있다. 긍정적인 말을 주고받을 때 서로에게 '플러스 파동'이 전해지기 때문이다.

원만한 인간관계가 강한 조직을 만든다

그러면 '고마워요'라는 감사의 말과 '긍정적인 말과 행동'을 전제로 원만한 인간관계가 다져지는 조직을 만들어 가려면 어떻게 해야 할까?

외식산업은 다른 산업과 달리 여러 가지 기능을 담고 있다. 식재료를 구입하는 유통업의 기능, 그 식재료를 조리하는 생산업의 기능, 고객에게 음식을 제공함으로써 고객의 기분을 좋아지게 하고 만족스럽게 식사할 수 있도록 하는 서비스업의 기능이 그것이다. 이 세 가지 기능이 같은 장소에서 동시에 이루어지기 때문에 일하는 사람들의 팀워크가 무엇보다 중요시되는 산업이기도 하다. 반면, 피크타임 대응업이라고 해도 무방할 정도로 한정된 시간에 많은 고객을 집중적으로 대해야 하는 숙명도 안고 있다. 일하는 사람들의 협력체제가 흔들리면 고객의 신뢰를 잃어버릴 가능성이 높아질 수밖에 없다.

이처럼 직원들 간 협력체제가 아주 중요함에도 항상 같은 사람들과 일할 수 있는 산업이 아니다. 특히 아르바이트생과 파트타이머의 비율이 높은 매장에서는 매일 시간대별로 서로 다른 구성원들과 일할 수밖에 없는 것이 현실이다.

또 직급별, 기능별로 많은 사람이 함께 일하기 때문에 직원들 간에 갈등이 일어나기 쉬운 것도 이 산업의 특징이다. 특히 주방과 홀의 관계는 '고객을 만족시키고 기쁘게 해야 한다'는 목적은 같지만 피크타임이 되면 서로의 상반된 이해관계 때문에 갈등이 발생하기 쉽다. 주방에서는 자신들의 방식대로 음식을 만들고 싶어 하고, 홀에서는 빨리 만들어 달라고 재촉한다. 고객을 오래 기다리게 하면 클레임을 당할 수도 있기 때문이다. 그러고 나서 마침내 전쟁 같던 피크타임이 끝나면 홀 직원이 설거지거리를 주방으로 가져온다. 이때 설거지가 쉽도록 정리해서 설거지통에 넣으면 주방 직원들의 부담이 조금은 줄 수 있음에도 그냥 아무 곳에나 놓고 돌아가 버린다. 이런 사소한 일들로 주방 직원과 홀 직원의 갈등이 시작된다.

또 외식업에서는 여성들이 많이 종사하는데 종종 여성들 간에 파벌을 만들어 서로 견제하기도 한다. 이 같은 특성을 지닌 외식업 현장에서 원만한 인간관계를 만들어가기 위해서는 다음의 다섯 가지를 실천해야 한다.

첫째, 서로에게 주어진 역할과 책임을 완수하라

좋은 팀워크를 형성하려면 각자 자신에게 주어진 역할과 책임을 완수하는 것은 매우 중요하다. 카시와노 미츠루는 《점장의 실무를 알 수 있는 책》에서 팀워크를 "서로 돕는 것이 아닌, 먼저 자신에게 주어진 역할에 책임을 갖고 완수하는 상태"라고 정의했다. 그러므로 팀워크를 위해서는 포지션별로 개개인의 역할과 책임을 명확하게 구분하는 것이 중요하다.

피크타임에 홀과 주방 간 갈등이 일어난다면 고객의 흐름을 잘 알고 있는 홀에 컨트롤 역할을 할 직원을 한 명 배치하면 좋다. 그 직원은 음식이 나오는 곳에서 주문 전표와 고객의 흐름, 조리의 흐름을 파악해 고객에게 제공되는 시간이나 음식의 조리 과정을 체크하고 주문을 컨트롤한다. 필요에 따라 주방 직원의 기분이 상하지 않도록 주의하면서 주문의 우선순위를 알려주거나, 반대로 조금 시간이 걸릴 것 같은 주문은 조리시간을 예측해서 고객에게 몇 분 후에 제공될 것이라는 정보를 홀 직원에게 미리 안내하도록 지시한다.

고객을 안정시키는 역할을 하는 직원이 책임감을 갖고 홀과 주방을 컨트롤한다면 갈등을 최소화할 수 있다. 물론, 그 역할을 하는 직원에게는 그만한 권한을 주어야 하고, 피크타임에 주방 직원이나 홀 직원이 그의 지시를 따르도록 규정을 명확히 해야 한다. 즉, 컨트롤하는 사람이 자신의 역할과 책임을 완수하고 팀워크를 유지하기 위해서는 규정을 상세하고 명확하게 세분화해 놓아야 한다는 말이다. 앞서 언급했던 설거지 문제를 예로 들면, '홀에서 설거지거리를 가져오는 경우 냅킨·수저·병 종류까지는 구분해서 가져온다'는 규정을 만들어 놓으면 웬만한 갈등은 피할 수 있다.

하지만 역할과 책임, 규정을 설정해 놓았다고 모든 게 해결되는 건 아니다. 실제로 매일같이 일을 하면서 팀워크가 제대로 기능하지 않을 때는 서로 대화를 통해 고쳐 나가야 한다. 그러려면 각자 자신의 업무에 대한 책임의식을 가져야 한다. 누가 책임을 질 것인지 명확하지 않아 직원들 사이에 '이 일은 내 책임이 아니다'라고 서로 미루면 더욱 큰 갈등이 생긴다. 이처럼 팀워크를 구성하는 개개인의 역할과 책임, 규정이 명확히 정해져야 개선할 수 있으며 인간관계가 원만한 매장을 만들 수 있다.

둘째, 서로를 이해하도록 노력하라

팀워크는 매우 중요하지만 사람들 중에는 자신과 잘 맞는 사람도 있고 맞지 않는 사람도 있기 마련이다. 직장 밖에서 만났다면 친구는 고사하고 결코 좋은 관계로 지낼 수 없을 것 같은 상대도 있다. 사실 모든 동료들과 잘 맞는다는 건 현실적으로 불가능하다. 누구에게나 장점과 단점이 있음에도 그 단점을 순순히 인정하는 사람은 없다. 직장에서 원만한 인간관계 형성이 어려운 이유다.

파나소닉 창업자이자 경영의 신이라고 불리는 마츠시타 고노스케는 자신의 책 《길을 만든다》에서 다음과 같이 말했다.

"직장에서 원만하게 일하면서 협력하기 위해서는 서로의 장단점을 있는 그대로 받아들이면서 상대의 장점은 발휘시키고 단점은 보완해 주는 따뜻한 배려가 필요하다. 매장을 번성하게 만들지, 아니면 매장을 무너지게 만들지는 서로가 서로를 배려하는 마음에 달려 있다."

동료들 간에 서로의 장단점을 이해해야 할 뿐만 아니라 서로를 도와 장점은 발전시키고 단점은 보완해 나가는 배려가 필요하다는 뜻이다.

외식업 현장처럼 다양한 기능이 복잡하게 얽혀 있는 산업에서는 서로를 이해하는 일이 매우 중요하다. 그대로 방치하면 서로 마음이 맞는 사람들끼리 그룹이나 파벌을 만들어 조직에 분열을 가져올 수도 있다. 때문에 회사와 매장이 직원들 각자의 장단점을 서로가 이해할 수 있도록 기회를 만들어 줄 필요가 있는데, 그 방법으로 다음과 같은 몇 가지가 있다.

90초 스피치

조회나 미팅 시간에 주제를 정해서 한 명이 90초씩 그 주제에 대한 내용을 발표하는 방법으로, 주제는 발표 당일 알려주고 준비할 시간을 준다. 여기서는 90초라는 한정된 시간이 포인트다. 발표자는 짧지도 길지도 않은 이 시간을 충분히 활용해야 한다. 도중에 끝내서는 안 되며, 만일 이야기가 일찍 끝나면 90초가 지날 때까지 그 자리에 서 있어야 한다. 듣는 사람들도 90초간 말없이 앉아 있어야 한다. 발표가 일찍 끝나 침묵 속에서 시간이 지나가길 기다리는 일은 큰 고통이므로 발표자는 90초 동안 열심히 말을 해야 한다.

주제는 다음과 같은 것이 좋다.

- 자기소개: 처음 매장에 들어온 직원이 있거나 새 매장을 오픈한 경우.
- 타인 소개: 동료 소개.
- 최근 즐거웠던 일, 기뻤던 일.
- 장래의 꿈.
- 일의 목표와 활동계획.

그 외에도 주제는 다양하게 설정할 수 있겠지만 발표자가 주제의 내용을 이해해야 한다.

서로 알아가는 기회 만들기

세라믹을 비롯해 반도체 부품과 통신기기, 복합기 등으로 유명한 글로벌 메이커 '교세라'의 창업자인 이나모리 카즈오가 교세라를 성장시키는 과정에서 가장 중요하게 여긴 일이 '전골 다과회'라는 직원들과의 커뮤니케이션 시간이었다. 업무와는 별개로 전골을 중간에 두고 직원들과 둘러앉아 술을 주고받으면서 이야기를 나눈다.

이나모리는 "서로 무릎이 닿을 정도로 가까이 앉아 술을 주고받을 때 사람은 본심을 이야기하게 된다"고 말할 정도로 경영자가 직원과 마주 보고 본심을 이야기하는 시간을 소중히 여겼다. 그는 이 자리를 통해 직원들에게 경영이념을 전달하고 그들의 생각과 기분을 듣는 등 서로의 이야기를 나누면서 조직의 단결을 도모했다. 창업 후 노사분쟁 해결에 자신이 직접 참여했던 경험을 바탕으로 생각해 낸 소통의 자리였다.

지금은 세계적인 기업으로 성장했음에도 이 모임은 아직도 교세라의 전통으로 계속해서 이어지고 있다. 교세라의 모든 사옥에는 전골 다과회를 열 수 있는 연회장이 있다고 한다. 또 이나모리는 비록 명예회장이 되어 교세라의 경영에서 완전히 물러났지만, 경영자 육성을 위한 세이와盛和회를 운영하면서 아직은 학생인 미래의 경영자들과 전골요리를 먹으며 이야기를 나누는 모임을 이어가고 있다.

교세라의 전골 다과회 같은 방법을 흉내 내라는 것이 아니다. 일을 떠나 경영자와 직원 혹은 점장과 매장의 직원들이 자신의 진심을 이야기할 수 있는 기회를 가져야 한다는 뜻이다. 또 형식적인 모임이 되지 않도록 매장에서 미리 스케줄을 마련해 파트타이머나 아르바이트생 등 비정규직 사원들도 가능한 한 많이 참석할 수 있도록 해야 한다.

계획 없이 형식적으로 실시하면 처음 의도와는 반대로 술을 마신 상태에서 서로 불평불만만 늘어놓는 시간이 되어 버릴 수 있으므로 주의해야 한다. 또 회의나 교육이 끝난 뒤에 실시하는 등 시간을 설정하는 일도 신중해야 하며, 위로나 복리후생 차원의 회식이 되지 않도록 장소 선정에도 심혈을 기울여야 한다. 게다가 술을 많이 마시면 정상적인 판단을 못할 가능성이 있으므로 참가자들은 주량을 조절하고, 술을 마시지 않는 사람도 배려하는 등 모임의 리더가 진행에 최대한 신경을 써야 한다.

일에서 잠시 벗어나 함께 술을 한잔하면서 소통하는 방법은 서로를 이해하는 데 매우 큰 효과를 발휘한다. 나도 여러 차례 경험했지만, 직원들의 정착률이 높은 매장은 점장이 정기적으로 회식을 실시하면서 지속적으로 직원들과 커뮤니케이션(소통)을 하려는 경향이 강하다. 한국과 일본의 술 문화에 다소 차이가 있기는 하지만, 리더가 모임의 목적에 맞도록 주의를 기울여 진행해 나간다면 직원들이 서로를 이해하는 데 큰 도움이 될 것이다.

신뢰하고 협력하는 관계 만들기

앞서 설명한 단계를 통해 직원들 간 서로 이해도가 높아졌다면 이제는 신뢰하며 협력해 나가는 관계를 만드는 단계로 넘어가야 한다. 그런 의미에서 직원들의 신뢰관계가 완전히 무너져 버린 매장을 번성점포로 변화시킨 사례를 살펴보자.

일본 홋카이도의 키타미에 본사를 두고 있는 기타이치식품 주식회사(마에다 야스히토 대표)는 회전초밥, 돈가스, 선술집, 도시락 전문점 등을 운영하면서 식자재를 유통하는 중견기업이다. 주력 업종인 '회전초밥 토리톤'은 2016년 일본에서 실시한 인기 조사에서 전국 1위를 차지할 정도로 유명한 회전초밥 브랜드다. 매장당 평균 연간 매출이 4억 엔으로 매출액도 매우 많다.

기타이치식품 한때 회전초밥을 메뉴로 개업하는 매장들에게 토리톤의 운영 노하우를 가르쳐 주는 대신 자사의 식재료를 납품하는 비즈니스를 진행해 왔다. 하지만 그중에는 경영 부진으로 문을 닫는 매장도 있었는데, 이럴 경우 식재료 납품대금을 회수하지 못하게 된 매장 중 몇몇은 어쩔 수 없이 인수해서 직영점으로 운영하기도 했다.

어느 날 경영자인 마에다 사장이 이런 방식으로 직영점이 된 매장에 직접 방문해서 일하고 있던 파트타이머 여성들에게 다음과 같은 질문을 했다.

"여러분은 쉬는 날에 이 매장에 식사하러 온 적이 있습니까?"

그러자 믿을 수 없는 대답이 돌아왔다.

"언제 매입했는지도 모르는 재료들로 만든 초밥을 어떻게 먹으러 오겠어요?"

매장에 대한 신뢰가 완전히 무너진 상태였다. 마에다 사장은 즉시 본사 직원을 점장으로 파견해 '고객이 안심하고 먹을 수 있는 초밥'이라는, 너무나도 기본적인 토리톤의 영업활동을 통해 어느 정도 매출을 회복할 수 있었다. 하지만 한번 신뢰를 잃어버린 후유증은 무척이나 컸다.

토리톤에서는 생선을 도매로 구입한 뒤 재료를 직접 손질해야 하므로 다른 메뉴의 매장보다 일손이 많이 필요했다. 일반 음식점의 세 배가 넘는 직원들이 있어야 해서 매장 주변에 사는 주부들을 파트타이머로 고용해 왔는데 이들 사이의 인간관계가 미묘하고 복잡했다.

이 같은 특징을 파악한 본사는 지속적인 교육 실시로 매장에 경영이념을 전달하는 일에 힘을 쏟았다. 그럼에도 선배가 후배를 구박하거나 파벌을 만들어 자신들의 방식을 고집하는 일은 근절되지 않았다. 이전 경영자의 터무니없는 경영방식을 이어가며 직원들 간에 협력체제도 전혀 이루어지지 않았다. 교육만으로는 매상에 경영이념을 전달하기가 매우 힘든 상황이었다.

점장은 다양한 방법을 시도했다. 그중에서도 '고마워요 노트'를 활용한 방법이 가장 큰 효과를 발휘했다. 쉽게 구할 수 있는 노트 한 권을 직원 휴게실에 놓아두고 그날 동료로부터 배운 일, 도움 받은 일, 협력해서 해낸 일 등을 상대방 이름과 함께 적도록 했다. 바빠서 전할 수 없거나 직접 말하기 쑥스러울 때 마음을 담아 '감사의 말'을 전할 수 있는 장치를 마련한 것이다. 처음에는 아무도 쓰려 하지 않았지만 시간을 두고 끈기 있게 권유하자 쓰는 사람이 점점 늘어났고, 그에 따라 매장의 분위기도 바뀌기 시작했다.

누가 누구에게 했던 행동에 감사한다는 내용이 담긴 노트는 직원 전원에게 공개됐다. 감사를 받고 기분이 좋아진 직원은 '동료들에게 더욱 도움을 줄 수 있는 일을 해야겠다'는 마음을 전하기도 하였다. 또 글을 쓴 사람도 전에는 직접 말하기 어려웠던 감사의 마음을 나타내며 되어 동료들과 깊은 신뢰를 쌓을 수 있었다.

'고마워요 노트'를 활용한 이후 매장에는 다음과 같은 몇 가지 변화가 나타났다.

- 후배에게 일을 가르쳐줄 때의 말투가 부드러워졌다.
- 가르치는 방법이 상세해졌다.
- 매장의 매출에 관심을 갖게 되었다.
- 팀워크가 좋아졌다.
- 조회 시간에 직원들의 발언이 많아졌다.
- 회사의 방침에 적극적으로 협조하게 되었다.

'고마워요 노트'의 효과가 나타나기 시작하면서 매장 분위기가 순식간에 바뀌자 매출이 전년 대비 15% 이상이나 향상되었다. 그 후로도 10% 이상 향상된 매출이 1년 3개월 동안 지속되면서 다른 직영점에 뒤처지지 않는 번성점포로 성장해 갔다. '고마워요'라는 말에서 전파되는 '플러스 파동'의 효과였다. 플러스 파동의 효과가 동료들 간의 신뢰와 협력체제를 강화시켰던 것이다.

선의의 경쟁을 하라

어렵게 구축해 놓은 원만한 인간관계도 자극을 주지 않으면 언젠가는 매너리즘에 빠질 가능성이 높다. 따라서 동료들 간 적당한 경쟁을 통해 조직을 더욱 활성화시켜야 한다.

직원 수가 많은 데다가 특히 주부 파트타이머가 상당수를 차지하는 기타이치식품은 매년 주부 파트타이머를 대상으로 다양한 콘테스트를 개최한다. 생선의 손질 속도와 정확성을 겨루는 콘테스트, 초밥을 만드는 데 필요한 정확도와 완성도 콘테스트, 홀 서비스 콘테스트 등의 '기타이치 그랑프리'를 정기적으로 실시하고 있다. 또한 한국의 추석이나 설 명절처럼 연 2회 특정 이벤트 상품을 판매하는 콘테스트도 열었다. 이 콘테스트는 매장을 방문한 고객에게만 판매하는 것이 아니라 외부의 지인이나 매장을 방문한 적이 없는 사람들도 대상으로 한다.

콘테스트에 참가하려는 직원들은 평소 업무 중에도 기술을 익히며 서로 경쟁하고, 이러한 경쟁관계가 상품 수준이나 서비스 수준을 향상시켰다. 그뿐만 아니라 직원들 간에 새로운 협력관계와 단결을 이끌어냈다. 게다가 이벤트 상품의 판매는 개개인의 성과도 중요하지만, 판매 결과가 매출로 이어지기 때문에 직원들이 경쟁하면서도 매출에 공헌한다는 목적을 공유할 수 있었다. 목표를 달성했을 때는 성공에 대한 기쁨이 고조되어 조직이 더욱 단결된다.

기타이치식품은 매년 '경영방침 발표회'에서 콘테스트 우수자를 표창한다. 당일에는 모든 매장이 문을 닫고 본사의 전 직원과 매장 직원 등 400여 명이 참석한 가운데 최우수상, 우수상, 감투상을 수여한다. 경영방침 발표회는 수상자로 하여금 영광을 누릴 수 있게 하고, 상을 받지 못한 참가자들에게는 다음에는 반드시 상을 받고야 말겠다는 모티베이션의 향상을 이끈다.

또 이때 10년, 20년 근무한 장기 근속자 표창도 실시하는데, 정직원뿐만 아니라 파트타이머도 대상이 된다. 회사의 성격상 주부 파트타이머들이 대부분 표창을 받는다. 20년 장기근속 중인 한 여성 파트타이머는 일을 시작할 때 초등학생이었던 아이가 결혼해서 손자를 낳은 후까지도 일을 계속하고 있다.

게다가 행사장에서는 수상자 모르게 아이들이 녹음한 메시지를 내보낸다. "어머니, 열심히 일하시면서 저희들을 키워 주셔서 고맙습니다. 고생하시는 어머니의 모습을 보고 저희들도 힘을 낼 수 있었어요"라는 메시지가 흐르면 수상자뿐 아니라 행사장에 있는 모든 사람이 눈물을 흘린다.

그리고 '정말 이곳에서 일할 수 있어서 다행이다', '이 일을 통해서 행복해질 수 있었다'는 감동에 빠진다. 후배들도 '선배들과 선의의 경쟁을 하면서 그들 못지않게 열심히 노력해 그 뒤를 이어나가겠다'는 결심과 함께 의욕을 불태운다.

기타이치식품은 이처럼 직원들이 선의의 경쟁으로 얻는 자극을 통해 서로 단결하고 매출을 높여 나가면서 회사 전체가 그 기쁨을 공유하는 강한 조직으로 발전하고 있다. 그래서 '토리톤'은 요즘 같은 어려운 상황에서도 높은 매출을 유지하며 일본에서 손꼽히는 회전초밥 브랜드로 거듭나고 있다.

이 사례는 함께 일하는 동료들과 원만한 인간관계 속에서 협력하고 자극하는 선의의 경쟁을 통해 회사에서 자신의 노력을 인정받으면 조직력이 더욱 강해진다는 걸 잘 보여준다.

서로 같은 목적을 달성하기 위해 하나 되라

직원 간 인간관계를 원만하게 만들기 위한 마지막 단계는 '서로가 같은 목적을 가지고 하나가 되는 것'이다. 이것은 '경영이념'의 공유를 의미한다. 앞에서도 말한 바와 같이 직원들 간 팀워크, 이해, 신뢰, 협력관계를 굳건히 해 강한 조직을 만들기 위해서는 '경영이념'을 공유하는 것은 물론, 그것이 직원들의 마음에 스며들도록 해야 한다.

하지만 경영이념의 공유는 쉽지 않다. 간단한 일이 아니라는 말이다. 많은 고객의 지지를 받는 번성점포를 만들어 구성원들의 성장과 행복이라는 '목적'을 달성하기 위해서는 직원들 간의 원만한 인간관계가 매우 중요하다는 사실을 그들에게 이해시켜야 한다. 그 과정에서 경영이념이 실질적으로 공유될 때 조직 구성원들의 목적이 하나가 되고 강한 조직력이 생긴다.

나의 은사인 사카키 요시오 선생은 '노하우Know How'를 말하기 전에 먼저 '노와이Know Why'를 말하라고 이야기했다. 일의 방법이나 방식을 가르치기 전에 '왜 이 작업이 필요한지, 이 일을 통해서 이룰 수 있는 것은 무엇인지'를 먼저 가르쳐야 한다는 의미다. 여기에는 직원들에게 '목적'이 무엇인지를 분명히 전달하라는 뜻이 담겨 있다.

모티베이션 이론을 말할 때 자주 인용되는 우화 '돌을 쌓는 사람'을 보자.

한 사람이 건물을 짓는 공사 현장을 우연히 지날 때였다. 그곳에서는 인부들이 열심히 벽돌을 쌓고 있었다. 지나던 사람이 인부 A에게 물었다.

"무엇을 하고 있습니까?"

인부 A가 대답했다.

"돌을 쌓고 있습니다."

다음에는 인부 B에게 물었다.

"무엇을 만들고 있습니까?"

"벽을 만들기 위해 돌을 쌓고 있습니다."

마지막으로 인부 C에게 물었다.

"무엇을 만들고 있습니까?"

"훌륭한 교회를 만들기 위해 돌을 쌓아 벽을 만들고 있습니다. 이 지역 모든 사람의 마음을 치유할 교회입니다."

A는 들은 대로만 행하는 사람, B는 지금 하는 일이 벽을 만드는 일이라는 목적은 알고 있지만 그 의미를 모르는 사람, C는 교회를 만든다는 행위의 목적을 이해하고 사람들의 마음을 치유할 수 있는 장소를 만든다는 사명감을 갖고 돌을 쌓고 있는 사람이다. 같은

일을 하는데도 인부 A, B, C 중 누가 가장 일에 대해 보람을 느끼면서 즐겁게 일하고 있을까? 굳이 말하지 않아도 우리는 단번에 누구인지 알 수 있다.

회사의 구성원들이 서로가 같은 목적을 위해서 하나가 되는 일은 매우 중요하다. '목적'의 의미는 경영이념에 담겨 있다. 직원들과 그 경영이념을 공유하는 조직이야말로 '직원이 쉽게 그만두지 않는 환경'을 갖춘 조직이다. '직원들 간의 원만한 인간관계'가 '어려운 시대에 살아남는 승자'가 되기 위한 강한 조직을 만든다는 점을 다시 한 번 유념해야 한다.

매장 운영 책임자의 능력, 매장의 생명선

기초력을 위한 마지막 과제는 매장 운영 책임자의 능력 강화다. 지금까지 설명한 모든 것의 효과가 매장 운영 책임자의 능력에 의해 크게 좌우되기 때문이다. 매장 운영 책임자란 직영점 경우에는 점장이고, 가맹점이라면 가맹점주, 개인 매장에서는 경영자를 말한다. 매장 운영 책임자의 능력을 강화시키는 일은 강한 조직을 만들어 변화의 시대에 살아남는 승자가 되는 데 가장 중요하고도 꼭 필요한 일이다.

일본에서 인구 감소는 필연적으로 매출 감소로 이어지고 있다. 그런 와중에서 매장들 간 경쟁은 더욱 치열해질 수밖에 없고, 일할 사람을 구하기는 무척이나 어려워졌다. 계속적인 출점으로 매출을 올리던 때는 과거의 추억으로 기억될 뿐, 매출과 수익을 올려 번성 매장이 되지 않으면 살아남을 수 없는 시대가 되었다. 매장 운영 책임자의 능력이 매장의 생명선이 된 것이다. 이 같은 상황에서 본사에서 내려온 지시를 있는 그대로만 전달하는 매장 운영 책임자라면 매장은 폐점을 향해 서서히 내리막길을 걸을 수밖에 없다.

한국보다 20년 먼저 격동의 시대를 경험한 일본에서 번성점포로 살아남은 기업들은 하나같이 매장 운영 책임자의 능력을 향상시키는 일과 직원들의 인재 육성에 아낌없는 투자를 해왔다. 반대로 그 일에 투자를 아꼈던 기업은 지금 힘들게 명맥을 이어가고 있다. 경영자가 매장 운영 책임자 육성에 많은 비용과 시간을 투자해야만 하는 이유다.

나는 클라이언트 기업을 컨설팅할 때 매장 운영 책임자 육성 프로그램을 지속적으로 실시하는데, '슈퍼 점장'을 육성하는 우리 프로그램은 일반적인 점장들 교육 프로그램과는 다르다.

TIP

슈퍼 점장이란?

카시와노 미츠루는 슈퍼 점장의 조건을 다음과 같이 이야기한다.

- 강렬한 모티베이션을 가질 것(일의 동기, 목표 설정, 자기계발).
- 고객이 감동할 수 있도록 항상 상품의 퀄리티를 파악하고 제공할 것.
- 고객이 감동할 수 있도록 항상 배려하면서 대할 것.

• 고객이 안심할 수 있도록 늘 청결을 유지할 것.
• 고객이 감동할 수 있는 매장 분위기를 유지할 것.
• 수치 관리를 철저히 하고 목표 달성을 위한 행동을 실천함으로써 매장을 원활하게 운영할 수 있는 능력을 갖출 것.
• 매장 운영의 성패는 인재의 능력에 의해 결정된다는 사실을 인식하고, 회사의 경영이념을 숙지하고 행동할 수 있도록 직원을 교육하고 육성할 것.
• 타인과 함께 일한다는 의미를 이해하고 동료들과 협력하면서 할 일을 완수하는 '원만한 인간관계'를 유지할 것.
• 서비스업에 대해 원점에서 이해하고 자신의 일에 자부심을 가지면서 타인에게도 좋은 영향을 줄 것.

〈그림12〉 점장 능력 진단 체크리스트

	항목	점수	평가 기준
	강력한 모티베이션		
1	귀하의 장래 꿈, 목표, 비전은 명확합니까?		장래의 구제적인 목표를 가지고 있는가?
2	현재 일을 통해서 1번을 실현하고 있습니까?		자신의 목표를 향한 강한 의지와 사명감을 갖고 근무하는 모습이 보이는지 확인.
3	목표 달성을 위해서 자기개발을 적극적으로 하고 있습니까?		1, 2번을 위한 공부와 노력 등의 행동이 보이는지 확인.
	감동 레벨 퀄리티		
4	창업자의 상품에 대한 철학을 이해하고 있습니까?		물어보고 바로 대답할 수 있는지 확인.

5	재료에 대한 지식을 충분히 가지고 있습니까?		메인 음식 재료에 대해 질문하고 정확한 대답을 하는지 확인.
6	자기 매장의 No.1 메뉴 레시피를 바로 설명할 수 있습니까?		No.1 메뉴를 알고 그 레시피를 정확하게 설명할 수 있는지 확인 .
7	자기 매장 상품 시식을 충분히 하고 있습니까?		상품 시식 빈도를 어느 정도 하는지 물어보고 판단.
8	최적의 조리 오퍼레이션을 숙지하고 습득한 상태입니까?		아침에 준비부터 피크타임 시 조리 제공 내용에 대해 자세히 물어보고 판단.
9	자기 매장의 상품력 향상을 위한 연구를 꾸준히 하고 있습니까?		상품에 대한 현재의 문제점을 어느 정도 파악하고 있는지, 그 개선 노력은 어떤지 확인.
10	최고 상태로 상품을 제공하기 위한 훈련을 하고 있습니까?		직원들에게 어떤 식으로 훈련을 시키고 있는지 질문.
	감동 레벨의 접객 서비스		
11	접객 서비스에 대한 철학을 가지고 있습니까?		경청하기
12	접객 매뉴얼은 완벽합니까?		현장 체크
13	고객마다 인사를 달리할 수 있습니까?		현장 체크
14	자연스러운 미소로 홀 서비스를 실시하고 있습니까?		현장 체크
15	고객 시선에 아이콘택트가 되고 있습니까?		현장 체크
16	고객이 부르기 전에 먼저 대응하는 서비스를 하고 있습니까?		현장 체크
17	이름으로 부를 수 있는 고객은 몇 명 정도 있습니까?		경청하기
18	고객이 나갈 때 세 걸음 앞에 나가서 인사하고 있습니까?		현장 체크
	안심 레벨의 청결도		
19	식중독 방지 3원칙에 대해 설명할 수 있습니까? 그것에 대한 지도는 어떻게 합니까?		경청하기
20	고객이 안심이 되는 5S에 대해서 설명할 수 있습니까? 그 지도는 어떻게 합니까?		경청하기
21	종업원 몸가짐은 항상 체크하고 있습니까?		경청하기

22	각 장소의 청소 스케줄은 정하고 스케줄대로 실시하고 있습니까?		경청하기, 현장 체크
23	손이 비었을 때 청소하는 습관이 되어 있습니까?		경청하기, 현장 체크
	감동 레벨의 분위기		
24	입구에 고객이 기대하는 배려가 있습니까?		점장 스스로 신경을 쓰고 있는지 경청 및 현장 체크.
25	쾌적한 실내 온도가 계절마다 설정되어 있습니까?		경청하기
26	BGM은 시간대나 고객 수에 따라 음량이나 내용을 조정하려 노력합니까?		경청하기
27	조명의 조도가 시간대 별로 조정하고 있습니까?		경청하기
28	장식물과 동식물, 액자 등을 관리하고 정기적으로 바꿔주고 있습니까?		점장 스스로 노력하고 있는지 확인.
29	테이블 위나 고객 눈이 가는 곳에 배려나 아이디어가 있습니까?		점장 스스로 노력하고 있는지 확인.
30	화장실에 고객이 기분이 좋아지는 표시나 디자인 서비스가 있습니까?		점장 스스로 노력하고 있는지 확인.
31	주차장 등에 손님이 들어가기 쉽게 안내판 등을 설치하고 있습니까?		점장 스스로 노력하고 있는지 확인
	계수 관리		
32	자기 매장의 BEP(손익분기점)을 알고 있습니까?		경청 후 즉시 대답할 수 있는지 확인.
33	예산을 월별, 분기별, 연도별로 파악하고 있습니까?		경청 후 즉시 대답할 수 있는지 확인.
34	현재 수치의 진척 및 예산과 실적 차이를 파악하고 있습니까?		경청 후 즉시 대답할 수 있는지, 원인을 파악하고 있는지 확인.
35	그 차이에 대한 구체적인 대책을 입안할 수 있습니까?		정확한 대책인지 확인.
36	대책대로 착실히 실시할 수 있습니까?		그 액션을 착실한 것인가 판단.

37	노동생산성의 중요도를 의식하고 정확하게 파악하고 있습니까?		이해도는 충분한지 판단.
38	노동생산성 향상에 대한 대책이 있습니까?		그 대책은 올바른 액션인가 확인.
	교육/훈련/예절		
39	종업원과 커뮤니케이션은 충분합니까?		경청한 후 확실한 방법인지 판단.
40	종원업들의 생일을 파악하고 있습니까?		경청, 구체적으로 어떻게 대처하고 있는지 확인.
41	창업 정신, 기업이념, 철학을 제3자에게 알기 쉽게 설명할 수 있습니까?		경청한 후 경영이념 설명을 시켜보고 확인.
42	40항을 파악한 후 어떤 식으로 전달합니까?		경청 및 그 방법과 빈도 확인.
43	항상 한 사람 한 사람의 레벨을 파악하고 적절한 어드바이스를 하고 있습니까?		경청 및 그 방법과 빈도 확인.
44	OJT(현업훈련) 실시를 어떤 식으로 하고 있습니까(신입직원 교육 포함)?		경청 및 그 방법과 빈도 확인.
45	역할 실연 같은 집합교육을 정기적으로 실시하고 있습니까?		경청 및 그 방법과 빈도 확인.
46	조례, 석례, 종례를 매일 실시하고 있습니까?		현장 체크, 그 실시내용은 적절한 것인지 확인.
47	매장 미팅은 정기적으로 실시하고 있습니까?		경청 및 그 방법과 빈도 확인.
	리더십 현장 체크		
48	현장 업무는 누구보다도 잘하고 있습니까?		경청 및 셀프 체크.
49	경영이념에 따른 자기 자신의 매장 운영방침을 명확하게 가지고 있습니까?		경청 후 확실한 방침인지 확인.
50	48항의 방침에 직원 전체를 끌어들일 수 있습니까?		현장 체크
51	해야 할 일, 해서는 안 되는 일의 기준을 명확히 지도하고 있습니까?		현장 체크
52	부하 직원들은 고마운 존재입니까?		경청하기
53	팀이 하나가 되어 매장 내 분위기를 향상시키는 힘이 있습니까?		현장 체크
54	직원들에 대해 공정하게 평가하고 있습니까?		경청 및 현장 체크

업무 만족도			
55	일에 대한 보람을 느끼고 즐겁게 하고 있습니까?		
56	매장 내 커뮤니케이션은 원활합니까? 일하는 동료들끼리 서로 존경합니까?		
57	부하 직원이나 파트타이머, 아르바이트 분들에 대한 지원은 충분합나까?		
58	일하는 환경에 만족하고 있습니까?		
59	현재 대우(금전 및 시간)에 만족합니까		
60	매장 지난 1년간 성장했다고 생각합니까?		

〈그림12〉는 내가 점장교육을 할 때 실시하는 '점장 능력 진단 체크리스트'다. 먼저 체크리스트 조건마다 습득해야 할 능력을 일람표로 나타내 어느 정도 갖추어져 있는지를 진단한 후, 갖추지 못한 항목에 대해서는 자기계발을 위한 목표로 정하도록 하고 있다. 100점 만점을 받으면 '슈퍼 점장'이라고 볼 수 있는데, 매장 운영 책임자라면 적어도 60점 이상은 달성할 수 있도록 교육해야 한다. 각 항목을 보면 알 수 있듯 지금까지 설명한 모티베이션, 경영이념, 종업원들 간 원만한 인간관계가 주된 내용들이다.

매장 운영 책임자인 점장들은 스스로가 강렬한 모티베이션을 갖고 있어야 한다. 즉, 자신의 목적을 명확하게 설정하고, 그 목적을 목표로 하는 행동력을 갖춰야 한다는 의미다. 점장이 먼저 직원들에게 이런 모습을 보여 주어야 직원들의 모티베이션을 향상할 수 있다.

또 인재의 능력에 비례해 매장 운영의 수준이 결정된다. 그만큼 매장에서 일하는 직원들의 모티베이션과 능력이 중요하므로 경영이념의 전달과 공유가 꼭 필요하다. 그러려면 점장이 먼저 경영이념을 몸에 익혀 자신의 말로 직원들에게 설명할 수 있어야 한다. 그뿐만 아니라 매장 운영 책임자인 점장의 행동 하나하나는 경영이념에서 제시하는 행동 규범에 부합해야 한다. 경영이념을 바탕으로 다른 사람과 함께 일하면서 직원들 간에 원만한 인간관계를 만들어 나가도록 하는 능력이 매장 운영 책임자에게 꼭 필요한 능력이다.

3M+1M 능력을 갖춘 매장 책임자

카시와노 미츠루는 매장 운영 책임자가 갖추어야 할 능력을 네 가지로 말하고 있다.

- 끌어들일 수 있는가: 목적 달성과 매장 직원들을 단결시키기 위한 방향성을 명확히 제시함으로써 사람들을 끌어들일 수 있는 구심력이 있는가.
- 단결시킬 수 있는가: 경영방침을 목표로 직원들을 단결하도록 할 힘이 있는가.
- 분발시킬 수 있는가: 목적과 목표를 위해 직원 각자가 수동적으로 행동하지 않고 모티베이션을 높여 항상 분발하도록 할 힘이 있는가.
- 인정하고 칭찬할 수 있는가: 직원 전원이 노력해서 목표를 달성했을 때 개개인의 성과를 인정하고 칭찬해 줄 수 있는가.

이 네 가지를 일본어의 미키코무MAKIKOMU(끌어들이다), 마토메루MATOMERU(단결시키다), 모리아게루MORIAGERU(분발시키다), 미토메루MITOMERU(인정하고 칭찬한다)의 각 머리글자인 M을 따서 3M+1M이론이라는 이름을 붙였다.

물론 한국어는 일본어와 다르기 때문에 3M+1M이 만들어지지 않는다. 하지만 3M+1M 이론은 카시와노 미츠루의 가장 대표적인 리더십 이론의 골격이 되어 매장 운영 책임자의 교육현장에서 활용되고 있다.

매장 운영 책임자의 리더십

매장 운영 책임자가 3M+1M을 기르기 위한 목표를 설정할 때 리더십을 발휘하는 방법에 대해 나는 다음의 네 가지 항목을 제안한다.

| 대단하다 | 점장은 직원들에게 '점장은 무엇이든 할 수 있어. 모르는 게 없어. 정말 대단해!', '대단하다'라는 말을 듣는 존재여야 한다. 매장의 QSC 레벨과 운영 오퍼레이션을 완벽하게 숙지하고 솔선수범해서 직원들을 가르칠 수 있는 정도를 말한다. 특히 전문적인 조리기술이 필요한 매장에서는 점장이 직접 조리하지 않는 경우가 많지만, 그럼에도 조리장의 업무를 숙지해 둘 필요가 있다.

| 무섭다 | 직원들에게 무서운 존재로 인식되어야 한다는 의미가 아

니다. 매장 운영 책임자로서 명확한 기준을 제시하고, 그대로 따르지 않으면 화를 낼 수 있다는 긴장감을 갖도록 해야 한다는 뜻이다.

직원들이 원만한 인간관계를 유지하도록 하기 위해서는 '규정'이 필요하다. 예를 들면, 지각은 팀워크를 무너뜨리는 행동인데, 규정에 '출근이란 출근시간 10분 전에는 옷을 갈아입고 일할 수 있는 준비를 마친 상태'라고 표기되어 있다고 치자. 이때 9분 전에 출근한 아르바이트생에게 "1분 정도는 괜찮아. 학교 수업이 끝나자마자 서둘러 왔을 테니까"라고 말하는 점장의 매장과, "1분 지각, 주의하세요!"라고 엄격하게 지도하는 점장의 매장과는 결과적으로 3M+1M 효과가 완전히 다르게 나타난다는 말이다.

팀워크를 유지하기 위해서는 정해진 사항을 정해진 대로 실시하는 것이 가장 중요하다. 따라서 매장 운영 책임자로서 그 기준을 명확히 제시하고 항상 엄격하게 지켜갈 수 있어야 바람직한 정도의 긴장감이 형성되고 팀 전체가 단결할 수 있다.

| **근사하다** | 외모를 칭찬하는 말이 아니다. 일을 포함해 인간적으로 살아가는 방법을 말한다. 자기의 행복이 뭔지 정확히 인지하고 그 행복감을 위해 목표를 세워 날마다 노력해 나가는 자세, 일 이외에도 취미 생활을 하며 충실한 라이프 스타일을 갖고 사는 모습 등의 인간적인 매력을 가리킨다.

직원이 점장을 보면서 '점장이 살아가는 방식을 보면 근사해 보인다! 점장처럼 되고 싶다'고 동경하게 될 때 점장을 따르고 싶다는

생각이 강해진다. 자신이 살아가는 방식의 질을 높이는 것도 리더십을 발휘하기 위해 반드시 필요한 요소다.

| 고맙다 | 점장에게 여러 가지를 배우고 때로는 엄격한 지도와 상담을 받으면서 자신이 성장해 가고 있다고 느낄 때 점장은 직원들에게 고마운 존재로 인식된다. 똑같은 체인점이라도 항상 일할 사람이 부족해서 본사에 사람을 구해 달라고 요청하는 매장이 있는가 하면 전혀 그렇지 않은 매장이 있는데, 둘의 차이는 점장이 고마운 존재인가 아닌가에 따라 달려 있다.

구인 요청이 없는 매장은 대개 대학 1학년 때 채용한 아르바이트생이 졸업할 때까지 근무할 뿐만 아니라 그만두기 전에 미리 다른 아르바이트생을 소개해 준다. 일할 사람이 부족할 때가 없다. 직원들과의 커뮤니케이션을 소중히 여기는 이런 매장의 점장들은 커뮤니케이션을 통해 직원들에 대해 충분히 이해하고 있으며, 일 이외의 사생활이나 고민에 대해서도 진지하게 응한다는 공통점을 가지고 있다. 또한 직원들과의 원활한 커뮤니케이션은 점장에 대한 신뢰도를 매우 높인다. 이성이나 장래의 진로 문제, 인간관계 등으로 고민하는 아르바이트생의 이야기를 들어주고 이해하며 함께 고민한다면, 명확한 해결책을 주지는 못해도 분명 '고맙다'고 느끼는 존재가 될 것이다.

이처럼 매장 운영 책임자에게는 자신의 가치관을 강요하지 않는 선에서 직원들을 이해하고 함께 생각하며 소통함으로써, 최종적으로는 직원들 스스로 결정하고 행동할 수 있도록 카운슬링을 해주거나 코칭하는 능력이 필요하다. 이럴 때 직원들과 점장 사이에 깊은 신뢰 관계가 형성되고 사람들은 '고마운'점장의 곁을 떠나지 않게 된다.

앞에 말한 네 가지, 즉 '대단하다', '무섭다', '근사하다', '고맙다'는 리더십을 발휘하는 데 매장 운영 책임자가 꼭 익혀야 할 기본 소양이다.

서번트 리더십, '통솔력'에서 '구심력으로

최근에는 '서번트 리더십'이 자주 거론되는데, 이는 미국의 로버트 그린리프가 1970년에 주창한 리더십 이론이다.

서번트 리더십은 가치관이 다양한 현대에는 강하게 끌고 가는 지배적인 리더보다 부하를 이해하고 신뢰하며, 부하의 목표 달성을 지원하는 형태의 리더십이 요구된다는 이론이다. 역피라미드 형태에서 가장 위에 고객이 존재하는 '고객 제일주의' 조직의 리더는 고객을 기쁘게 하는 현장 직원을 지원할 수 있어야 이상적이라고 할 수 있다.

하지만 외식업은 매우 복잡한 구조를 가진 산업으로 서로 다른 기능을 가진 부서가 동시에 많은 고객을 만족시키는 임무를 수행해야 한다. 고객에게 음식을 제공하는 게 목적인 이 업무는 고객의 생명과 연관된 일이라고도 할 수 있다. 그런 면에서 볼 때 청결 문제로 고객의 건강을 해치는 일이 생겨서는 안 되는 것처럼, 정해진 것은 정해진 대로 따르는 엄격한 관리와 함께 부분적으로는 지배적인 지도 체제가 필요하다.

그렇다고 해서 '고객 제일주의'에서 벗어나면 안 된다. 카시와노 미츠루는 "회사와 매장이 고객을 소중히 대하는 직원들을 소중하게 여기는 것"을 고객 제일주의라고 설명한다. 먼저 고객을 대하는 현장의 직원들을 소중히 여기지 않으면 결국 고객을 기쁘게 만들 수 없다는 의미를 담고 있다.

매장 운영 책임자는 고객·회사·매장의 중심에 위치해 있는 존재이다. 회사에서 사람과 물건, 돈, 정보를 받아 직원들의 육성을 지원하고, 고객을 만족시켜 매출과 수익을 최대한으로 올리는 데 매우 중요한 역할을 해야 한다. 이를 완수하기 위해서는 고객·회사·직원이라는 세 방향과의 신뢰관계가 필요하다. 바로 매장 운영 책임자의 '구심력'이 요구되는 부분이다. 카시와노 미츠루는 매장 운영 책임자의 리더십이 '통솔력'에서 '구심력'으로 바뀌어야 한다고 강조한다.

앞으로 10년 동안 닥쳐올 변화의 시대를 이겨내기 위해서는 구심력과 3M+1M(끌어들이고, 단결시키고, 분발시키며, 인정하고 칭찬한다)을 지닌 매장 운영 책임자의 육성이 절실하다.

07

운영력 - 재방문 고객을 늘려 나가는 힘

노동생산성 향상으로 안정적인 경영을 하라

기초력뿐만 아니라 실제로 고객을 만족시킬 수 있는 운영력의 향상 또한 성공식당을 만드는 데 매우 중요하다. 인력난 극복은 물론이고 고객에게 감동을 주어 매장을 다시 찾아오도록 하는, 즉 재방문 고객을 늘려 나가는 힘이 바로 운영력이다. 관리능력을 향상시켜 수익을 확보하는 매장 운영력은 치열한 경쟁에서 살아남기 위해 꼭 갖추어야 할 필수요소다.

변화의 시대에 경영을 안정시키기 위해서는 운영력을 강화한 노동생산성 향상이 선행되어야 한다.

노동생산성은 한 사람의 노동력으로 산출되는 부가가치 금액을 가리키는데, 외식업에서는 다음과 같은 공식으로 설명할 수 있다.

노동생산성=매출 총이익÷환산 인원

=(매출액-원재료비)÷(총 노동시간÷200H)

이를 세분화하면 다음과 같다.

〔(고객 수×객단가)-(표준원가+손실)÷

(일인당 노동시간×노동 인원 수÷200H)

말하자면 매출액에서 원재료비를 뺀 매출 총이익을 노동 인원의 수로 나눔으로써 1명의 노동력으로 얼마나 벌었는지를 나타내는 지표다.

노동력을 가리키는 환산 인원이란 1명의 노동량을 산출할 때 나타내는 계산상의 인원 수를 말한다. 왜냐하면 외식업에서는 하루에 10시간 일하는 직원도 있고, 4시간만 일하는 직원도 있다. 노동시간이 서로 다른 사람을 같은 노동량으로 계산하면 오차가 크게 발생하므로 월 200시간 일하는 노동량을 1명으로 정하고, 총 노동시간을 200시간으로 나눈 표준 노동량을 기준으로 인원수를 산출한다(한국에서 근로기준법상 노동자의 월 법적 노동시간은 1일 8시간이므로 주당 40시간인데, 월로 계산하면 209시간이 된다. 정확한 계산을 위해서는 209시간으로 대입해야 하지만, 여기서는 이해가 편하도록 200시간으로 산정했다.).

노동생산성을 높이려면 분모를 작게 하고 분자를 크게 해야 한다. 즉, 인원 수를 적게 하고 일하는 시간을 단축하면서 고객 수를 늘리고 객단가를 높여야 한다는 말이다. 그리고 원재료비와 손실을 줄여야 노동생산성이 높아진다.

하지만 인구 감소에 따라 고객이 자연적으로 감소하는 시대에는 성장기와 같은 매출을 확보하기가 무척 어렵다. 따라서 적은 인원 수와 짧은 노동시간으로 매장을 운영해 나갈 수 있는 능력, 다시 말해 메뉴의 구성이나 매입 루트를 개발해 표준 원가를 줄이고 손실을 최소화하는 운영능력을 갖추지 못하면 현재의 외식시장에서는 결코 성공할 수 없다. 또 자연적인 고객 수의 증가를 기대할 수 없는 상태에서는 내점한 고객이 가능한 한 많은 지출을 하도록 객단가를 높이는 방법을 연구하고, 한 번 방문한 고객이 다시 찾아오도록 만드는 매장 운영력을 발휘해야 한다.

안정된 QSC-A 레벨을 구축하라

QSC-A란?

외식업에서 QSC는 번성점포를 만들기 위한 불문율이나 마찬가지다. 여기서는 QSC에 AAtmosphere(분위기 및 환경)를 더해 번성점포의 요소에 대해 이야기하고자 한다. QSC-A는 고객 만족이나 고객 감동과 직결되는 부분이다. 그러므로 먼저 고객이 방문할지 말지를 판단할 때 가장 중요하게 생각한다고 해도 과언이 아닌, 이 QSC-A의 항목에 대해 잘 알고 있어야 한다.

- **상품력-Q**Quality: 음식의 맛과 음식을 제공하기까지의 대기 시간, 그리고 언제나 변하지 않는 음식의 맛이 상품력을 결정짓는다.
- **접객력-S**Service: 복장과 몸가짐, 태도와 말투(정형적인 서비스), 웃는 얼굴과 친절한 대응, 배려심, 개인의 능력)이 서비스 상태를 보여 준다.
- **매장력-C**Cleanliness: 건조된 상태Keep Dry, 빛이 나는 상태Keep Shiny, 정리정돈 상태Keep Orderly가 고객 만족에 영향을 미친다.
- **분위기 및 환경-A**Atmosphere: 실온과 음향, 조도, 디스플레이, POP 등 장식물, 직원들이 만드는 매장 분위기가 고객의 재방문에 영향을 준다.

스탠더드의 수준을 맞추라

먼저 QSC-A 레벨의 표준, 즉 매장 운영상 인정할 수 있는 수준을 명확히 정해야 하며, 고객에게 안정적으로 제공할 수 있도록 레시피나 매뉴얼을 정비해 놓아야 한다.

경영자의 세계관을 담은 QSC-A의 표준 수준

매뉴얼에 표시된 표준 수준을 안정적으로 유지하기 위해서는 고객의 입장이 되어 정기적으로 체크해 나가야 한다. 이는 현장의 매장 운영 책임자나 본사의 슈퍼바이저를 포함한 회사 간부, 경영자가 꼭 갖추어야 할 관리 능력이다. 이 부분에서 나는 한국이 매우 취약하다고 생각한다.

카시와노 미츠루는 관리에 대해 다음과 같이 이야기한다.

"관리의 요소 중 하나는 표준을 확립하고 표준에 맞추어 확실하게 실행하는 것이다. 표준은 매장 운영에 있어서의 '기준', '올바른 자세', '본연의 자세'를 의미한다. 또 표준의 확립은 매장과 회사가 기준을 명확히 정하고 그 상태를 계속 유지하는 것을 말한다.

여기서 주의해야 할 것은 '표준=평균점'이라고 해석해서는 안 된다는 점이다. 예를 들면, 올림픽에서 육상 100미터 경주에 참가하려면 기록이 10초 초반대여야 한다. 이 수준의 기록은 기본이다. 일본의 약 1억 2천만 명 인구 가운데 100미터를 10초대에 달릴 수 있는 사람이 몇 명이나 될까? 아마도 몇 없을 것이다. 하지만 올림픽에 참가하는 선수에게는 그 수준이 표준이다. 평균이 아니다.

음식점도 마찬가지다. 매장 운영 책임자가 매장을 평균적인 기준으로 생각해서 현실과 적당히 타협해 가며 매장을 운영해 나간다면 고객은 만족을 느끼지 못할 게 분명하다. 따라서 '표준'은 평균점보다는 정해진 레벨의 정도가 중요하다. 평균보다 높은 레벨을 설정해서 확실히 실행할 수 있도록 관리해야 하는데, 이때의 설정 수준은 경영자의 인생관이나 세계관에 의해 정해지며, 경영이념이나 신조, 창업정신과 회사의 존재 가치를 고객에게 전달할 수 있어야 한다."

상품의 표준 수준을 잘 관리하라

쌀농사를 가업으로 하는 집에서 태어나 쌀에 대한 애착이 깊었던 기타이치식품의 마에다 사장은 회전초밥 전문점인 토리톤에서 취급하는 초밥 역시 쌀을 생명처럼 여겨 특별히 신경을 많이 썼다.

쌀은 산지와 품종이 같아도 해마다 품질이 달라지므로 매년 햅쌀이 나오는 시기가 되면 토리톤의 초밥에 맞는 쌀을 새로 선택한다. 그 해에 재배된 쌀에 대한 정보를 수집해 양질의 품종을 몇 가지 선택한 후, 불리는 시간과 수분의 양 등 조건을 동일하게 한 상태에서 여러 번 밥을 짓는다. 그리고 그 결과 가장 잘 맞는다고 판단되는 쌀을 그 해의 초밥용 쌀로 사용한다.

또 쌀은 수확하고 나면 수분의 양이 변하기 때문에 구매할 때마다 그 정도를 확인하고 쌀을 불리는 시간이나 물의 양을 조절한다. 시간과 물의 양을 조금씩 다르게 설정해 놓고 여러 번의 테스트를 거쳐 시식한 뒤, 가장 적절하다고 판단되는 시간과 물의 양을 그 해의 '스탠더드'로 정해 전국의 매장에 공지한다. 그러고 나서 마에다 사장이 직접 전국의 매장을 돌아다니면서 밥의 상태를 우선적으로 체크하고, 조금이라도 밥이 질거나 설익었을 경우 그 자리에서 밥 짓는 방법을 수정하도록 지시한다.

기타이치식품은 '회전초밥 토리톤' 외에 '가츠도쿠'라는 돈가스 전문점도 4곳을 운영하고 있는데, 여기서도 쌀에 신경을 많이 쓴다. 항상 갓 지은 밥을 고객에게 제공해야 한다는 게 마에다 사장의 철칙이기 때문이다.

일반적으로 음식점에서 사용하는 밥솥은 3되(쌀 1되는 약 1.5kg)짜리다. 이 솥에 가득 밥을 지으면 쌀에 열이 제대로 전달되지 않아 밥이 맛있게 되지 않는다. 때문에 대개 한 번에 1.5되에서 2되 정도의 밥을 지을 때가 많다. 그런데 점심시간에 가츠도쿠를 방문하는 고객 수를 보고 이 정도의 양으로는 고객들에게 갓 지은 밥을 제공할 수 없다는 사실을 알게 된 마에다 사장은 한 번에 짓는 밥의 양을 0.7되로 하고 스탠더드로 정했다.

한 번에 0.7되의 밥을 짓는다는 말은 피크시간에는 쉬지 않고 밥을 지어야 한다는 뜻으로, 현장 직원들에게는 일손이 많이 가는 고달픈 작업이다. 하지만 그곳에서는 누구도 싫은 내색을 전혀 하지 않고 이 스탠더드를 실천하며 고객에게 갓 지은 밥을 제공하려고 노력한다. 마에다 사장은 요즘도 계속해서 매장을 돌며 갓 지은 밥을 제공하고 있는지 체크하고 있으며, 가츠도쿠는 1호점을 개업한 지 20년이 지났음에도 계속 매출이 오르고 있다.

이처럼 앞으로는 창업자의 생각이나 창업정신, 경영이념이 반영된 QSC-A의 스탠더드 레벨을 명확하게 설정하고 안정적으로 유지, 관리할 수 있는가 없는가가 외식업의 승패를 결정짓는 포인트가 되리라 생각한다.

매의 눈을 가져라

나는 매장 운영 책임자 교육을 할 때, 매장 관리를 잘하려면 먼저 '매의 눈'으로 바라보아야 한다고 설명한다. 매의 눈이란 새처럼 높은 곳에서 전체를 바라볼 수 있는 시각을 말한다. 다른 말로 하면 고객의 눈으로 매장을 바라보라는 뜻이다.

현장에서 근무하는 직원 입장이 아닌 고객의 눈으로 매장을 바라보면 많은 것을 볼 수 있다. 마치 무대 위에 서 있는 연기자에게는 관객 한 사람 한 사람이 잘 보이지 않지만, 객석에 앉아 있는 관객들에게는 무대 위가 잘 보이는 것과 같은 현상이다.

현장의 매장 운영 책임자에게도 이 같은 매의 눈이 절대적으로 필요하다. 하지만 매장 안에서는 매의 눈을 갖기가 쉽지 않다. 때문에 슈퍼바이저나 본사 간부, 경영자가 직접 현장을 다니며 스탠더드를 체크하고 다시 현장으로 피드백하는 시스템 구축이 필요하다.

한국의 프랜차이즈 체인점은 이 부분이 많이 부족해 보인다. 그 때문인지 오픈 당시에는 고객에게 높은 인기를 끌다가도 매장의 QSC-A 레벨이 안정되지 않아 결국 고객의 신뢰를 잃고 끝내 문을 닫는 경우를 종종 보게 된다. 창업자가 죽을 힘을 다해 힘들게 만들어낸 브랜드가 시스템 관리의 부족으로 오래 지속되지 못하고 사라져 버리고 마는 것이다.

〈그림13〉는 일반적인 매장 체크리스트이고, 〈그림14〉은 내가 15년 넘게 외부에서 슈퍼바이징을 하면서 토리톤을 방문한 고객의 눈으로 직접 작성한 토리톤 매장의 체크리스트다.

〈그림13〉 매장 체크리스트

	분야	체크 항목	평가(○·×)	
1	외부	매장은 전면도로나 통로에서 진입이 용이하다.		
2		외관 간판은 시인성이 좋다.		
3		외관에서 콘셉트를 충분히 이해할 수 있다.(메뉴, 가격)		
4		주차장은 주차하기 쉽다.		
5		마당 등에 잡초가 없다.		
6		외벽 처마에 거미줄이 없다.		
7		외부 유리가 흐린 상태가 아니다.		
8		입구 주변에 쓰레기 등이 없다.		
9	입구	입구 유리 손잡이가 더럽지 않다.		
10		샘플 케이스나 사인류는 깨끗하게 관리되어 있다.		
11		샘플 케이스나 사인류는 깨끗하게 진열된 상태다.		
12		입구에는 맛에 대한 기대감이나 배려가 있다.		
13	안내, 착석시	출입이 바로 확인되고 기분 좋게 인사한다.		
14		미소로 환영하고 안내한다.		
15		몸가짐이 청결하다.		
16		테이블이나 의자가 청결하다.		
17		POP나 양념병 세트가 깔끔하게 정리되어 있다.		
18		POP가 효과적으로 설치되어 있다.		
19		메뉴북이 깨끗하다.		
20		눈에 띄는 부분에 더러움이나 먼지가 없다(덕트나 에어컨 등).		

21	주문 제공	새로운 고객에게 신속하게 대처한다.		
22		주문 시에 추천 메뉴나 상품을 설명한다.		
23		질문에 대해 친절하고 명확하게 대답하면서 미소로 대응한다.		
24		주문을 정확하게 처리한다.		
25		음식 제공시간이 적절하다.(분)		
26		제공 시에 음식 설명과 확인을 정확히 하고 있다.		
27	상품	상품 외형이 예쁘다.		
28		상품의 시즐감이 잘 표현되어 있다.		
29		상품이 레시피대로 제공된다.		
30		뜨거운 것은 뜨겁게, 차가운 것은 차갑게 제공된다.		
31	배려	항상 고객에게 시선을 둔다.		
32		고객이 부르면 곧바로 대응한다.		
33		중간 서비스나 추가 주문 대응을 즉시 하고 있다.		
34	화장실	청결하고 냄새가 없다.		
35		비품이 잘 설치되어 있다.		
36		고객이 기분 좋게 사용할 수 있는 배려가 있다.		
37		계산대 주변이 난잡하지 않다.		
38		고객이 돌아갈 때 감사 인사를 한다.		
39		계산을 정확하고 신속하게 한다.		
40		고객의 재방문을 유도할 서비스가 있다.		
41		고객이 나갈 때 인상에 남게 인사한다.		
		종합		
		점수		

〈그림14〉 토리톤 매장 체크리스트

	체크 항목	평가	
	입구	만족	불만
1	입구에 맛에 대한 기대감이나 배려가 있습니까?	○	
2	이젤 간판 등의 표현은 알기 쉽도록 되어 있습니까?	○	
3	입구는 깨끗이 유지되고 있습니까?	○	
4	선물용품의 디스플레이는 보기 좋게 정돈되어 있습니까?	○	
	입점 시		
5	고객이 오는 것을 확인하고 바로 대응했습니까?	○	
6	'어서 오세요' 인사는 미소로 기분 좋게 했습니까?	○	
7	정확한 안내가 되고 있습니까?	○	
8	안내 시 매장 전체에서 환영하는 느낌을 받았습니까?	○	
	착석 시		
9	눈을 맞추며 활기찬 미소로 인사했습니까?	○	
10	추천 메뉴나 오늘의 수프에 대한 설명이 있었습니까?	○	
11	양념병 세트의 상태는 깨끗하고 정돈된 상태였습니까?	○	
12	녹차용 잔은 잘 세팅되어 있고 깨끗한 상태였습니까?	○	
	벨트 위		
13	회전 벨트 위를 도는 초밥은 맛있게 보이며 선택하고 싶었습니까?	○	
14	초밥은 접시 위에 깔끔하게 담겨 있었습니까?	○	
15	신선도는 양호했습니까?	○	
16	재료는 마르거나 변색하지 않았습니까?	○	

17	군함 초밥이 담긴 모양은 깔끔한 상태였습니까?	○	
18	김밥류 모양은 깔끔했습니까?	○	
19	홋카이도를 어필하는 재료가 있었습니까?	○	
20	초밥 외 일반 상품이나 디저트도 맛있게 보였습니까?	○	
	벨트 안		
21	직원들의 몸가짐이나 태도는 좋았습니까?	○	
22	눈에 보이는 벨트 안 재료들은 깨끗하게 관리되고 있었습니까?	○	
23	직원들은 활기차고 미소를 띠고 있었습니까?	○	
24	상품을 제공할 때 상품명을 확인하고 친절하게 양손으로 주었습니까?	○	
25	무심코 주문하고 싶어지게 하는 추천이 있었습니까?	○	
26	상품은 잘못되거나 부족하지 않고 정확히 제공되었습니까?	○	
27	객석에 대한 주의와 배려가 잘 되고 있었습니까?	○	
	시식		
28	초밥은 접시 중심에 담겨 있었습니까?	○	
29	재료의 신선도를 충분히 느낄 수 있었습니까?	○	
30	밥은 재료와 잘 어울리는 크기였습니까?	○	
31	밥 온도는 차갑지도 너무 뜨겁지도 않은 적절한 상태였습니까?	○	
32	밥의 끈기나 식초 정도는 적절한 상태였습니까?	○	
33	김의 상태는 좋았습니까?		×
34	국물의 온도와 양은 적절한 상태였습니까?	○	
	홀		
35	몸가짐과 발음은 정확했습니까?	○	

36	음식 제공 시 행동에 문제는 없었습니까?	○	
37	눈 맞춤과 함께 미소로 대응하고 있었습니까?		×
38	국물 제공 시 "뜨거우니까 조심하십시오"라는 배려의 말이 있었습니까?	○	
39	식사가 끝난 후 접시 계산은 바로 되었습니까?	○	
40	접시 계산은 미소를 보이며 정확하게 했습니까?	○	
41	요금 계산 전에 담당자는 눈을 보고 감사 인사를 했습니까?	○	
42	계산은 신속하고 정확하게 되었습니까(기다리지 않았습니까)?	○	
43	계산은 안심할 수 있었습니까?	○	
44	나갈 때 "감사합니다. 안녕히 가세요"라는 감사 인사를 받았습니까?		×
	종합		
45	상품 가치와 가격은 적당하다고 느꼈습니까?	○	
46	홋카이도를 느낄 수 있었습니까?	○	
47	대기 시간이 길다고 느꼈습니까?	○	
48	일하는 직원들의 인상은 좋았습니까?	○	
49	매장의 활기나 분위기는 좋았습니까?	○	
50	매장의 청결도는 좋았습니까?	○	
	종합 점수		

지금도 나는 월 2회에 걸쳐 토리톤 매장의 슈퍼바이징을 하고 있으며, 매장에서는 그 결과를 검토해 개선에 적극 활용하고 있는데, 그중 한 매장의 예를 보자.

브랜드 파워를 인정받은 토리톤은 2012년에 오픈해 크게 성공한 '스카이트리타운'이라는 상업시설에 매장을 열었다.

스카이트리타운은 토리톤의 주 영업장소라 할 수 있는 홋카이도에서 멀리 떨어진 도쿄에 위치하고 있기 때문에 내가 의뢰를 받아 한 달에 두 번 매장을 체크해 왔다. 그런데 이곳에서 언제부터인가 경영자가 중요하게 생각하는 초밥의 밥 상태가 좋지 않았다. 점장에게 말해 여러 번 물의 양이나 쌀을 불리는 시간 등을 확인하고 바꿔도 보았지만 나아지지 않았다. 만드는 사람의 기술력에 따라 초밥의 상태가 달라질 수 있으므로 초밥 만드는 사람을 교체도 해보았지만 달라지는 건 없었다. 그렇게 몇 개월 동안 고민하고 조사하고 연구한 끝에 두 가지 원인을 밝혀낼 수 있었다.

하나는 밥솥의 문제였다. 토리톤은 밥을 지을 때 원래 가스밥솥을 사용한다. 하지만 홋카이도에 소재한 매장은 주방이 넓은 반면 도쿄의 매장은 공간이 한정되어 그리 넓지 못했다. 안전성을 고려해 어쩔 수 없이 전기밥솥을 사용할 수밖에 없었는데, 오픈한 뒤 얼마 동안은 괜찮았지만 계절이 바뀌면서 본사의 '스탠더드'에 맞춰 물의 양을 조절하자 밥의 상태에 변화가 생겼다. 가스와 전기는 화력이 달라 가스밥솥에 따른 스탠더드가 전기밥솥에는 맞지 않았기 때문이었다.

또 다른 하나는 파쇄미(싸라기) 때문이었다. 이 역시 매장의 위치로 벌어진 문제였다. 도쿄점에서는 홋카이도에서 보내오는 쌀을 사용했다. 마에다 사장의 '토리톤 스탠더드'에는 매장의 위치가 어디든 쌀은 매장 전체가 똑같은 것을 사용해야 한다. 그러다 보니 홋카이도에서 도쿄로 쌀을 운송하는 과정에서의 진동뿐만 아니라 싣고 내릴 때마다 받는 충격으로 인해 도쿄점의 쌀에는 홋카이도에서 사용하는 쌀보다 분쇄미가 훨씬 많을 수밖에 없었다. 밥을 지을 때 분쇄미는 죽이 될 가능성이 높다. 그러면 밥 전체가 질게 된다. 특히 초밥의 밥은 입 안에서 흐트러질 정도의 식감을 주어야 하는데, 죽 상태의 밥이 섞여 있으면 그런 식감이 나올 수가 없다.

이 같은 원인을 찾아내 해결하자 밥의 상태는 안정되었다. 오랜 경험을 가진 홋카이도 매장 점장의 '토리톤의 스탠더드'에 대한 정확한 이해와 끈기로 가능한 일이었다. 철저한 원인 규명을 위해 직접 체크해 가는 그의 노력이 없었다면 문제점을 해결하지 못해 매장 문을 닫는 불행한 일이 발생했을지도 모른다.

두 가지 원인을 개선한 후 밥의 상태가 좋아진 도쿄점에서는 고객 반응이 크게 달라졌다. 초밥의 밥 상태가 좋지 않았을 때는 고객의 감탄사를 듣지 못했는데, 좋아진 후에는 "정말 맛있어! 어떻게 이렇게 맛있는 초밥을 만들 수 있지? 이런 회전 초밥집은 처음이야!"라는 소리를 들을 수 있었으니 말이다. 토리톤의 스탠더드 레벨이 고객들의 입에서 정확히 표현되는 순간이었다.

이를 계기로 도쿄라는 큰 시장에서 토리톤 브랜드는 조금씩 화제가 되기 시작했고, 방송에도 소개되면서 마침내 인기투표에서 1위를 차지하기도 했다.

미스터리 쇼퍼, 교육받은 고객의 피드백

날이 갈수록 고객의 관점을 시스템화한 '미스터리 쇼퍼'의 중요성이 높아지고 있다. 토리톤 역시 매월 전 매장을 대상으로 미스터리 쇼퍼를 활용한 조사를 실시한다. 미스터리 쇼퍼란 음식점의 QSC-A 레벨이나 종업원의 태도 등을 전문적으로 체크할 수 있도록 교육받은 고객이 실제로 매장을 방문한 후 체크리스트와 보고서를 작성하고 피드백하는 제도를 말한다.

〈그림13〉는 한국에서 처음으로 외식업에 미스터리 쇼퍼를 체계화한 회사 FRMS의 미스터리 쇼퍼 보고서로, 항목마다 세분화해서 체크할 내용을 설정하고 매월 그 결과를 확인하게 되어 있다. 이 미스터리 쇼퍼의 평가를 통하면 직원들도 자신의 노력에 따라 점수가 달라진다는 걸 객관적으로 확인할 수 있는데, 이는 직원들 자신의 모티베이션을 향상시키는 데도 큰 효과를 발휘한다. 일본에서는 대기업 프랜차이즈에서 미스터리 쇼퍼를 많이 도입하고 있다. 쇼핑몰에 입점한 매장은 쇼핑몰에서 실시하는 미스터리 쇼퍼 결과를 참고하기도 한다.

이처럼 '매의 눈'으로 매장의 QSC-A 레벨을 철저히 체크해 나가면서 매장의 '스탠더드 레벨'을 안정시켜야 한다. 그렇게 반복적으로 실시하면 마지막까지 살아남는 승자가 될 수 있다. 일본 최고의 회전초밥 브랜드 '토리톤'에서는 최고경영자인 사장이 직접 자사의 시스템을 엄격하게 체크한다. 직접 체크를 못할 때는 나와 같은 외부 슈퍼바이저에게 의뢰하거나 미스터리 쇼퍼를 활용해 그 결과를 바탕으로 현장 개선을 반복해서 실시한다. 토리톤이 일본 최고의 자리를 지키고 있는 이유다.

한국에서는 먼저 매장의 '스탠더드 레벨'을 안정시키는 '현장 체크 시스템'의 구축이 시급해 보인다.

효율적인 오퍼레이션을 구축하라

맨아워 매출이란?

외식업을 경영하는 사람들에게 1인당 노동생산성을 높이는 일은 경영자가 안고 있는 큰 과제다. 하지만 현장에서는 노동생산성을 매일 체크하기가 쉽지 않기 때문에 '인시 매출'이라는 지표를 사용한다. 한국에서는 이것을 맨아워 매출이라고 표현하는데, 1명이 한 시간에 얼마의 매출을 올렸는지를 나타내는 지표다.

인시 매출=매출÷총 노동시간

이러한 인시 매출을 높이려면 위의 수식에서 보듯이 적은 노동시간 대비 높은 매출을 올려야 한다.

오퍼레이션 개선으로 객석 회전률 높이기

80평에 100석 정도의 규모를 가진 패밀리 레스토랑이 있었다. 고객들에게 인기가 높았던 이 매장은 피크타임에는 늘 고객이 20분 이상 기다려야 했다. 그럼에도 피크타임인 12시~13시 사이의 객석 회전수가 1회전밖에 되지 않아 매출이 오르지 않았다. 오르는 건 고사하고 이러한 상태가 계속된다면 오히려 매출이 떨어질 수도 있었다. 원인을 조사한 결과 다섯 가지 문제가 확인되었다.

- 고객을 자리로 안내한 다음 물과 포크, 나이프, 물수건을 제공할 때 각각의 보관 장소가 떨어져 있어 세팅에 많은 시간이 걸린다.
- 메뉴가 알아보기 힘들게 되어 있어 고객이 메뉴를 결정하는 데 시간이 오래 걸린다.
- 점심시간의 음식 제공 시간이 평균 15분으로 오래 걸린다.
- 고객이 돌아가고 난 뒤 테이블 정리와 테이블 세팅의 작업 효율이 나쁘다.
- 직원들 목소리가 작아 고객이 잘 알아듣지 못한다.

대수롭지 않아 보여도 이러한 이유로 매장 전체의 작업효율이 떨어져 매출이 오르지 않는다는 걸 확인하고 다음과 같이 개선해 나갔다.

- 전용 바구니를 준비해 포크와 나이프를 한 세트씩 미리 넣어두고 전용 바구니와 물, 물수건을 같은 장소에 보관해 고객에게 신속히 제공할 수 있도록 했다.

- 런치 메뉴를 따로 만들어 고객이 한눈에 메뉴를 파악하고 빠르게 결정할 수 있도록 유도했다.
- 메뉴 구성을 바꾸어 런치 메뉴에 주문이 집중되도록 함으로써 조리 시간을 5분 이상 단축했다.
- 식사가 끝난 뒤 테이블 정리를 위해 한 번에 식기를 담아 옮길 수 있는 테이블 정리 전용 트레이를 준비했다.
- 직원이 소리를 크게 낼 수 있도록 트레이닝을 반복하고 교육을 실시했다.

그 결과 피크타임의 객석 회전율이 1.5회전으로 상승했고, 고객 대기 시간도 7분으로 단축할 수 있었다.

이를 수치로 환산하면 다음과 같다

피크타임의 고객 수=객석 수×만석률×회전율

이 매장의 객석 수는 100석, 피크타임의 만석률은 70%인데, 회전율이 상승하면서 피크타임의 고객 수는 70명(100×70%×1)에서 105명((100×70%×1.5)으로 증가했다. 매출액으로 계산하면 점심 영업의 객단가가 약 1천 엔이므로, 이 시간대의 매출은 70,000엔에서 105,000엔이 되었다. 35,000엔이 증가한 것이다. 1개월로 산출하면 1,050,000엔이 상승하는 결과를 가져왔으며, 월 매출이 평균

800만 엔에서 900만 엔으로 높아지는 효과가 나타났다. 또 1개월에 2,100시간 정도였던 노동시간의 효율이 좋아지면서 월간 100시간 정도의 노동시간을 단축할 수 있었으며, 인시 매출은 3,800엔(800만 엔÷2100시간)에서 4,500엔((900만 엔÷2000시간)까지 상승했다.

이처럼 약간의 개선만으로도 작업 효율을 높여 실제 수치를 개선시키는 인시 매출은 노동력의 효율성을 나타내는 지표이면서 직원 처우개선의 기준이 되는 지표이기도 하다.

인건비 단위는 아르바이트생이나 정직원 모두 시급으로 되었다. 국가가 지정한 최저임금도 시급으로 설정되어 있는데, 아르바이트생과 정직원을 포함한 시급을 평균 시급이라고 한다. 이때 회사가 수익을 확보하기 위해 설정한 인건비율이 25%라면, 위의 예에서 인시 매출이 3,800엔인 경우, 회사가 25%의 인건비율로 지불할 수 있는 평균 시급은 950엔(3,800엔×25%)이 된다. 하지만 4,500엔이 되면 4,500엔×25%=1,125엔으로 175엔이 상승한다. 기본 노동시간이 200시간이면 한 달에 35,000엔이 늘어난다. 아주 큰 차이이다.

직원들에게 시급 100엔 인상은 큰 기쁨이다. 이 경우 역산해서 1,050엔÷4,500엔을 하면 인건비율이 23.3%로 1.7% 포인트 수익이 발생한다. 평균 월 매출이 900만 엔이면 153,000엔(900만 엔×0.017)의 이익이 증가한다. 즉, 직원도 회사도 서로 윈윈하는 결과를 얻을 수 있다.

앞으로는 인력의 확보가 더욱 어려워지는 데다 인건비 상승으로 매장이 큰 부담을 느낄 수 있다. 때문에 이러한 수치를 잘 이해하고 개개인의 생산 효율을 높여 나가야 경영 악화의 위험성을 줄일 수 있다. 무엇보다도 직원의 모티베이션을 향상시켜서 정착률을 높이기 위해서는 직원들의 처우 개선이 절대적이다. 따라서 매장 운영 책임자는 이러한 점을 정확하게 이해하고 수치를 높이기 위해 오퍼레이션을 효율적으로 개선해 나가는 일을 최대의 과제로 삼아야 한다. 어떤 일이든 행동하지 않으면 수치는 변하지 않는다. 행동하기 전에 먼저 현재의 오퍼레이션 중에서 효율이 떨어지는 부분이나 높일 수 있는 부분이 어디에 있는지 파악해야 한다.

나는 매장 운영자 교육을 진행할 때 '개미의 눈'으로 현상을 보라고 제안한다. 개미처럼 구석구석 돌아다니며 사소한 것까지 체크할 수 있는 눈을 가져야 한다는 뜻이다. 이것도 앞에서 말한 QSC-A 레벨의 안정화와 마찬가지다. 매장 운영 책임자뿐만 아니라 슈퍼바이저가 함께 '개미의 눈'으로 매장을 체크해 나가야 한다.

노동생산성이 높은 매장의 특징

기본에 충실하다

노동생산성이 높은 매장은 아래와 같은 사항을 철저하게 지키는 공통점이 있다.

- 창고, 냉동냉장고 등 작업 포지션마다 정리정돈이 잘 되어 있고 작업동선이 효율적이다.
- 직원들의 걷는 속도가 빠르다.
- 직원들 모두 목소리가 크고 의사 전달이 잘 된다.
- 피크타임 시 직원들의 역할 분담이 명확해서 작업에 불필요한 움직임이 없다.
- 종업원들의 역할을 컨트롤하고 지시를 내리는 사람이 있다.
- 홀과 주방 양쪽의 작업을 모두 할 수 있는 직원이 많다.
- 사전 준비 작업을 계획적으로 실시한다(시간과 작업량).
- 공정에 비효율적인 부분이 있는지 항상 의식하며 작업한다.
- 당장 하지 않아도 되는 작업은 모아 놓았다가 여유가 생기면 한꺼번에 처리한다(설거지 담당을 따로 두지 않고 피크타임이 끝나면 홀과 주방이 공동으로 처리하는 등).
- 고객이 식사를 하는 동안 중간중간 테이블 정리를 철저히 하고 일방통행식으로 일하지 않는다(요리를 제공하고 돌아올 때는 테이블에 비어 있는 접시 등을 회수해 온다).
- 혼자 할 수 있는 일을 여러 사람이 하지 않는다.
- 고객에게 객단가가 높은 상품을 추천하고 주문을 받을 수 있는 집객력을 갖추고 있다.
- 고객이 주문을 추가하도록 추천하는 능력이 있다.

물론 그 외에도 많은 것이 있다. 하지만 위 사항들을 실행하는 것만으로도 작업 효율이 좋아져 노동생산성이 크게 높아진다. 그중에서도 가장 효율적인 건 첫 번째 항목인 정리정돈이다. 창고나 냉장고가 정리정돈이 되어 있지 않으면 식재료를 찾는 시간이 길어지고, 식재료의 발주 등에도 시간이 걸려 잔업이 늘어나게 된다. 또 구매한 식재료가 제대로 파악되지 않아 창고나 냉장고에 과잉 재고로 남게 될 가능성이 크고, 결국 사용하지 못해 폐기하면 원가율의 상승으로 이어져 자금 사정이 악화된다. 가장 기본적인 정리정돈만 잘해도 노동생산성이 높아진다.

적자 매장을 흑자 매장으로

일본의 한 체인점에서 영업본부장으로 근무할 때였다. 경영이 부진한 매장 하나가 매월 많은 적자를 내고 있었다. 원가율이 정해진 것보다 항상 3% 이상 높은 데다가 인건비도 5%나 높았다. 나는 파트타이머에서 점장으로 승진한 여성을 그 매장에 새로운 점장으로 파견했다.

그녀가 매장에서 가장 먼저 시작한 것은 창고와 냉장고의 정리정돈이었는데, 며칠 지나지 않아 깨끗하게 정리되었다. 그러고 나서 최소한의 식재료만 선반에 수납하고, 냉동냉장고에는 무엇이 어디에 있는지 금방 알 수 있도록 했다. 다음으로 고객에게 적극적으로 음료를 추천하고 계절상품과 같은 부가가치가 높은 상품을 판매하기 위해 노력하자 음료 주문율이 7%에서 14%로 늘고 객단가가 100엔이 높아졌다. 계산해 보니 매출이 5% 정도 상승한 반면 원가율 낮은 상품의 판매량이 늘어남으로써 원가율이 정해진 것보다 2%나 낮아졌다. 인건비도 정상적인 수치로 안정되어 3개월 만에 흑자로 돌아섰다.

정리정돈을 통해 손실을 없애고, 식재료를 찾는 데 걸리는 불필요한 시간과 식재료 발주에 따르는 잔업시간을 줄일 수 있었다. 고객 수와 노동시간은 같았지만, 음료나 부가가치가 높은 상품의 추천판매로 얻은 결과였다. 모두 새 점장의 행동력과 직원들의 노력이 더해져 3M+1M 체제를 실현했기 때문에 가능한 성과였다. 수치를 바꾸기 위해서는 이처럼 구체적인 행동력이 필요하다.

또 최근 일손 부족으로 고민하던 일본 선술집의 성공 사례도 있다. 다음은 '일손 부족으로 고민하는 외식업계를 위한 대응책'이라는 주제로 NHK 뉴스에 소개된 사례다.

이 매장에서는 직원 전원이 만보계를 차고 매일같이 근무시간에 걸어 다닌 걸음 수를 측정한다. 직원들의 불필요한 움직임을 줄이기 위한 작업 순서 등을 검토하기 위해서다. 걸음 수가 줄어들면 작업 효율이 높아진다는 사실을 직원들에게 인식시키고, 개개인의 작업량을 줄여 적은 인원으로도 작업이 가능하도록 직원 전원이 노력하고 있었다.

일본의 국영방송국이 골든타임에 방송하는 뉴스에서 이러한 사례를 소개할 만큼 일본은 외식업계의 일손 부족 문제가 심각하다. 이렇게 해서라도 작업 효율을 높이지 않으면 살아남을 수 없는 시대가 되었기 때문이다. 최근 한국도 장기불황과 최저임금 인상 등으로 인력난이 심해지는 추세로 접어든 것으로 알고 있다. 일본과 같은 노동력 부족을 하루라도 빨리 노동생산성을 높이기 위한 작업 효율화를 실천해야 한다.

지속적인 교육으로 높은 모티베이션을 유지하라

지금까지 운영력 항목 중 '안정적인 QSC-A 레벨의 구축'및 '효율적인 오퍼레이션의 구축'에 대해 설명했다. 이 항목들은 모두 점장의 리더십과 현장 직원들의 행동력에 따라 달라지며, 지속적인 교육과 높은 모티베이션을 통해 완성된다. 따라서 교육의 바람직한 자세와 높은 모티베이션을 유지할 수 있어야 한다.

교육, 훈련, 예절

카시와노 미츠루는 외식업계에서 실시하는 교육을 '교육, 훈련, 예의범절'의 세 가지로 나누어 설명하고 있다.

교육이란 회사의 경영이념이나 신조, 모티베이션, 일에 대한 동기나 목표 설정, 서비스업에 대한 기본적인 자세나 목표 등 직원들에게 필요한 것들을 설명하고 이해시키는 일이다. 이는 곧바로 효과가 나타나지 않기 때문에 인내와 끈기를 갖고 끊임없이 반복하고 계획적으로 실행해 나가야 한다. 그러기 위해서는 직원들이 경영이념이나 신조를 언제든 확인할 수 있도록 갖고 다니기 편리한 수첩을 배포하는 등 다양한 방법을 마련해 두는 것도 좋다.

또 실제 작업을 하면서 습득해야 할 실무 항목이 매우 많다. 실무는 매출이나 이익으로 직결되는 일인 만큼 매일같이 해야 할 구체적인 작업들을 중심으로 몸에 익히도록 가르쳐야 한다. 따라서 관련된 각종 매뉴얼을 정비해 놓을 필요가 있다.

예절 교육은 매장에서 일하기에 필요한 상식이자 동료들과 함께 일하기 위한 가장 기본적인 교육이다. 사람은 살아온 환경이나 받아 온 교육에 따라 여러 가지가 서로 다르다.

고객의 구두를 가지런히 정리하는 행위만 보아도 알 수 있다. 집에 들어갈 때는 반드시 신발을 가지런히 정리하라는 교육을 받은 직원과 그렇지 않은 직원은 서로 다를 수밖에 없다. 교육을 받은 직원은 상식이라고 생각하겠지만, 교육을 받지 못한 직원은 교육을 받고 나서야 비로소 구두를 가지런히 정리하는 행위의 중요성을 알기 때문이다. 이처럼 매장의 규칙과 사항들이 정리되어 있는 '하우스룰 핸드북'을 준비해 놓는 것도 좋다.

이 같은 교육은 목적별로 분류해서 실시하는 것이 효율적인데, 카시와노 미츠루는 교육을 실시할 때 다음 세 가지 포인트가 가장 중요하다고 말한다. ① 도구(자료 등)를 준비할 것 ② 교육 방법을 완벽하게 습득할 것 ③ 담당자를 정해서 실수 없이 계획적으로 실시할 것.

교육은 핸드북이나 매뉴얼을 정비하고 나서 가르치는 사람이 먼저 교육 내용을 완벽하게 숙지한 후 체계적이고 정확하게 실시해야 한다.

이 과정에서 가장 중요한 것은 '초기 교육'이다. 초기 교육에서 인재 레벨의 80%가 결정되며, 이 단계에서 어떻게 교육하는가에 따라 성장이 달라진다.

초기 교육에는 전제 교육, 이념 교육, 기준 교육, 기술 교육의 단계가 있는데, 이 교육 커리큘럼은 정사원뿐만 아니라 아르바이트생이나 파트타이머에게도 똑같이 실시해야 한다. 정사원의 경우에는 현장에 파견을 보내지 않고 이 과정으로만 한 달 가까이 본사에서 교육을 실시하는 회사도 많다. 그중에는 본사에 매장과 같은 주방 시스템을 완비해 놓고 교육을 실시하는 회사도 있다.

| 전제 교육 | 프랜차이즈 본사에서는 매장 오픈 전에 점주 교육이나 연수를 실시한다. 반복해서 이야기하지만 변화의 시대를 맞고 있는 외식시장 환경에서 성공 식당이 되기 위해서는 본사의 역할인 초기 교육이 매우 중요하다. 그리고 초기 교육의 대부분은 '노하우'를 전수하는 시간이 아닌 '노와이Know Why(왜 하는가, 독립해 매장 오너가 되어 자신의 매장을 번성시키려는 목적은 무엇인가)'를 이해시키는 단계라는 점을 인식해야 한다.

외식업은 진입 장벽이 매우 낮은 산업이다. 즉, 어느 정도 자금과 기본적인 노하우만 있으면 누구나 손쉽게 창업할 수 있다. 사람에 따라 다르지만, 인간에게는 먹는 욕구가 하루에 세 번씩 찾아온다는 사실도 외식업에 쉽게 다가가는 이유 중 하나일 것이다. 특히 자립심이 강한 한국에서는 프랜차이즈라는 쉽게 창업할 수 있는 시스템을 통해 많은 사람이 외식업에 뛰어들고 있는 게 현실이기도 하다.

반면, 시작하기는 쉬워도 지속하고 안정시키기는 매우 힘든 산업이기도 하다. '노와이'를 이해하지 못한 채 시작하는 사람들이 많기 때문이다. 사실 한국뿐만 아니라 일본에서도 외식업을 시작하려는 사람들이 많은데, 일본에서는 가맹점의 점주는 물론 직영점의 직원에게도 외식산업 전반에 걸친 업계 현황을 전제 교육을 통해 충분히 설명해야 한다. 변화의 시대를 지나고 있는 만큼 앞으로 그 중요성은 더욱 높아질 것이다.

| 이념 교육 | 경영이념의 전달과 공유에 대해서는 앞에서 여러 번 설명했지만, 가맹점을 창업하는 단계에서도 확실하게 교육해야 한다. 원래 가맹 사업이란 '이념사업'이라고도 할 만큼 많은 사람이 창업자의 이념을 공유하는 사업이라고 정의할 수 있다. 따라서 가맹사업의 창업 교육에서는 이 과정이 가장 중요한 항목이라 해도 과언이 아니다.

| 기준 교육 | 기준 교육은 창업자의 창업정신을 토대로 정해진 스탠더드의 이해와 효율적인 오퍼레이션을 구축하기 위한 매우 중요한 과정이다. 또 현장의 실제적인 업무를 습득하는 교육으로, 매장의 매출과 이익에 직결되는 작업 흐름을 충분히 이해한 후 현장의 OJTOn the job traning로 이어지는 단계다.

| 교육 커리큘럼의 구축 | 운영력을 강화하려면 초기 교육인 전제 교육, 이념 교육, 기준 교육, 기술 교육을 체계적이고 계획적으로 실시할 수 있도록 교육커리큘럼을 구축하고 실시해 나가야 한다.

초기에 실시해야 할 전제 교육의 내용

| 외식 산업론 | 외식산업의 정의와 방향 그리고 생업, 가업 그리고 산업.

| 외식업 종사자 | 외식을 산업으로 인식할 것, 외식산업 종사자로서 자부심과 문제점.

| 음식점 번성 이론 | 성공 식당의 의미와 중요성, 성공 식당의 지속과 확대에 대한 인식, 성공 식당의 5대 요소(상품력, 접객력, 매장력, 기획력, 입지력).

| 음식점 실천론 | 성공 식당의 5대 요소를 실천하기 위해 필요한 설명과 구체적인 행동 요령.

| 외식업 종사자가 가져야 할 일반 지식 | 외식업계의 전반적인 상황에 대해 이해해야 한다. 전체 매출액, 매장 수, 상위 100개 사, 외식업의 과거와 현재 및 가까운 미래에 대한 역사 인식, 업종과 업태, 고객에서 직원으로 그리고 종사자로서 의식.

이 항목들은 초기 교육 단계에서 이해시키지 않으면 이해시킬 기회를 갖기 어렵다. 때문에 최소한 이 다섯 가지 항목만큼은 철저히 교육해야 한다.

책임을 명확히 하는 이념 교육

경영이념에 대한 생각, 방향성, 목표로 삼아야 할 자세에 대해서 설명한다.

| 회사의 경영이념 | 매출액, 직원들의 행복, 사회 정의 및 지역사회에 대한 공헌을 밝힌다. 그리고 회사와 사장 소개, 성공 식당의 지속과 확대의 필요성에 대해 교육한다.

| 회사의 사명 | 지역사회에 대한 회사의 존재와 의미를 언급한다. 성공 식당이 되는 것과 지역사회에 대한 공헌은 관계가 있다. 회사의 존재 가치는 고객의 지지, 고용 기회의 촉진, 업체와의 상호 번영, 이익과 납세의 관계가 있다. 사회에 대한 사명과 업계에 대한 사명 그리고 고객에 대한 사명이 있다.

| 회사의 미래 | 회사(매장)가 목표로 하는 청사진을 제시하고, 회사가 목표로 하는 모습과 자신의 미래와의 관계를 연결해서 설명하며, 왜 이 일을 하는지(동기부여), 무엇이 되고 싶은지(목표 설정), 행복의 명확한 정의와 자신의 행복을 위해 일하는 것의 중요성을 새롭게 일깨워 준다.

| 회사의 조직 | 회사 전체의 조직과 역할, 매장 내부의 조직과 역할, 부서의 기능과 장래에 목표로 하는 조직에 대해 설명한다.

| 조직 안에서 나의 역할 | 조직의 의미와 자신과의 관련성, 조직 안에서 해야 할 일과 개인의 존재 가치, 완수해야 할 책임이 있다.

고객의 지지에 영향을 주는 기준 교육

| 경영이념에서 기준으로 | 경영이념이 기준의 열쇠다. 스탠더드는 경영자의 인생관과 세계관의 표현이다.

| 기준은 반드시 지켜야 하는 것 | 기준은 모든 일의 척도이기에 기준 준수의 중요성을 강조한다.

| 회사의 기준 | 회사의 기준을 명확히 하고, 회사의 스탠더드 레벨을 알려준다.

| 매장의 기준 | 고객의 평가가 곧 스탠더드 레벨이다. 해서는 안 되는 것과 해야 할 것에 대한 기준을 세운다. 매뉴얼의 의미와 중요성에 대해 설명한다.

| 나의 기준 | 자신의 판단 기준과 규칙 준수, 자신의 상식과 사회의 기준, 이상理想은 자신의 기준=사회의 기준이다.

여기서 중요한 것은 스탠더드는 평균점이 아닌, 평균 이상의 매장 운영 레벨을 나타낸다는 점이다. 따라서 스탠더드 레벨이 번성점포의 기준, 즉 고객의 지지로 직결된다는 사실을 정확히 이해시켜야 한다.

일과 능력의 개념을 명확히 하는 기술 교육

| 음식점의 상식 | 고객은 어떤 가치를 바라고 있는가? 고객 지지의 중요성, 고객 만족과 기술.

| 주방 작업 | 주방 작업의 흐름과 기술, 각 포지션과 기능에 대한 명칭과 역할, 조업 기능에 대한 인식.

| 홀 작업 | 홀 작업의 흐름과 기술, 각 포지션과 설비에 대한 명칭과 역할, 판매업 기능에 대한 인식.

| 주방과 홀의 팀워크 | 팀워크의 의미(직원 모두 자신의 책임을 다하는 상태), 역할 분담과 협조, 연대책임과 종합 평가.

| 고객 만족에 대한 회사의 생각 | 고객 만족, 노력 포인트, 일이란 그리고 능력이란?

이상이 카시와노 미츠루가 제안하는 초기 단계에서 교육해야 할 교육 체계다.

현장 교육은 실천에 초점을 두라

초기 단계 교육 이후에는 OJT(현장 교육)를 통해 실제로 현장에서 이 같은 내용들을 실천할 수 있도록 해야 한다. 이 과정에서도 역시 이념과 자세를 반복적으로 설명해 가면서 행동으로 이어질 수 있도록 교육하고 훈련하며 예절을 가르쳐야 한다.

현장 교육의 포인트는 다음의 4단계로 실시하는 것이 중요하다. 반복해서 교육한 후 상위 단계로 나아가도록 한다. ① 직접 보여 준다. ② 시켜 본다. ③ 평가한다. ④ 목표를 설정한다.

평가 단계에서는 정기적으로 개인 면담을 실시해서 '잘 되고 있는 것'과 '잘 안 되고 있는 것'을 분명히 알리고 '일에 대한 동기', 즉 직원들의 모티베이션이 떨어지고 있지는 않은지 파악한다. 만약에 떨어졌다면 다시 동기부여를 한 후에 목표를 재설정해야 한다.

이처럼 체계적인 교육과 평가를 받으면서 자신이 성장해 나가고 있음을 느낄 때 비로소 높은 모티베이션을 갖는 조직이 만들어진다. 그러므로 하루라도 빨리 '강한 조직'으로 거듭날 수 있도록 교육 체계를 구축해야 한다.

모티베이션 향상 시스템을 구축하라

직원들의 모티베이션을 향상시키기 위해서는 앞의 교육 과정과 함께 시스템의 구축이 필요하다. 그 시스템 구축과 관련해서는 먼저 '모티베이션의 크기는 가치, 도구성, 기대의 3요소로 결정된다'고 주장하는 심리학자 브룸Vroom의 이론을 참고해 보자.

TIP

브룸 이론이란?

브룸은 "인간은 행동하기 전에 그 행동의 결과가 어느 정도의 확률로 일어날지 예측하고, 자신에게 얼마나 매력적인지를 판단한다"며 가치, 도구성, 기대라는 세 가지 개념을 이용해 모티베이션이 만들어지는 메커니즘을 설명했다.

모티베이션=가치×도구성×기대

- **가치**Value: 행동의 결과로 얻어지는 성과(1차 결과)는 목표의 매력 정도를 나타낸다. 예를 들어, 성과를 올려 결과적으로 승진할 수 있다면 그 가치는 높아진다.
- **도구성**Instrumentality: 최종적인 결과를 얻는 수단으로서 1차 결과가 얼마나 도

움이 되는지를 나타낸다. 예를 들면, 성과를 올리는 수단이 승진이라는 최종목표에 얼마나 영향을 주는가에 따라서 도구성의 크기가 정해진다.

• **기대**Expectancy: 행동을 해서 목표로 한 성과를 올릴 수 있는가에 대한 본인의 주관적인 확신도를 나타낸다. 예를 들어, 노력하면 반드시 성과가 오른다고 본인이 생각하고 있다면 그 기대의 정도는 높아질 것이다.

브룸 이론에 따르면 노력해도 성과가 오르지 않거나 성과를 올려도 승진하지 못하는 경우, 또 자신에게 승진이 그다지 매력적으로 느껴지지 않는 경우에는 모티베이션이 오르지 않는다. 따라서 모티베이션을 향상시키는 시스템이 필요한 것이다.

이러한 브룸 이론을 외식업의 현상으로 바꾸어 설명하면 다음과 같다.

| 가치 | 자신의 목적을 달성하기 위해서는 성공 식당을 만들어야 하고, 자신의 능력과 기술 수준을 높여야 자신에 대한 처우 개선이 이루어질 것이라고 강하게 믿어야 한다.

| 도구성 | 능력을 높이고 기술을 습득해야 목적을 달성할 수 있는 방법을 터득하게 된다. 따라서 능력과 기술을 습득하는 방법을 명확히 제시해야 한다.

| 기대 | 구체적으로 어떤 능력과 기술을 몸에 익혀야 승진할 수 있고 수입이 늘어날 것인지 기대할 수 있는 인사제도 등을 제시해야 한다.

그렇다면 이를 어떻게 구축하고 실시해야 할까?

가치, 도구성, 기대 단계를 현장에 적용하려면

경영자와 매장 운영 책임자는 가치 단계에서 종업원과 개인 면담 등을 실시해 목적을 명확하게 설정해야 한다. 또 회사의 경영이념이나 비전을 전달해서 목적 달성을 위한 구체적인 목표를 설정하도록 지원하고, 그 내용을 면담 기록카드에 작성해 관리해 나갈 필요가 있다.

매장에서는 점장이 직원과 아르바이트생과 파트타이머를 면담하고 면담 기록카드를 작성해야 한다. 면담 기록카드는 향후 정기적으로 개인 면담을 실시하거나 목표 달성을 확인할 때, 카운슬링할 때 매우 유용한 자료로 활용된다. 특히 점장이 작성한 직원 면담 기록카드는 경영자가 매장에 방문할 때 큰 효과를 나타낸다. 경영자가 사전에 면담 기록카드의 내용을 숙지하고 면담하면 평소에 서로 접할 기회가 많지 않았던 직원들과 가까워질 수 있는 최고의 커뮤니케이션 도구가 될 수 있다.

예를 들어, 대학생 A가 유학 자금을 모으기 위해 아르바이트를 하고 있다고 하자. 사장과 한 번도 이야기를 해 본 적은 없지만, 사전에 면담 기록카드를 훑어보고 매장을 방문한 사장이 그에게 "유학 준비는 잘 되고 있나요?"라고 말을 걸었다. A는 지금까지 한 번도 만나 본 적 없는 사장이 자신의 사정을 이미 알고 먼저 말을 걸어준 것에 놀라게 된다. 동시에 자신이 일하고 있는 회사는 사장이

〈그림15〉 면담 기록 카드

이름		나이		소속 매장		
주소						사진
생년월일						
출신지						
가족 구성						
입사 동기						
장래 꿈, 목표						
취미						
면담자 기록						

아르바이트생에게도 관심을 갖고 있다고 느끼면서 A의 모티베이션은 최대로 올라가게 되고, 노동력을 제공하고 시급을 받는 관계를 넘어 감동을 느끼는 관계로 발전해 갈 것이다. 그리고 A는 이곳에서 일을 하면 분명 유학 자금을 모아 자신의 목표를 달성할 수 있다고 믿게 됨으로써 그 가치는 최대로 높아지게 될 것이다.

도구성 단계에서는 자신의 발전을 위해 어떤 능력과 기술을 습득해야 할지 모르면 아무리 노력해도 결과를 예측할 수 없다. 카시와노 미츠루는 성장이란 '목표를 세우고 달성하기 위해서 성공 체험을 반복해 나가는 것'이라고 말했다. 성장하기 위해서는 목표 단계를 하나씩 거치면서 달성해 나가야 하는데, 그러려면 목표 달성을 위한 구체적인 방법을 숙지하고 있어야 무의미한 낭비를 막을 수 있다. 따라서 경영자는 그에 대한 매뉴얼이나 교육 제도, 트레이닝 시스템 등 직원들을 위한 교육 시스템을 정비해 놓아야 한다.

A가 1년 동안의 유학 자금을 모으기 위해서는 자신이 맡은 일을 잘해내고, 그것을 인정받아 가능한 한 오랫동안 매장에서 일을 해야 한다. 그리고 A가 맡은 일을 잘하게 하려면 작업 매뉴얼이 제대로 갖추어져 있어야 하고 OJT를 통해 계속해서 훈련을 해야 한다. 그렇게 매일 일을 하면서 자신의 성장을 느끼게 된다면 목표를 달성할 수 있다는 확신이 더욱 강해질 것이다.

A와 같은 아르바이트생뿐만 아니라 직원들에게도 현장 능력과 기술을 습득시켜야 한다. 또 직급별로 작업 현장에서 벗어난 곳에서 교육을 받는 OffJTOff Job Training, 직장 외 교육를 통해 쌓은 새로운 지

식을 작업 현장에서 실천할 수 있게 된다면 한층 더 자신이 성장했다고 느끼게 될 것이다.

이와 같은 교육 시스템 아래에서 모든 직원이 구체적인 목표를 세워 도전하고 달성해 나간다면 그때마다 모티베이션도 함께 높아질 것이다.

기대 단계는 아르바이트생이나 파트타이머 등 직원들 모두가 노력한 결과로 실질적인 이익(승급이나 승진 등)을 얻을 수 있는 방법을 제시하는 걸 말한다. 기대 단계에서 활용할 수 있는 제도로는 시급 사정 제도, 성과 배분 제도, 보상금 제도, 커리어 향상 플랜, 독립제도의 정비 등이 있다. 단계별로 능력과 기술을 향상시켜 나가면서 승진이나 급여의 향상을 기대할 수 있고, 커리어 향상을 위해 3년 후, 5년 후의 구체적인 목표를 설정할 수 있도록 해야 한다.

예를 들면, 3년 후에는 주임, 5년 후에는 점장 그리고 3년간 점장 근무를 마치면 독립 지원 제도를 통해 일정한 자격을 얻어 독립하는 스텝업 단계를 제시하는 것과 같다. 선배들이 이 스텝을 밟으며 독립하는 것을 본다면 후배들의 기대는 더욱 높아지고 모티베이션도 향상될 것이다.

모티베이션은 그저 단순한 의욕이나 의지와 같은 정신이론이 아니라 '가치×도구성×기대'라는 각각의 시스템 구축을 통해서 향상할 수 있다. 목적을 달성하기 위해 동기를 가지고 행동할 수 있는 시스템을 구축해야 높아진 모티베이션을 유지할 수 있다. 앞으로 외식업계에서 승자로 살아남는 강한 조직을 만들기 위해서는 이러한 시스템의 구축이 절실하다.

운영력의 레벨업을 위한 기초

스탠더드는 효율적이고 지속적인 교육을 통해 안정되고 향상된다. 카시와노 미츠루는 운영력의 레벨업을 위해서는 "철저한 루틴Routine업무의 실천과 레벨을 향상시켜야 한다"고 언급하며, 이것은 매장 운영 책임자의 가장 중요한 업무라고 강조했다.

규정된 일상적인 업무를 성실히 하라

루틴 업무란 정해진 순서대로 실시하는 일상적인 업무를 의미한다. 철저한 루틴 업무의 실천과 수준 향상은 정해진 일을 정해진 대로 철저하게 실시하면서 '스탠더드(기준)를 조금씩 높여나가는 것'이다. 당연한 이야기이지만, 가장 어려운 것이기도 하다.

매장의 업무는 '하려고만 하면 얼마든지 할 수 있는 80%의 루틴 업무'와 '능력을 발휘해야 하는 20%의 업무'로 나뉜다. 하지만 능력을 발휘해야 하는 20%의 업무보다 자신의 의지대로 할 수 있는 80%의 루틴 업무를 게을리함으로써 큰 문제로 이어지는 경우가 많다. 좋은 예는 아니지만 세월호 참사나 KTX 탈선 사고는 루틴 업무를 게을리해서 발생한 가장 비참한 사건이다. 배의 적재 능력을 훨씬 초과한 화물을 싣기 전에 문제의식을 가지고 있었다면 침몰 위험은 막을 수 있었다. 또 KTX 탈선사고는 선로를 고정하는 볼트를 불과 7mm 정도 조이지 않았기 때문에 포인트 교환 신호가 오작동을 일으켜 탈선으로 이어졌다고 한다. 모두 정해진 것을 정해진 대로 따르지 않았기 때문에 벌어진 일이다.

실제 음식점 현장에서는 어떨까? '휴식을 취하고 돌아오면 반드시 손을 씻는다'는 정해진 규칙을 게을리하면 어떻게 될까? 회를 판매하는 매장에서 생선을 가공하는 일은 요리사의 특수한 능력이 20% 정도 필요하지만, 정해진 규칙인 손을 씻는 일을 게을리해서 식중독이 발생하는 경우도 있다.

'손을 씻는다'는 행위는 능력이 필요 없는, 의지만 있으면 간단히 할 수 있는 일임에도 말이다. 또 야구모자를 유니폼의 하나로 착용하는 매장이 늘고 있는데, 제대로 쓰지 않고 뒤로 돌려쓴다면 머리카락이 음식에 떨어질 수 있다. 모자를 쓰더라도 정해진 대로 쓰지 않으면 음식에 이물질이 들어가 고객 클레임이 접수되는 경우도 적지 않게 일어나고 있는 게 사실이다.

내가 그동안 많이 보아 온 식중독이나 음식에 이물질이 혼입되는 사고는 이처럼 정해진 일을 정해진 대로 따르지 않아서 발생한 경우가 많았다. 고객의 건강과 직결되는 사항에 대해서는 반드시 정해진 사항을 정해진 대로 지켜야 하다. 매일같이 반복되는 일상적인 업무라 하더라도 순서를 바꾸거나 대충 넘어가려 해서는 결코 안 된다.

보통 고객의 지지를 받지 못하는 매장은 일상 업무조차 제대로 하지 않고 반복해 게으름을 피우면서 QSC-A 레벨을 떨어뜨리게 마련이다. 그리고 QSC-A 레벨 저하는 매출 부진으로 나타난다. 그런데도 그 원인을 경쟁 매장의 증가나 외식시장의 불경기로만 인식하는 매장 운영자와 가맹 점주가 많아 놀라울 따름이다. 조금씩 상처가 나고 있다는 사실을 알아차리지 못한 채 자신이 편한 쪽으로만 바꾸려 한다면 그 상처는 더욱 깊어지게 될 것이다.

무엇을 위해 일하는지 이해하면 일이 즐겁다

매장에서는 누구나 의지를 갖고 철저하게 해낼 수 있는 능력이 필요하다. 따라서 '철저한 루틴 업무의 실천과 수준 향상'은 현장에서 가장 요구되는 행동이라고 할 수 있는데, 이는 지금까지 설명한 것들을 종합적으로 실천할 수 있는 힘을 말한다.

반복 교육을 통해 '노와이Know why', 즉 무엇을 위해 일을 해야 하는지를 이해하면 정해진 일이 아무리 힘들고 귀찮더라도 대충하거나 게을리하지 않게 된다. 또 스탠더드 레벨을 명확히 한 후, 표현하는 일이 고객의 지지로 나타나며, 고객의 지지는 곧 자신의 행복으로 이어진다는 사실을 알게 된다면 아무리 힘든 업무라도 즐거운 마음으로 해낼 수 있다.

항상 자신의 모티베이션을 높이고 루틴 업무를 철저히 실천한다면 업무의 양이 질의 변화를 가져오면서 업무 수준이 향상되어 갈 것이다. 철저한 루틴 업무의 실천과 지속, 향상이 화려하지는 않아 보여도 승리를 향해 나아가는 길임은 분명하다.

단골 고객을 확보하라

신규 고객이 늘지 않는 시대에 매출을 올리려면

앞에서 이야기한 운영력의 강화는 매출 향상에 큰 영향을 준다. 하지만 매출 향상을 위한 방법으로 결코 마케팅이나 새로운 메뉴의 도입 등을 우선해서는 안 된다. 나는 지난 10년 동안 큰 변화를 겪고 있는 일본의 외식시장을 직접 보아 왔기 때문에 확신할 수 있다.

신규 고객이 더 이상 늘지 않는 시대에 매장 매출을 올리기 위해 가장 중요한 것은 '단골 고객'을 확보하는 일이다. 그리고 단골 고객의 확보는 '철저한 루틴 업무의 실천 및 지속, 향상'과 함께 고객의 반응을 얼마나 정확히 파악하는가에 달려 있다. 단골 고객 확보를 위한 흐름을 알아보자.

매출액 공식은 〈그림16〉과 같이 나누어 설명할 수 있다.

①의 이용자 수는 매장을 이용한 경험이 있는 고객의 절대 수를 나타내는데, '매장이 얼마나 알려져 있는가'라는 인지 요인에 따라 그 수가 달라진다. 때문에 마케팅을 통해 매장의 존재를 알리는 활동이 필요하다. 하지만 그보다는 매장을 이용한 사람의 70%는 입소문을 통해 찾아온다는 사실에 주목해야 한다.

②의 내점 빈도는 이용자가 일정 기간 동안 몇 번이나 매장을 이용했는지를 나타낸다. 즉, 월 4회 이용했다면 월 1회 방문하는 4명과 같고 객수는 4명으로 계산되는데, QSC-A 레벨에 만족해서 반

〈그림16〉 매출액의 구성

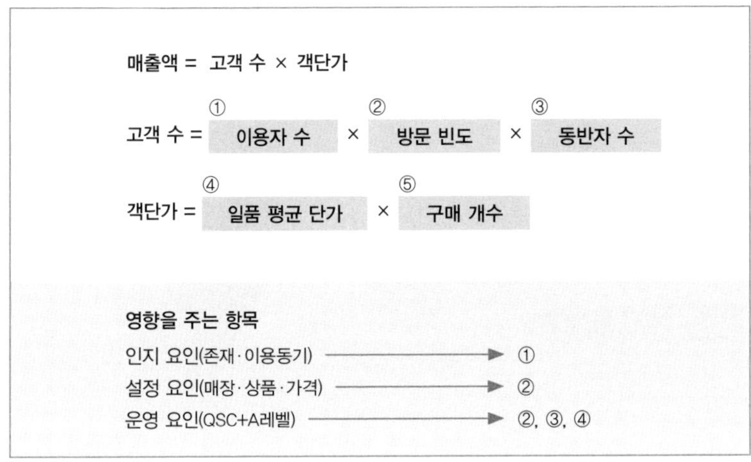

복적으로 이용하는 단골 고객에 따라 그 수가 달라지므로 운영 요인이 큰 영향을 미치게 된다.

③의 동반자 수는 이용자가 몇 명과 함께 매장에 왔는가에 따라서 변한다. 처음에는 동료 2명과 점심을 먹으러 왔지만, QSC-A 레벨이 높고 밤에는 회식 장소로도 적당할 것 같아서 며칠 뒤에 회식으로 20명이 이용했다면 고객 수는 단번에 20명으로 증가하게 된다. 이 항목도 운영 요인에 따라 달라진다고 할 수 있다.

④의 메뉴의 평균 단가는 메뉴에 따라 정해지는 단가이기 때문에 설정 요인에 의해 좌우된다.

⑤의 구매 개수는 고객 1명의 주문 수를 나타내는데, 이 역시 QSC-A 레벨이 높고 맛이 있어서 음식을 추가하거나, 직원의 추천

〈그림17〉 매출 구성 피라미드

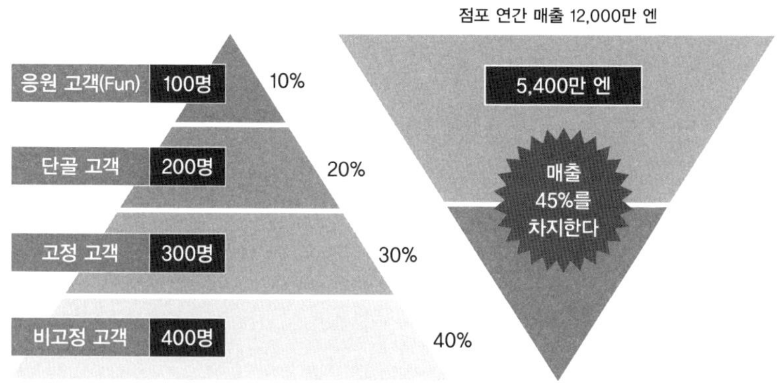

으로 추가 주문하게 된다면 향상시킬 수 있으므로 운영 요인에 해당된다.

즉 운영력을 강화시켜 매출을 높이기 위해서는 ②의 내점 빈도를 높이거나, ④의 동반자 수를 늘리거나, ⑤의 구입 개수를 늘리는 방법이 있는데, 매출을 높일 수 있는 요인은 대부분 이 세 가지 항목으로 결정된다고 할 수 있다.

마케팅을 통해 일시적으로 이용자 수를 늘릴 수는 있지만, 고객에게 만족할 만한 QSC-A 레벨을 제공하지 못해 단골 고객을 확보하지 못한다면 매출 증가는 일시적인 현상에 그치고 말 것이다.

또 〈그림17〉는 단골 고객의 영향력을 보여 준다.

고객을 방문 빈도별로 분류해 보면 비고정적인 고객이 가장 많고, 다음으로 고정 고객, 단골 고객과 응원 고객 순이다. 하지만 매출 공헌도를 보면 이용자 수의 10%밖에 안 되는 응원 고객이 매출의 45%를 차지하고, 단골 고객을 포함한 30% 고객이 매출의 75~80%를 차지한다는 사실을 알 수 있다. 즉, 응원 고객과 단골 고객의 수를 얼마나 늘릴 수 있는지가 매출을 높이는 가장 확실한 방법인 것이다. 그러려면 QSC-A 레벨을 고객이 만족할 만한 수준으로 향상해야 하는데, 지금까지 설명한 바와 같이 그것은 운영력의 강화(철저한 루틴 업무의 실천, 지속, 향상)에 달려 있다.

고객의 반응을 파악하라

그럼에도 지금은 변화가 큰 시대인 만큼 단순히 매장의 노력만으로는 고객을 만족시킬 수 없다. 더 세심하게 고객의 반응을 파악할 필요가 있는데, 다음 여섯 가지를 제안한다.

〈그림18〉 고객의 반응을 파악하는 6가지 조사법

고객 반응(정보)을 놓치지 말 것

설문 조사 | 하늘의 소리 | 고객 표정·시선 | MSR | 남긴 음식 | SNS

피드백

구체적인 행동으로 연결하는 것이 중요

설문조사로 고객의 소리를 들으라

설문조사는 고객의 소리를 듣기 위한 마케팅 중 가장 기본적인 방법이다. 하지만 한국의 음식점들은 대부분 설문조사를 실시하지 않는다. 그 이유를 물었더니, '고객이 설문조사 작성을 귀찮아하며 잘 협조해 주지 않는다'는 대답이 많았다.

일본 역시 설문조사를 항상 테이블 위에 놓아두기만 하는 매장이 많다. 때문에 한 달 동안 설문조사에 응답해 주는 고객의 수가 전체의 1~2% 정도밖에 되지 않는다. 그래서 가능한 한 많은 고객의 소리를 수집하기 위해 정기적으로 설문조사 이벤트를 실시한다. 설문조사 이벤트란 고객에게 설문조사에 협조해 주는 것을 전제로 사은품을 주는 방법이다. 할인권이나 경품, 식사권 등에 응모할 수 있는 추첨권을 주어 설문조사 작성을 유도하는 이 방법은 한국에서도 효과가 있으리라 생각한다. 어떤 방법으로든 고객의 소리를 수집하려는 노력이 필요하다.

나도 컨설팅을 진행하던 중 설문조사를 이용해 매출 회복에 성공한 사례가 있다.

이 매장은 전체적으로 매출이 상승하고 있긴 했지만, 주말 디너타임의 고객이 많지 않았다. 주말 저녁은 일주일 중에서 가장 매출이 높은 시간대이기 때문에 그대로 방치하면 전체적인 매출 저하로 이어질 우려가 있었다. 하지만 점장을 비롯해 그 누구도 원인을 알지 못했다. 나는 점장에게 지난 몇 개월 동안의 설문지를 가져오게 한 후 주말 디너타임의 설문조사만을 분류해서 결과를 분석했다.

〈그림19〉 고객 설문조사

고객님! 평가 부탁드립니다

항상 우리 매장을 이용해 주셔서 감사합니다. 저희는 고객님 의견에 항상 귀를 기울이고 더 좋은 서비스를 제공코자 하오니 아래 설문에 답해 주시길 바랍니다.

1. 오늘 우리 매장 방문은?
① 처음 ② 두 번째 ③ 세 번 이상

2. 주문하신 음식의 맛은 어떠했습니까?
① 매우 맛있다 ② 맛있다 ③ 보통이다 ④ 별로 맛 없다 ⑤ 맛 없다

3. 직원들 접객 서비스는 어떠셨습니까?
① 매우 좋다 ② 좋다 ③ 보통 ④ 안 좋다 ⑤ 너무 안 좋다

4. 매장은 깨끗하고 분위기는 좋았습니까?
① 매우 좋다 ② 좋다 ③ 보통 ④ 안 좋다 ⑤ 너무 안 좋다

5. 고객님의 만족도에 비해 가격은 어떻습니까?
① 너무 비싸다 ② 비싸다 ③ 보통 ④ 싸다 ⑤ 너무 싸다

기타 고객님의 의견을 말씀해 주십시오.

이벤트 안내 및 서비스 쿠폰을 받기 원하시는 분은 아래 사항을 기재해 주십시오.

이름 e-mail

일반적으로 설문조사는 〈그림19〉처럼 방문 동기, 이용 빈도, 음식 평가, 서비스 평가, 청결도 평가 그리고 고객의 코멘트 등으로 분류되어 있다.

나는 설문조사 항목을 점수화하고 작성된 코멘트에서 고객의 불만이 담긴 내용을 수집했다. 그 결과 주말 디너타임의 서비스에 관한 점수가 다른 요일에 비해 현저히 낮았고, 고객의 코멘트를 통해서도 서비스에 대한 불만이 많다는 사실을 알 수 있었다. 결국 홀 직원을 대부분 고교생 아르바이트로 배치했던 것이 원인으로 밝혀졌다. 그 시간에 이 매장을 방문한 적이 없던 나는 이러한 사실을 전혀 몰랐고, 점장조차 인식하지 못하고 있었다.

원인이 밝혀지자 개선책도 나왔다. 아르바이트생을 대상으로 3개월 동안 서비스 강화 교육 커리큘럼을 만들어 교육을 실시함으로써 아르바이트생의 서비스 수준을 향상시킬 수 있었다. 3개월 후 매장의 매출은 전년 대비 102% 상승을 기록했으며, 그 후에도 매출이 꾸준히 상승했다.

설문조사를 통해 고객의 반응을 파악하는 일은 매우 중요하다. 일본의 외식 체인점에서는 매월 본사에서 점장에게 설문조사 결과를 집계하도록 지시하고, 그 결과를 도표로 나타내 매장에 피드백을 해준다. 그리고 매장에서는 피드백 결과를 바탕으로 점수가 낮은 항목을 개선해서 QSC-A 레벨을 안정시키고 단골 고객을 늘려나간다.

미스터리 쇼퍼를 도입해 고객 만족도를 조사하라

안정된 QSC-A 레벨 구축에 도움을 줄 수 있는 방법 중 하나가 고객 만족도 조사다. 최근 선진국에서는 서비스업에서 설문조사 분석보다 이 방법을 더 선호하고 있다. 현재는 병원이나 공공기관까지 폭넓게 도입하고 있는 추세다. 고객을 만족시키는 일이 살아남기 위한 생명선임을 잘 알고 있는 선진국에서는 정확도가 더 높은 방법에 비용을 들이는 건 당연한 일이라고 생각한다.

미스터리 쇼퍼와 관련된 더 자세한 내용은 혼다 마사카츠의 책 《대박집의 비밀》과 《미스터리 쇼핑마케팅》을 참고하면 좋다.

고객의 작은 목소리도 경청하라

아날로그적인 방법이기는 하지만, 홀 직원이 근무하면서 고객이 내뱉은 사소한 말들을 메모해서 영업이 끝난 후에 '하늘의 소리'라는 제목으로 분석하고 피드백하는 방법이다. 원시적인 방법이라고 생각하기 쉬우나 번성점포의 사례를 보면 이 방법을 중시하는 매장이 많다.

더운 여름 날, 매장은 항상 에어컨을 켜두기 때문에 대부분의 고객에게는 매우 쾌적한 공간이 된다. 하지만 음식을 가져갔을 때, 에어컨 바람을 바로 쏘이는 한 고객이 "조금 춥지 않아?"라고 일행에게 말했다고 가정해 보자. 대부분의 고객에게 매장은 쾌적한 공간이지만, 어떤 고객에게는 그렇지 않을 수 있다. 너무 춥다고 직접 말하는 고객도 있지만 정도에 따라서는 말하지 않고 주저하는 고객도 있다. 그럴 때 그대로 방치한다면 매장은 고객들에게 항상 '추운' 장소로 인식되어, "그 매장은 너무 추워"라며 다른 매장으로 발길을 돌릴지도 모른다.

아주 사소하지만 이 고객의 말 한마디를 매장은 '하늘의 소리'라 생각하고 진지하게 받아들여 대책을 세워 나가야 한다. 에어컨 바람의 방향을 조정해서 바람이 직접 닿지 않도록 하거나, 자리를 안내하기 전에 조금 추울지도 모른다는 것을 미리 알리는 등 고객에 대한 세심한 배려를 통해 단골 고객을 늘려 나가야 한다. 홀 직원에게 고객의 말 한마디가 '하늘의 소리'라는 점을 이해시키고 더욱 많은 고객의 소리를 수집할 수 있어야 살아남을 수 있다.

고객이 남긴 음식에 담긴 메시지를 분석하라

고객이 식사를 마치면 접시들은 주방으로 옮겨진다. 이렇게 옮겨진 접시에는 고객의 중요한 메시지가 들어 있다. 나는 컨설팅을 의뢰한 현장에서 수많은 고객이 '먹고 남긴 음식'에 담긴 메시지를 분석하고, 점장들과 대책을 세워 수치를 개선해 왔다. 그러면서 고객이 먹고 남긴 음식은 고객이 매장에 보내는 중요한 메시지라는 사실을 확신했다.

예전부터 한국은 반찬 종류를 하나의 경쟁력으로 인식해 왔다. 하지만 원가와 인건비가 계속 상승하고 있는 지금은 예전처럼 음식의 양으로 경쟁하는 일이 불가능하다는 사실을 일본인인 나도 안다. 20년 전에 비하면 한국의 음식점에서 나오는 반찬 수가 상당히 줄었기 때문이다. 그럼에도 한국에서 반찬은 매우 중요한 무한리필 상품이며, 반찬의 맛은 고객의 중요한 평가 대상이다.

고객이 자주 추가하는 반찬과 남기는 반찬을 파악하지 않고 항상 같은 반찬, 같은 양을 준비한다면 고객이 많은 날에는 인기 있는 반찬이 부족하고 인기 없는 반찬은 남아 골칫거리가 된다. 또 불필요한 수고로 인건비가 상승하고, 인건비를 줄이기 위해 만들어진 반찬을 구매하면 원가는 높아지면서 고객을 만족시키지도 못한다.

더욱 효율적으로 고객을 만족시키기 위해서는 고객이 남기는 반찬을 '고객의 메시지'로 받아들일 필요가 있다. 매우 사소하지만 고객이 남기는 반찬조차 그냥 넘겨서는 안 되는 시대다.

고객의 표정과 행동을 읽으라

매장 운영 책임자는 고객이 많은 피크타임에 고객의 표정과 시선을 얼마나 의식하고 있을까? 매장을 방문한 슈퍼바이저는 매장을 도와주면서도 시간이 있을 때마다 고객의 표정과 시선에 관심을 가져야 한다.

직원의 안내를 받아 자리에 앉았지만 고객이 메뉴판과 벽에 걸려 있는 차림표를 보면서 망설이기만 할 뿐 메뉴를 정하지 못한다면 메뉴 표시가 알아보기 어렵다는 의미일 수 있다. 이럴 때 "주문하시겠습니까?"라고 묻는다면 고객은 '아직 결정하지 못했는데 눈치 없는 직원이네'라고 생각할 수도 있다. 또 직원에게 주문을 하고 10분 정도 지났는데, 고객이 안절부절못하는 모습을 보이며 얼굴 표정이

굳어진다면 그 매장에서 그 시간대에 고객이 기다릴 수 있는 한계는 10분이라는 점을 알아야 한다.

이처럼 고객의 표정과 행동을 확인했다면 고객에게 먼저 다가가 사과하고 즉시 주문한 음식이 제공될 수 있도록 개선해야 한다. 고객의 표정과 행동은 가장 간단하고 쉬운 고객 만족도 조사 방법이다.

SNS의 힘을 활용하라

SNS의 등장으로 많은 고객이 질 높은 정보를 손쉽게 얻을 수 있다. 이는 방문한 매장의 평가를 많은 사람에게 즉시 전달할 수 있는 방법으로 매우 효과적이지만, 잘못하면 치명상을 입는 결과를 가져오기도 한다.

한국은 인터넷 선진국이다. 일본보다 SNS의 영향을 더 많이 받고 있을 것이다. 이런 환경에서는 매장이 인터넷을 통해 고객의 반응을 정확하게 파악하고 매장 개선을 실시해야 한다. 그런 면에서 SNS를 잘 활용하면 큰 효과를 기대할 수 있다.

지금까지 고객의 반응을 파악하고 피드백하는 방법을 소개했다. 중요한 것은 고객의 정보를 정확하게 파악해서 현장에 피드백하고 개선해 나가는 행동력이다. 아무리 정보가 많아도 행동으로 옮기지 않으면 아무것도 바꿀 수 없다. 행동하기를 망설인다면 고객은 다른 매장으로 발길을 돌려버릴 것이다.

열심히 일하는 직장의 공통점 세 가지

보람을 느끼는 직장을 만들려면

운영력 강화를 위한 마지막 방법은 '열심히 일하는 직장 환경'을 만드는 일이다. 이는 높은 모티베이션을 갖고 열심히 일한 결과가 자신의 성장과 성과로 나타나는 직장을 말하는데, 카시와노 미츠루는 자신의 책에서 그것을 다음과 같이 설명하고 있다.

"외식산업은 '사람 산업'인 만큼 대부분 인간의 능력에 따라 매장의 운영 수준이 나타나고, 매장에 대한 고객의 지지도가 결정된다. 동일한 식재료, 동일한 설비, 동일한 도구와 조미료를 사용하더라도 만드는 사람 또는 그의 조리 수준에 따라 상품력이나 매장의 가치에 차이가 발생할 수밖에 없다. 이런 차이는 기술적인 것보다 정신적인 요인이 더 크다. '고객에게 맛있는 요리를 제공하자', '고객이 기분 좋고 여유롭게 그리고 즐겁게 식사할 수 있도록 요리를 만들자', '고객이 최대한 만족할 수 있도록 하자'라는 등의 의지가 QSC-A 레벨을 향상함으로써 고객의 지지를 높여 매장을 다시 방문하도록 한다. 이처럼 열심히 일하는 직장 환경에는 다음의 세 가지가 꼭 갖추어져 있어야 한다.

첫째, 외식업의 가치를 알고 자신의 일을 자랑스럽게 여긴다.

둘째, 자신의 능력을 인정받고 그곳에서 일하는 것에 가치를 느끼며, 주위 사람들도 나의 존재 가치를 인정하고 있다.

셋째, 노력하면 반드시 성과에 따른 보상을 받고 처우에 반영된다. 열심히 일하는 직장 환경에는 '보람'이 꼭 필요한데, '보람'에는 다음과 같은 두 가지 요소가 있다. 첫 번째는 자신의 존재 가치를 인정받고 자신이 하는 일이 누군가에게 도움이 된다고 느끼는 것, 두 번째는 '처우'로, 노력하면 노력한 만큼 보상받는 것이다."

이처럼 '보람'을 느끼는 직장이란, 직원이 '열심히 일하는 직장'인 동시에, '개개인이 목적과 목표를 명확히 정하고 자신의 성장과 행복이 매장의 번성과 회사의 번영에 크게 기여한다는 사실을 이해하고 있는 직장'이다. 즉, '매장의 성장과 자신의 생활', '매장의 수익성과 내년에 반영될 자신의 처우', '회사의 장기 비전과 자신의 미래' 등 매장과 회사의 성장이 '자신의 처우'와 깊이 연관되어 있다는 것을 이해하도록 힘써야 한다는 말이다.

직원들에게 이러한 연관성을 이해시키는 일이 쉽지는 않겠지만, 매장과 회사의 실적에 따라서 직원들의 처우가 결정된다는 사실을 이해한다면 그들의 행동은 달라질 것이다. 매장에 한 명의 고객이라도 더 찾아오길 바라는 마음으로 직원들이 일한다면 매장의 청소 방법, 고객을 안내하는 방법, 모든 조리 작업 등에 '진심'을 담게 되고, 식재료와 비품을 소중히 다루는 것은 물론 전기나 가스, 물조차 낭비하지 않으며, 조금이라도 더 많은 이익을 확보하려 할 것이다. 또 함께 일하는 동료를 소중히 여기고 인정해 주면서 매장과 회사에 오래 정착할 수 있도록 서로 배려하며 행동하게 될 것이다.

함께 배우고 기쁨을 느끼는 끈끈한 팀워크

예전에 담당하던 일본의 동북지방에 위치한 고기구이 체인점은 '함께 배우고 함께 기쁨을'이라는 경영이념을 내걸고 이념 교육을 지속적으로 실시했다. 이 회사 직원들의 모티베이션이 높을 뿐만 아니라 특히 주부 파트타이머들이 보람을 갖고 일하는 기업으로 유명했다.

한번은 이 기업의 한 매장에서 리모델링이 필요해 인테리어 업체한테 견적을 받았는데, 공사비 200만 엔에 공사 기간은 1주일 정도로 휴업을 해야 한다는 것이다. 이 내용을 매장에 전달하자 주부 파트타이머들이 공사 내용을 확인해 보더니 '이런 작업이라면 우리가 하겠다'고 나서면서 일부 설비나 의자, 테이블 교체를 제외한 매장 외벽 도장과 내부 도배를 직접 하는 것이 아닌가. 게다가 작업 중에도 교대로 매장을 운영하며 문을 닫지 않았다.

결과적으로 기간은 한 달 정도 걸린 반면 공사비는 200만 엔에서 50만 엔 정도로 줄일 수 있었고, 매장을 계속 운영했기 때문에 매출 손실도 발생하지 않았다. 리모델링의 수준 또한 업체가 한 것과 비교해 손색이 없을 정도로 훌륭하게 완성되었다. 직원들이 리모델링을 해야 하는 직장을 자신들이 직접 함으로써 비용을 크게 줄였던 것이다. 반대로 말하면 그만큼의 이익이 발생한 것과 같다. 그 후로도 직원들은 이전보다 더욱 열심히 일하고 있다고 한다.

그렇다면 이곳의 직원들은 왜 자신들이 일하는 매장의 환경을 직접 만들려 했을까?

'도어 콜롤러 작전'으로 다져진 신뢰

이곳은 일본 동북지방 모리오카 시의 중심에서 교외로 나가는 경계에 위치하고 있는, 주변에 인구가 별로 많지 않아 입지 조건이 별로 좋지 않은 매장이었다. 가까운 곳에 사람들이 대형 관광버스를 타고 올 정도로 잘 알려진 스키장이 있어 겨울에는 제법 바쁘긴 했지만, 시즌을 제외한 대부분은 비수기였다. 성수기 매출의 절반도 안 되는 비수기 매출을 기록하는 형편으로는 직원을 안정적으로 고용할 수가 없었다. 그것은 파트타이머들에게도 문제였다. 주변에 지속적으로 일할 만한 매장이 없어 안정적인 수입을 기대할 수 없기 때문이다. 이들에게 필요한 것은 매출을 안정시키는 일이었다. 그러려면 관광객뿐만 아니라 주변 지역의 주민들에게 적극적으로 매장을 홍보해서 방문을 유도해야 했다.

이 사실을 깨달은 본사와 매장의 점장은 매장 주변 지역을 중심으로 적극적인 홍보 활동을 시작했다. 매장으로부터 1킬로미터 반경 안에 위치한 집을 방문해 매장의 위치와 내용을 홍보하는 '도어 콜롤러 작전'을 실행에 옮겼다. 이는 한 가구, 한 가구의 문을 두드리면서 방문해 매장을 소개하는 마케팅 방법이다. 1990년대에 많이 했던 방법으로 사람과 시간이 모두 필요한 만큼 효과도 큰 홍보 활동이었다. 지극히 아날로그적인 방법이었지만 모든 직원이 함께 협력해 매장 주변 1킬로미터 이내를 4개 블록으로 나누어 매장 홍보를 하였다. 한 블록을 일주일 동안 돌면서 한 달에 4개 블록 전체를 방문하는 활동을 3개월간 지속적으로 실시했다.

인구 밀도가 낮은 데다 집과 집 사이에 논밭이 있어 집집마다 방문하는 일은 생각보다 쉽지 않았다. 구역을 정한 직원들은 아침 8시부터 방문을 시작해 일이 끝나고 나서도 틈나는 대로 자신의 집 근처 이웃을 방문했다. 처음에는 그들을 이상하게 여기는 주민도 있었지만, 두 번 세 번 계속되자 음료를 내올 정도로 지역 주민들과 유대가 깊어졌다. 매우 성공적인 홍보였다.

값이 비싸 보여 방문을 꺼렸다가 직접 찾아온 직원들에게 설명을 듣고 난 후 부담 없이 이용할 수 있는 매장이라는 사실을 알게 된 주민들은 직원들과 친해지면서 자주 방문하게 되었다. 자연히 매장의 성수기 매출은 예전의 1.5배, 비수기 매출은 2배까지로 상승했다. 이러한 매출 효과는 주변 지역의 이용자를 늘린 다음, QSC-A를 만족시켜 단골 고객으로 만들고(내점 빈도의 상승), 단골 고객의 입소문을 타고 다른 지역의 신규 고객을 만들어낸 결과였다. 또한 직원들도 안정적으로 수입을 올릴 수 있었다. 직원들이 자신의 힘으로 직접 성공 식당을 만들어낸 것이다.

목적 달성을 위해 직원들이 함께 노력한 '도어 콜롤러 작전'의 정신은 후배들에게도 전통으로 이어졌다. 또 '함께 배우고 함께 기쁨을'이라는 경영이념을 이해하고 보람을 느끼며 성공 식당을 만들어 가는 데 큰 힘이 되었다. 지금도 이 매장은 직원들 간에 서로를 이해하고 신뢰하며 돕는 팀워크를 계속 유지하고 있다. 또 선의의 경쟁을 통해 원만한 인간관계를 형성하면서 계속 번성해 나가고 있는데, 이같은 매장이 되기까지 그 중심에는 3M+1M의 정착을 위해서

끊임없이 노력한 당시 점장이 있었기에 가능했다. 지금 그는 그 회사의 간부가 되었다.

| 끌어들이다 | 매장의 매출을 안정적으로 끌어올려 직원들의 수입을 안정시킨다는 목적을 위해 모두 하나가 되었다.

| 단결시키다 | 도어 콜롤러 작전에 대한 의미와 목적을 이해시켜 모든 직원들이 한마음으로 협력할 수 있게 되었다.

| 분발시키다 | 직원 전원이 3개월 동안 적극적으로 참여해 목표를 달성했다.

| 인정하다 | 직원 전원이 각자의 노력을 인정하고 서로에게 고마움을 느꼈다.

그 후 10년 가까이 시간이 지났음에도 매출은 꾸준히 유지했지만 매장이 노후되어 리모델링을 해야 했는데, 이때 직원들이 직접 리모델링 공사를 하겠다고 나서는 행동으로 이어졌던 것이다. 직원들은 매장의 매출과 이익이 자신들의 수입에도 크게 영향을 미친다는 사실을 정확하게 인식하고 있었다.

이 매장은 '직원들 간의 원만한 인간관계'를 바탕으로 '함께 배우고 함께 기쁨'을 느끼면서 성장하고 있는 '열심히 일하는 직장'의 전형적인 사례다. 열심히 일하는 직장 만들기는 이처럼 직원들의 끈끈함으로 뭉쳐진 강한 조직을 만드는 일이자 변화의 시대에 승자가 되기 위해 꼭 갖추어야 할 필수 조건이다.

08

기획력 – 실전 외식업 실행 방향 잡기

개발 업무와 콘셉트 설정

지금까지 인간의 힘을 통해 강한 조직을 만드는 기초력과 운영력에 대해 설명했다. 인간의 힘은 '사람 산업'인 외식산업에서는 불변의 조직 이론이다. 이러한 조직은 승자가 되기 위해 가장 중요한 조건이지만 충분 조건은 아니다. 조직 이론만으로는 변화의 시대에서 살아남을 수 없기 때문이다.

카시와노 미츠루가 주장하는 매장 경영과 운영의 두 가지 측면이 있는데, 한 가지는 지금까지 설명해 온 불변의 원리, 즉 조직론을 바탕으로 '직원들에게 어떻게 다가갈 것인가'하는 부분이고, 또 하나는 고객의 변화를 파악해 콘셉트를 만드는 콘셉트론을 바탕으로 '고객에게 어떻게 다가갈 것인가'하는 부분이다.

본사의 경영 전략에 속하는 이 두 가지 측면은 마치 자동차 바퀴처럼 같은 속도와 회전으로 굴러가야 한다. 그래야만 성공 식당을 계속 유지할 수 있다. 때문에 본사와 경영자는 이 두 가지 경영전략을 위해 꼭 필요한 '기획' 내용들에 대해 알아 두면 좋다.

앞에서도 말했듯이 향후 10년간 우리가 해결해야 할 최대의 과제는 '일하는 사람'의 확보다. 따라서 기획력 면에서도 직원들의 모티베이션을 높이고 노동생산성을 올리는 전략이 주요 과제일 수밖에 없다.

본사에서 실시하는 개발에는 매장 개발, 메뉴 개발, 상품 개발, 가맹점 개발, 인재 개발 등 많은 개발 업무가 있는데, 앞으로 이러한 개발 업무의 키워드는 차별화, 노동력 절감, 효율화, 노동생산성 향상이 될 것이다.

콘셉트 설정의 주요 항목들

먼저 개발 업무는 콘셉트를 명확히 설정하는 것부터 시작해야 한다. 콘셉트 설정은 어떤 고객에게(고객층), 어떤 목적으로(이용 동기), 무엇을(상품), 얼마에(가격대), 어떤 방법으로(판매 형태) 팔지를 명확히 하는 일이다

〈그림20〉은 콘셉트 설정과 관련한 항목을 20개로 나누어 상품과 메뉴 개발, 매장 설계를 진행하는 체크리스트다.

| 고객층 콘셉트 | 콘셉트 설정의 가장 중심은 고객의 설정이다. 업종

〈그림20〉 콘셉트를 만드는 데 필요한 20가지 항목

	항목	내용		항목	내용
1	고객층		11	주방 기능	
2	이용 동기		12	홀 기능	
3	상품군		13	식기 이미지	
4	가격 비교		14	메뉴 아이템	
5	가격대		15	제공 시간	
6	객단가		16	영업 시간	
7	객수		17	제석 시간	
8	테마		18	채용 기준	
9	점포 이미지		19	유니폼	
10	인테리어		20	BGM	

과 업태를 결정했다면 고객의 성별이나 연령, 인원수, 중심 고객층과 주변 고객층을 먼저 설정해야 한다. 또 단체인지, 개인인지, 동료인지, 가족인지, 편리성을 중요시하는지 등의 이용 형태와 어떤 목적으로 매장을 방문하는지, 매장의 매력 포인트는 무엇인지, 왜 방문하는지(여유로움, 즐거움, 속도, 저렴함, 간편함 등) 등의 이용 동기를 파악하는 일도 매우 중요하다.

한국에서 가장 많은 삼겹살집이라고 하더라도 고객층의 이용 동기에 맞게 콘셉트를 세분화하고 어떻게 차별화해 나갈지 구체적으로 결정할 필요가 있다는 말이다.

| 상품 콘셉트 | 매장의 주요 상품군이나 소재, 구성 비율, 아이템의 수 등을 고려해 상품을 설정한다. 상품 콘셉트는 매장의 특징과 차별화를 명확하게 할 뿐만 아니라 전체적인 매장 개발에 가장 큰 영향을 줄 정도로 중요한 부분이다.

| 가격 콘셉트 | 상품 콘셉트에서 설정한 상품군의 가격대를 정한다. 메인 상품의 가격 포인트price point를 명확히 한 후, 그 가격을 중심으로 다른 상품군과의 밸런스를 고려해 경쟁력을 가진 가격대로 정한다. 가격대의 설정에 따라 대략적인 객단가가 정해진다.

| 매장 콘셉트 | 테마에 맞는 매장을 설정하는 일이다. 매장의 외부나 내부 분위기, 주방과 홀의 면적 비율과 구역 설정, 수용 가능한 인원(테이블 수), 단체석의 유무, 테이블당 인원 수의 배치(2인석, 4인석, 6인석 등의 비율)와 공간성, 내장과 장식품의 활용 등을 결정한다.

| 운영 콘셉트 | 매장 운영을 위한 중요 항목을 설정한다. 주방 오퍼레이션, 홀 오퍼레이션, 수치적인 객수, 객석 회전율, 원재료 및 인건비율, 투자액과 회수 방법, 채무 변제를 고려한 필요 수익, 인원 배치, 채용 인원수 등 매장 운영을 위해 필요한 사항을 명확히 한다.

이 다섯 가지 콘셉트를 명확하게 설정하고 나면 〈그림20〉의 20개 항목을 작성해 개발 업무를 구체적으로 진행해 나가야 한다. 경쟁이 치열한 시대인 만큼 콘셉트를 명확히 하고 특징을 살려 매장의 존재를 어필해야 살아남을 수 있다.

메뉴와 상품 개발

음식점의 콘셉트를 명확히 설정한 후 고객을 확보하기 위해서는 메뉴와 상품 개발이 가장 중요한데, 그 프로세스는 다음과 같이 진행된다.

메뉴 개발, 고객의 원츠Want 정확히 파악하라

고객층의 이용 동기에 맞는 상품 아이템, 상품군(카테고리)과 상품의 수와 가격 등은 업태에 따라 다르겠지만, 앞으로 메뉴 개발에서 가장 중요한 것은 고객의 니즈Needs가 아닌 원츠Wants를 정확하게 파악하는 일이다. 니즈가 '동료와 함께 삼겹살을 먹으면서 소주 한잔하고 싶다'라고 느끼는 욕구라 한다면, 원츠는 '14일 숙성된 제주도산 흑돼지 삼겹살을 먹으면서 한잔하고 싶다'라고 느끼는 욕구를 말한다.

같은 이용 동기를 갖고 방문한 고객이라 하더라도 고객이 정보를 많이 갖고 있을수록 매장에 대한 고객의 요구 수준은 높아진다. 개발 단계에서 고객보다 더 많은 정보를 수집해 소재 선정이나 조리 과정, 제공 방법 등을 연구하지 않으면 어디서나 볼 수 있는 흔한 매장으로 인식되어 고객이 찾아오지 않는다.

따라서 가능한 한 알기 쉽도록 메뉴의 종류를 구성해야 한다. 메뉴의 종류는 업태에 따라 달라지겠지만, 메뉴가 카테고리별로 일곱 가지를 넘어가면 고객은 심리적으로 혼란을 느낀다고 한다. 이는 '선택의 역설The paradox of choice'이라는 현상으로, 메뉴가 너무 많으면 고객은 식사를 하고 나서 자신이 선택한 메뉴보다 다른 메뉴가 더 맛있을 것이라며 자신의 선택을 후회하게 된다는 것이다. 이런 느낌을 받은 고객은 다시는 그 매장을 찾지 않을 수도 있다. 고객의 심리를 분석하는 미국의 레스토랑 컨설턴트 아론 앨런Aaron Allen은 메뉴의 수가 많은 것이 고객에게는 매력적이기보다 오히려 고통을 줄 수 있다고 말했다.

한국에는 고기구이와 같이 전문성을 가진 매장이 많은데, 이곳들은 카테고리도 적고 메뉴의 수도 한정된 업종이라고 볼 수 있다. 그럼에도 고객의 욕구를 만족시킬 수 있는 메뉴의 개발은 필요하다. 고기의 원산지, 부위, 숙성 기간, 소스, 식기 등 차별화할 수 있는 모든 포인트를 활용해야 한다.

이처럼 특징을 명확히 표현하고 한정된 메뉴를 전문화한다면 고객 만족은 물론 주방이나 홀의 오퍼레이션 측면에서도 효율적일 뿐만 아니라 노동생산성을 향상시킬 수 있어 직원들도 만족하게 될 것이다. 또 그렇게 조금씩 인기 메뉴가 생기고, 그 메뉴에 주문이 집중되어 오퍼레이션이 패턴화되면 생산 효율이 올라 노동생산성의 향상으로도 이어지게 된다. 메뉴나 상품의 개발 담당자는 이러한 포인트를 충분히 고려해서 개발을 진행해 나가야 한다.

가성비 높은 상품을 개발하려면

메뉴가 결정되면 실제로 음식을 만들어 보고 시식을 반복해서 상품화하는 단계로 접어든다. 이때 우선은 원가에 크게 신경 쓰지 않고 생각한 대로 만들어 본다. 물론 원가를 전혀 고려하지 않을 수는 없지만 너무 의식하면 가치 있는 상품을 만들어내기가 어렵다. 원가보다는 가치 있고 고객의 욕구를 만족시키는 메뉴 개발에 우선해 식재료와 조미료, 식기 등을 선택하는 것이 좋다.

시식과 평가는 개발 담당자나 경영자만을 대상으로 하지 말고, 타깃으로 삼은 고객과 같은 연령층이나 성별의 모니터 요원을 통해 평가해야 한다. 이러한 평가 기능은 식품 브랜드를 가진 회사의 상품 개발과 일반 음식점에도 도입이 필요하다.

〈그림21〉은 내가 상품 개발 단계에서 조리와 시식 평가에 사용한 평가표다. 외관, 맛(오미, 오감, 오색, 오법의 요소), 온도, 시즐감, 풍미, 연출성, 편리함, 식기 사용법 등 콘셉트에 따라 채점 항목에 다소 차이는 있지만 평가 항목의 포인트를 설명하고 평가를 받을 수 있도록 되어 있다. 이때 만약 평가의 결과가 3.5점 이하라면 상품 출시를 재검토해야 한다.

이렇게 조리와 시식을 반복한 끝에 상품이 정해지면 레시피를 만들고 원가를 계산한다. 대략적인 가격을 예상했을 때, 원가가 너무 비싸거나 너무 낮은 상품은 요리의 양이나 식재료 사용을 조절하는 것이 바람직하다. 그럼에도 고객이 원하는 욕구에 대한 만족감에 우선해 검토하는 것이 좋다.

〈그림21〉 시식 상품 평가표

메뉴명

항목		평가 의견				
모양	평가	A	B	C	D	E
	의견					
식감	평가	A	B	C	D	E
	의견					
전체적인 맛	평가	A	B	C	D	E
	의견					
온도	평가	A	B	C	D	E
	의견					
양	평가	A	B	C	D	E
	의견					
차별성	평가	A	B	C	D	E
	의견					

평가

A: 매우 만족(5) B: 만족(4) C: 보통(3) D: 불만족(2) E: 매우 불만족(1)

가격을 설정하기 전에 해야 할 것들

가격을 설정하기 전에 미리 작성해 두어야 할 자료는 '식재료 일람표'다.

육류·생선·채소·가공품·조미료·음료 등 식재료의 속성마다 식재료명, 최저 납품량, 납품 단위당(1상자, 1포대, kg) 단가, 납품 업체를 확인하고, 납품 가격을 일람표로 작성하면 정확한 원가를 계산할 수 있다. 또 납품량을 미리 정한다면 매장 설계 단계에서 창고나 냉동·냉장고의 수, 공간 등을 비교적 정확히 확보할 수 있다.

가격 설정은 메뉴와 상품 개발에서 가장 중요한 부분이며, 경영의 성공 여부는 가격 설정에 의해 좌우된다고 해도 과언이 아닐 만큼 매장의 수익성과 연관이 깊다. 따라서 상세한 분석을 통해 신중히 결정하는 것이 좋다.

최근 10년 동안 일본 외식산업의 경향이나 현재 한국의 경향을 보더라도 고객의 지지를 받고 있는 매장의 상품은 가격 대비 높은 가치를 지니고 있었다. 말하자면 가격이 합리적이어야 한다는 의미이다. 고객의 높은 욕구를 만족시키기 위해 질 좋은 식재료를 사용해서 요리를 개발해도 가격이 비싸면 고객은 그 매장을 찾아가지 않을 가능성이 크다. 일본에서도 고급 매장의 성공률은 매우 낮다.

가격 콘셉트에 맞도록 설정한 가격대의 범위 안에서 고객의 욕구에 맞는 고품질 상품을 개발해 고객에게 제공하는 것이 성공의 열쇠이기에 원가를 기준으로 상품의 가격을 결정해서는 안 된다.

그렇다면 고객이 원하는 가격대에서 가치가 큰 상품을 제공하기

〈그림22〉 식재료 일람표

(가공품)

	식재료명	납품 루트	규격	단위	단가	업체명
1						
2						
3						
4						
5						
6						
7						
8						
9						
10						
11						
12						
13						
14						
15						
16						
17						
18						
19						
20						

위한 두 가지 방법을 알아보자.

다양한 루트로 매입력 강화

최근 일본 외식산업의 성공사례 중 하나로 떠오른 것이 6차 산업인 레스토랑이다. 6차 산업이란 1차 산업인 농림수산업이 농림수산물의 생산에 그치지 않고, 생산물을 원재료로 가공식품을 제조, 판매하거나 관광농원을 운영하는 등 서비스업에도 참여하면서 부가가치를 높이고 고용 창출을 촉진해 지역 활성화에 기여하는 산업을 말한다. 1차 산업, 2차 산업, 3차 산업이 모두 더해진 형태를 6차 산업이라고 하며, 이를 외식업의 경영 형태로 도입해서 성공한 것이 AP컴퍼니라는 기업이다.

AP컴퍼니의 주력 업종은 '츠카다 농장', '48 어장'이라는 선술집 브랜드다. '츠카다 농장'은 닭을 메인 음식으로 운영하는 선술집으로, 자사가 운영하는 양계장 외에도 계약 농가에서 식재료를 직접 들여와 주방에서 조리한 다음 고객에게 제공하고 있다. '48 어장'은 생선회를 메인으로 하는 선술집이며, 전국에 있는 어장에서 자사 물류 시스템을 통해 매일 신선한 생선을 주방으로 운반해 조리해서 고객에게 음식을 제공하고 있다.

생산(1차), 유통(2차), 판매(3차)에 이르기까지 '생판 직결'이라는 비즈니스 모델을 확립해 각지의 생산자와 행정적 제휴를 맺고, 다른 선술집과 같은 가격에 고품질의 상품을 고객에게 제공함으로써 고객으로부터 폭발적인 인기를 얻고 있다. 그 결과 단기간에 주식

상장을 이루었으며, 농수산업의 판매 촉진 및 지역 활성화에도 큰 기여를 하고 있다.

이 같은 비즈니스 모델의 구축은 결코 간단한 일이 아니다. 하지만 많은 고객의 지지를 받고 있는 기업들은 강한 매입력 또한 갖고 있다. 해외 산지를 활용해 가격이나 환율 리스크를 최소화하는 기업도 많다. 앞으로 더욱 높아질 수밖에 없는 고객의 욕구를 생각한다면 다양한 매입 루트 개발을 통해 저렴한 가격으로 질 좋은 식재료를 사들인 후 고품질의 상품을 합리적인 가격으로 출시하려는 노력이 필요하다.

마진 믹스 시뮬레이션

고객이 원하는 가격대로 가치 있는 상품을 제공하기 위한 두 번째 방법으로 '마진 믹스'가 있다.

메뉴 믹스는 패스트푸드인 햄버거 체인점 등에서 자주 볼 수 있는데, 원가율이 높은 햄버거를 단품으로 판매하는 것보다 원가율이 낮은 음료나 포테이토와 함께 세트로 판매해서 단가와 매출 총이익(마진)을 모두 확보한다는 개념이다.

〈그림23a〉는 한 한우 전문점의 메뉴 중 상위 세 가지 메뉴의 원가율과 매출 구성비다. 가장 인기가 많은 A 갈비는 합리적인 가격 설정으로 매출의 25%를 차지하지만, 이 세 가지 메뉴의 마진 믹스는 25.6%다. 반면, A 갈비에 특수 부위를 추가해서 A, B 두 가지 모둠 세트를 내놓고 메뉴를 홍보했더니 매출 순위와 각각의 매출 구

한우전문점 상위 세 품목 마진 믹스

〈그림23a〉

	원가율	매출 총이익율	매출 비율	마진 믹스
A 갈비	45%	55%	25%	13.8%
B 로스	35%	65%	12%	7.8%
C 등심	50%	50%	8%	4.0%
				25.6%

〈그림23b〉

	원가율	매출 총이익율	매출 비율	마진 믹스
A 세트	35%	65%	25%	16.3%
B 세트	30%	70%	12%	8.4%
A 갈비	45%	55%	8%	4.4%
				29.1%

성비, 원가율이 〈그림23b〉와 같이 바뀌었고, 세 가지 메뉴의 마진 믹스는 29.1%가 되었다.

A, B 세트는 외관이나 구성, 가격 면에서 매우 합리적이라는 매력을 갖고 있다. 하지만 단가가 낮은 부위를 추가했기 때문에 상위 세 품목의 마진은 기존의 단품 메뉴보다도 3포인트 이상 높아졌다. 모둠 세트는 고객에게 더 이익이라는 느낌을 주어 매출 총 이익이 늘어나는 결과로 이어진 것이다.

〈그림24〉는 경우의 수를 단순화한 이론으로, 내가 일본에서 비빔밥 & 순두부 체인 본사의 영업본부장을 맡고 있을 당시 작성한 실제로 마진 믹스 시뮬레이션이다. 기존 매장을 리모델링해 신규 매

〈그림24〉 마진 믹스 시뮬레이션

메뉴	메뉴명	예상 가격	예상 판매량	판매 매출	매출 총이익률	구성비	마진 믹스	원가율	원가	매출 총이익액
돌솥 비빔밥	오리지널 돌솥비빔밥	660	1,500	990,000	76.6%	18.8%	14.4%	23.4%	154.4	711,197
	오리지널 돌솥갈비비빔밥	800	540	432,000	73.4%	8.2%	6.0%	26.6%	212.8	296,517
	오리지널 돌솥삼겹살비빔밥	730	300	219,000	73.4%	4.2%	3.1%	24.6%	179.6	154,697
	오리지널 돌솥치즈비빔밥	690	270	186,300	72.9%	3.5%	2.6%	27.1%	187.0	126,941.27
		700	2,610	1,827,300		34.7%	26.1%		–	1,289,352
신선한 건강 비빔밥	나물듬뿍 건강비빔밥	720	510	367,200	76.8%	7.0%	5.4%	23.2%	167.0	264,524
	갈비와 신선채소 비빔밥	830	160	132,800	70.3%	2.5%	1.8%	29.7%	246.5	87,035
	돼지불고기와 신선채소비빔밥	760	150	114,000	72.5%	2.2%	1.6%	27.5%		108,571
		749	820	614,000		11.7%	8.7%		–	460,130
순두부	순두부 세트	680	1,000	680,000	73.2%	12.9%	9.5%	26.8%	182.2	465,379
	돼지고기 순두부 세트	750	300	225,000	69.7%	4.3%	3.0%	30.3%	227.3	146,111
	떡콜라겐 세트	780	200	156,000	70.6%	3.0%	2.1%	29.4%	229.3	102,707
		707	1,500	1,061,000		20.2%	14.5%		–	714,197
추천 세트	미니돌솥 &미니냉면	880	500	440,000	80.3%	8.4%	6.7%	19.7%	173.4	332,368
추천 세트	순두부찌개 &미니비빔밥	880	250	220,000	76.8%	4.2%	3.2%	23.2%	204.2	158,484
		880	750	660,000		12.5%	9.9%		–	490,851

사이드 메뉴	지지미	300	150	45,000	59.3%	0.9%	0.5%	40.7%	122.1	24,542
	뉴호떡	200	60	12,000	44.9%	0.2%	0.1%	55.1%	110.2	4,817
	떡볶이	280	230	64,400	79.1%	1.2%	1.0%	20.9%	58.5	47,874
									–	–
		276	440	121,400		2.3%	1.6%		–	77,232
면류	냉면	680	40	27,200	76.1%	0.5%	0.4%	23.9%	162.5	19,404
	냉면 세트	880	60	52,800	71.0%	1.0%	0.7%	29.0%	255.2	34,974
	신라면	490	120	58,800	75.7%	1.1%	0.8%	24.3%	119.1	41,712
	신라면 세트 (밥·김5장)	590	100	59,000	73.2%	1.1%	0.8%	26.8%	158.1	40,378
		618	320	197,800		3.8%	2.8%		–	136,468
포장 판매	돌솥비빔밥	660	150	99,000	76.6%	1.9%	1.4%	23.4%	154.4	71,120
	돌솥갈비비빔밥	800	60	48,000	73.9%	0.9%	0.7%	26.1%	208.8	33,186
	돌솥삼겹살비빔밥	730	30	21,900	73.4%	0.4%	0.3%	26.6%	194.2	15,032
	나물듬뿍 건강비빔밥	720	50	36,000	76.8%	0.7%	0.5%	23.2%	167.0	25,934
	갈비와 신선야채비빔밥	830	20	16,600	70.3%	0.3%	0.2%			
	돼지불고기와 신선야채비빔밥	760	10	7,600	72.5%	0.1%	0.1%			
	순두부 세트	680	50	34,000	73.2%	0.6%	0.5%	26.8%	182.2	23,269
	돼지고기 순두부 세트	750	30	22,500	69.7%	0.4%	0.3%	30.3%	227.3	14,611
	떡콜라겐 세트	780	30	23,400	70.6%	0.4%	0.3%	29.4%	229.3	15,406
				–		0.0%	0.0%	100.0%	–	–
	지지미	300	100	30,000	66.0%	0.6%	0.4%	34.0%	102.0	18,371
	호떡	200	150	30,000	73.2%	0.6%	0.4%	26.8%	53.6	20,531
	떡볶이	280	200	56,000	72.5%	1.1%	0.8%	27.5%	77.0	37,933
		483	880	425,000		8.1%	4.4%		–	198,558

세트 메뉴	샐러드 세트	100	150	15,000	43.3%	0.3%	0.1%	56.7%	56.7	5,781
	수프 세트	100		–	89.6%	0.0%	0.0%	10.4%	10.4	–
	김치 세트	100	10	1,000	77.7%	0.0%	0.0%	22.3%	22.3	729
		100	160	16,000		0.3%	0.1%		–	6,510
음료	음료 세트	100	2,000	200,000	65.0%	3.8%	2.5%	35.0%	35.0	120,476
	옥수수차	100	200	20,000	90.0%	0.4%	0.3%	10.0%	10.0	17,048
	드링크 단품	150		–	77.0%	0.0%	0.0%	23.0%	34.5	–
	미초 드링크	100		–		0.0%	0.0%	100.0%	100.0	–
	맥주	350	350	122,500	52.8%	2.3%	1.2%	47.2%	165.2	58,847
			–	–		0.0%	0.0%	100.0%	–	–
		134	2,550	342,500		6.5%	4.0%		–	196,370
										3,569,669
										67.8%
										32.2%

예측

객 수	7,480
매출	5,265,000
객 수	704
이론 원가	27.9%

장으로 출점하면서 메뉴를 개발할 때였다. 독자들의 이해와 실행을 돕기 위해 메뉴 중에 일부만 싣는다.

카테고리별(메뉴별)로 예상 가격, 판매량, 판매 매출, 매출 총이익률, 원가, 예상 매출 구성비 등을 넣고 판매량과 가격을 바꾸면 전체 표준 원가율과 매출 총이익(마진)이 어떻게 변화하는지 알 수 있다. 각 상품의 원가는 이미 레시피화했기 때문에 가격과 판매량의 균형을 고려해 가면서 최종적으로 마진 믹스 시뮬레이션를 통해 메뉴의 가격을 합리적으로 설정할 수 있다. 이 방법은 대기업 체인점의 기획 단계에서 실시되는 것으로, 모든 음식점에서 메뉴를 개발할 때 유용하게 사용할 수 있다.

고객이 원하는 가격대에 높은 가치를 지닌 상품을 제공하기 위해서는 다소 원가율이 높아지는 결과를 피할 수 없는 경우도 발생한다. 하지만 판매를 늘려서 매출 총이익을 확보할 수 있다면 결과적으로 수익 확보와 노동생산성 향상이 가능해진다. 바로 그 가능성을 찾는 방법 중 하나가 마진 믹스 분석이다.

만약 100g의 원가가 5,000원인 갈비를 17,000원에 판매하면 1인분에 12,000원의 매출 총이익이 발생하고 원가율은 29.4%가 된다. 15,000원에 판매하면 매출 총이익은 10,000원이 되고 원가율은 33.3%가 된다. 하지만 4명의 고객이 17,000원의 갈비를 4인분 주문으로 끝내는 경우(12,000×4=48,000)와 15,000원의 갈비를 가격이 저렴하고 맛있어 1인분 추가하는 경우(10,000×5=50,000), 결과적으로 15,000원에 판매하는 매출 총이익(마진)이 더 높아지게 된다. 게다가 맛있고 저렴하다는 입소문이 나서 4인 고객이 한 팀 증가하면, 가격에 비해 보통이라 소문이 나지 않는 경우와 비교했을 때, 매출 총이익률은 두 배 이상 증가한다.

단순해 보이는 일이긴 해도 이처럼 고객이 느끼는 심리적인 가격의 차이를 어떻게 이끌어낼지 고민해야 한다. 가격과 판매 수량의 관계를 여러 번 시뮬레이션해 보고, 고객이 상품의 품질에 가치를 느끼며 타당하다고 생각하는 가격과 매출 총이익을 최대한으로 확보할 수 있는 기준을 찾아서 최종적인 가격을 설정하는 것이 중요하다. 그냥 싸게 파는 것과는 다른 개념이다.

이 방법은 집객률을 높일 뿐만 아니라 직원들의 처우 개선에도 큰 영향을 줄 수 있다. 직원들 처우 개선의 기초가 되는 인건비는 매출 총이익에서 나오는 만큼 매출 총이익을 최대한 높이는 것이 중요하기 때문이다.

기업의 안정성을 측정하는 경영 지표의 하나로 노동분배율이 있는데, 매출 총이익에서 인건비가 차지하는 비율을 말하며, 다음과 같은 공식으로 나타낼 수 있다.

$$\text{노동분배율} = \frac{\text{인건비}}{\text{매출 총이익}}$$

음식점의 경우는 40% 전후가 안정선으로, 매출 총이익을 올리지 않고 인건비를 늘리면 노동분배율이 높아져 경영이 어려워진다. 안정적으로 경영하면서 인건비를 늘리려면 노동분배율이 일정하게 유지되어야 한다. 따라서 인건비의 분모인 매출 총이익을 늘려 나갈 필요가 있다. 인구가 감소하는 추세로 보아 앞으로 일하는 사람이 줄어들어 노동력의 확보가 어려워지면 틀림없이 인건비가 상승할 것이기 때문이다.

노동생산성이란 1인당 벌어들인 매출 총이익을 말한다. 즉, 직원들의 처우 개선과 인건비 상승에 대비하기 위해서는 노동생산성이라는 경영 지표가 매우 중요하다. 때문에 원가율을 따져가며 가격을 결정하기보다 먼저 일정액 이상의 매출 총이익을 확보할 수 있는 가격대로의 메뉴 구성을 고민해야 한다.

이제는 메뉴 개발 단계에서의 가격 설정이 매우 중요해졌다. 마진 믹스를 이용한 시뮬레이션은 고객이 만족할 수 있는 가격의 설정과 직원들의 처우 개선을 위해 반드시 필요한 분석 방법이다.

주방 오퍼레이션을 확인하라

메뉴와 가격이 결정되면 하루 동안의 영업 흐름을 떠올리면서 주방 오퍼레이션을 확인해 나간다. 이 과정을 통해 매장 설계를 위한 구역 설정이나 기능성, 동선이 정해진다. 먼저 하루의 영업 흐름에 맞추어 주문한 메뉴가 고객에게 제공될 때까지 과정마다 오퍼레이션을 확인해야 한다.

식재료 납품 및 1차 보관

미리 작성한 식재료 일람표를 바탕으로 납품받은 식재료를 1차로 어디에 어떻게 보관할지 결정한다. 최근에 납품받은 재료와 리드타임(발주부터 납품까지의 날짜) 및 매출 예측에 따른 식재료의 적정재고량을 확인해서 보관 위치와 보관 방법을 매뉴얼화한다.

여기서 또 하나 중요한 사항은 납품받은 식재료를 어떠한 동선으로 이동시킬 것인가다. 매장마다 공간에 제약은 있겠지만 가능한 한 뒷문을 통해 창고나 1차 보관용 냉동냉장고로 연결되도록 함으로써 홀이나 주방을 경유하지 않고 식재료를 이동할 수 있도록 동선을 짜야 한다. 홀의 객석 공간을 통해 이동하면 고객이 보기에도 좋지 않은 데다 재료 박스에 붙어 있던 먼지나 세균이 음식을 오염시킬 우려도 있다. 이 단계에서는 매장 설계를 위한 효율적인 동선을 충분히 고려해 도면에 구역 설정 계획을 적용해야 한다.

식재료 가공, 준비 작업

고기의 손질이나 소스, 반찬 등 사전에 많은 준비 작업이 필요하므로 조리 작업을 검토하면서 작업량에 따른 조리 공간과 조리 도구를 확인하고 작업 공정을 매뉴얼화해 나간다. 하지만 아무리 충분한 공간을 확보하려 해도 시내 번화가의 건물에 입점할 때는 원하는 공간을 확보하기가 쉽지 않다. 결국 한정된 공간에서 많은 작업이 이루어지므로 생산 효율이 떨어지고, 품질 좋은 음식이 제공되지 못하는 경우도 많다.

준비 단계에서 확인한 결과 작업량이 많고 복잡한 오퍼레이션에 비해 공간이 충분하지 않은 경우 외부업자에게 OEM(주문자 상표 부착 생산)을 위탁하거나, 자체 중앙 공급 시스템central kitchen system을 검토해야 한다. 무엇보다도 먼저 해야 할 일이 위생적이고 효율적인 오퍼레이션의 검증이다.

입점이 결정되었다면 계획했던 공간이 필요한 준비 작업에 적합한지 점검한다. 입점이 결정되지 않았다면 작업에 필요한 공간을 확보한 적정 규모의 매장인지를 검증해서 오퍼레이션을 수정하거나, 식재료의 가공 또는 조리를 외부에서 실시하는 일 등에 대한 검토가 진행되어야 한다.

식재료 2차 보관

사전 준비작업이 끝난 후 준비한 식재료를 보관하는 단계다. 2차 보관은 대부분이 냉동냉장 공간이다. 여기서도 역시 필요량을 어디에 어떻게 보관할 것인지를 매뉴얼화해야 한다.

고객이 몰려 바쁘거나 최종 조리에 필요한 식재료를 보충할 때 식재료를 찾는 시간이 길어지면 노동효율이 떨어져 음식을 제공하기까지 시간이 많이 걸린다. 당연히 객석 회전율이 낮아짐으로써 결국 고객 수의 감소를 불러온다. 또 재고 확인을 잘못하면 불필요한 사전 준비로 인한 손실이 발생해 원가율이 오르게 된다. 또 냉동냉장고를 열어 놓는 시간이 길어지면 냉동냉장고 안의 온도가 높아져서 전기세가 많이 나오게 될 수도 있다.

적정량을 정해진 위치에 정리 정돈해서 보관하는 일은 매우 중요하다. 2차 보관이 제대로 되지 않으면 노동생산성과 관련된 모든 수치를 악화시킬 뿐만 아니라 에너지 비용까지 높여 이익이 줄어드는 결과를 가져오게 된다.

최종 조리를 위한 주방 설계

고객에게 주문을 받은 후 조리하고 제공하는 과정으로 먼저 속

성별로 포지션을 나눈다. 예를 들면, 프라이팬으로 볶는 조리, 기름으로 튀기는 조리, 샐러드처럼 가열하지 않는 조리, 면 등을 삶는 조리, 철판이나 불판에 굽는 조리 등 조리방법에 따라 주방기구의 배치가 결정되기 때문에 메뉴에 따라 작업을 분류해서 포지션을 결정한다는 말이다.

이때 주방 기구, 조리 도구, 식기, 준비된 식재료는 각 포지션 담당자의 움직임이 크지 않게, 손만 뻗으면 닿을 정도로 가까이 배치할 필요가 있다. 그러려면 미리 메뉴마다 어떤 오퍼레이션이 필요한지 여러 번 시뮬레이션하면서 포지션별로 조리 담당자의 움직임이나 동선을 확인하며, 이를 최종 조리를 위한 주방 설계에 적용해야 한다.

주문이 들어가면 식재료를 준비하고, 조리 도구를 꺼내서 조리를 하고, 식기를 준비해서 담아내는 일련의 오퍼레이션 속에서 조리 담당자의 동선이 너무 크지는 않은지, 작업 통로가 좁아 서로 부딪치지는 않는지 확인한다.

특히 고객이 몰리는 피크타임에 조리 담당자에게 가장 힘든 동작은 주문이 들어올 때마다 반복해서 테이블 냉장고에 있는 식재료를 꺼냈다가 다시 정리해 넣는 일이다. 이 동작을 줄이기 위해 서랍형 냉장고를 설치해 담당자가 앉지 않고 식재료를 꺼낼 수 있도록 배려하는 것도 이 단계에서 검토해야 한다.

식기와 조리 도구를 넣을 선반의 위치와 높이, 조미료와 조리에 사용하는 비품을 보관하는 장소 등 모든 메뉴의 조리 오퍼레이션을 시뮬레이션해 보고 효율적으로 주방을 설계해야 한다. 또 마진 믹스 작업으로 확인한 메뉴의 작업 포지션마다 필요한 식재료의 양을 어떻게 보관할 것인지도 매뉴얼로 정해 놓을 필요가 있다.

이 단계는 전쟁으로 말하면 최전선에 해당한다. 충분한 준비로 공격 능력을 최대한 끌어올릴 수 있도록 오퍼레이션을 설정해야 전쟁에서 승리할 수 있다.

완성된 음식 최종 세팅

완성된 음식에 토핑을 올리거나 마지막 세팅를 해서 최종적으로 고객에게 제공하는 과정이다. 또 음식에 문제가 없는지 확인하는 점검 기능 수행을 위한 장소이기도 하다.

먼저 이 기능을 조리 담당자가 할지, 홀 직원이 할지 결정해야 한다. 일반적으로는 홀 직원의 역할로 정해 홀에 최종 세팅 공간을 마련하는 게 좋다. 최종 세팅 기능을 조리하는 공간에 두게 되면 피크타임에 조리 담당자의 조리 흐름이 끊겨 원활한 조리 오퍼레이션에 방해가 될 수 있기 때문이다. 피크타임에 최종 세팅을 전담하는 홀 직원을 배치하면 최종 세팅에만 전념할 수 있고, 일손이 부족한 경우 직접 음식을 고객에게 제공할 수도 있어 매우 효율적이다.

홀에는 밥을 담거나 국과 소스, 반찬 등 최종 세팅을 위한 공간이 필요한 만큼 세팅 도구와 보관 장소를 정해야 한다. 이 경우도 마찬가지로 홀의 최종 세팅 직원의 움직임이 크지 않도록 주방에서 음식이 나오는 출구를 중심으로 시뮬레이션해 가며 정해야 한다.

음료나 디저트 제공은 홀 직원의 업무이기도 하다. 선술집과 같이 술 판매의 비율이 높은 업종은 별도로 드링크 카운터를 마련해 놓아야 한다. 하지만 일반 레스토랑에서는 홀 직원의 오퍼레이션을 고려해서 음식 출구 주변에 팬트리라는 공간을 배치하고 음료와 디저트, 식재료, 식기, 컵 등을 보관하는 것이 좋다.

이상이 메뉴의 개발 단계에서 오퍼레이션을 확인하는 작업이다. 이 단계에서 오퍼레이션상 미비한 부분이 확인되었다면 메뉴의 내용을 다시 조정하거나 레시피를 수정해 나가야 한다. 노동생산성을 높일 수 있는 메뉴를 개발하기 위해 반드시 필요한 이 과정은 무엇보다도 주방 설계 단계에서 가장 중요한 검증 작업이기도 하다.

조리 매뉴얼 작성

오퍼레이션 확인 작업을 통해 메뉴 내용의 검증이 끝나면 최종적으로 조리 매뉴얼을 정비해 안정적인 상품력을 가진 메뉴가 고객에게 제공될 수 있도록 해야 한다. 조리 매뉴얼을 정비하기 위해서는 다양한 매뉴얼이 필요하지만, 기본적으로 반드시 정비해야 할 매뉴얼이 메뉴 기준표와 조리 순서표다.

〈그림25〉와 같이 메뉴 기준표는 음식에 사용되는 식재료와 분량, 단가, 원가, 조리 순서, 음식의 완성 사진이 표시된 조리 설계도다. 건물을 지을 때 설계도가 반드시 필요한 것처럼 음식 조리에도 마찬가지다.

보통 레시피에 식재료와 식재료의 분량만 표시하는 경우가 많은데, 메뉴 기준표는 원가 관리를 위해서도 매우 중요한 기준표인 만

〈그림25〉 메뉴 기준표

메뉴명	작성일	업태	메뉴 구분	소비세 (포함 가격)	소비세 (없음)	원가	마진	원가율	마진율
순두부찌개 세트	2018-01-02 (화)	한식	찌개	¥690	¥657	¥168	¥489	25.6%	74.4%

원재료	업자명	규격	납품가격	사용량	단위	사용량 단가	식재 원가
1. 순두부 300g PB 48개		1×12×4PC	¥3,936	150	g	¥0.27	¥41.0
2. 순두부 수프		1kg×16PC	¥16,640	150	cc	¥0.13	¥19.5
3. 모시조개 L size		1kg×1PC	¥1,150	3	개	¥2.90	¥8.7
4. 호박		1개	¥300	0.05	개	¥300.00	¥15.0
5. 느타리버섯		1PC	¥100	0.1	p/c	¥100.00	¥10.0
6. 참기름		16.5kg	¥11,600	2	cc	¥0.6	¥1.3
7. 계란 MS		1CS	¥2,500	1	개	¥14.86	¥14.9
8. 대파 3mm 4kg		1kg×3PC	¥2,940	3.0	g	¥0.98	¥2.9
9. 오곡밥			¥243	250	g	¥0.14	¥34.0
10. 김치 20g+김 5장				1	SET	¥21.00	¥21.0

순서

① 호박을 반으로 잘라 반달 모양으로 썰어 놓는다. 느타리버섯은 밑부분을 제거한다. 양념장과 순두부 수프는 1:1로 배합한다(48시간 후 폐기).	요리 사진
② 작은 용기에 모시조개, 호박, 버섯을 넣어 냉장고에 보관한다.	
③ 두부도 작은 용기에 150g씩 담아 냉장고에 보관한다.	
④ 기타 재료도 1인분씩 담아 냉장 보관한다.	
⑤ 주문 시:미리 돌솥을 340℃~360℃로 가열해 놓는다.	
⑥ 340℃~360℃의 돌솥에 순두부 수프와 섞어 1:1로 배합한 양념장을 20cc 넣는다.	
⑦ 냉장고에서 모시조개 등 재료를 꺼내 수프가 들어간 돌솥에 넣는다.	
⑧ 냉장고에서 두부를 꺼내 재료가 들어간 돌솥 안에 넣고 대파를 올린다.	
⑨ 그릇에 달걀을 넣고 밥, 반찬, 김치, 김 5장과 함께 제공한다.	
⑩ 끓는 온도가 낮은 경우 재료를 넣은 후 다시 끓인다.	

큼 반드시 정비해 둘 필요가 있다.

조리 순서표

조리 순서표는 메뉴 기준표에서 제시한 조리 순서를 더욱 자세히 표현한 것이다. 조리 순서마다 사진을 찍어 조리 방법을 설명하고 조리의 흐름을 매뉴얼화한다. 음식에 필요한 자세한 내용이나 주의 사항을 추가해도 좋다.

예를 들면, 계절별로 식재료가 바뀌는 경우에는 계절에 맞도록 시간과 온도를 조절하거나, 피크타임에 대량으로 튀김을 할 때 기름의 온도 설정 주의점과 상황에 따라 예상되는 조리 환경의 변화 등을 상세하게 표기해 둔다.

메뉴 기준표와 조리 순서표는 파일로 만들어서 주방에 비치해 항상 열람할 수 있도록 하며, 중요한 메뉴는 간이 순서표를 작성해 조리 포지션마다 벽에 붙여 놓고 바로 확인할 수 있도록 한다. 이런 작업들이 모두 완료되어 메뉴 개발이 끝나고 난 후에야 이 과정에서 결정된 내용을 바탕으로 주방 설계를 시작할 수 있다.

일하기 좋은 매장을 설계하려면

매장 설계를 위해 필요한 요소는 기능성, 공간, 동선, 디자인, 실온, 컬러, 조명, 음향 등 여덟 가지다. 많은 매장이 매장 설계를 위한 요소 중에서 디자인만을 중요하게 생각하고 다른 요소는 등한시하는 경향이 있는데, 기능성을 우선으로 고려해야 한다.

효과적인 구역 설정 계획

생산 기능으로서 주방, 판매업·서비스업 기능으로서 홀, 매입 후 식재료와 비품을 공급하는 유통업 기능으로서 창고와 설비 공간으로 구분할 수 있다

이처럼 작업을 기능별로 구분해서 적절하게 공간을 배치하는 일이 구역 설정 계획이다. 홀의 객석 수를 늘려 주방 공간이 좁아지면 생산 기능이 떨어져 고객을 만족시키지 못한다. 동시에 회전율도 떨어지므로 객석 수가 아무리 많아도 결과적으로는 매출이 오르기 어렵다. 게다가 식재료와 비품의 보관 공간이 부족하면 매장 내부가 혼잡해져 많은 손실이 발생한다.

기능적인 주방시스템

매장 설계의 기능면에서 가장 중요한 부분은 '주방 시스템'이다. 주방은 인간으로 말하면 매장의 심장이다. 심장이 몸 구석구석까지 정상적으로 혈액을 공급해야 하는 것처럼 주방에서는 음식을 조리해서 고객에게 제공해야 한다.

심장과 다름없는 주방의 기능이 떨어지면 정상적인 매장 운영이 불가능해진다. 고객에게 음식을 제공하는 시간이 늦어지거나, 상품력이 낮아지거나, 식재료의 손실이 늘어나거나, 식중독의 위험성이 높아지고 인건비가 올라가는 등 비효율적인 운영으로 이어지는 결과를 가져온다.

고객이 몰리는 피크타임에 정해진 시간 안에 음식을 만들기 위해

서는 조리 공간, 최종 세팅 공간, 대기 공간, 청소 공간 등 기능별로 공간을 분리하고, 조리담당자의 동선이 최대한 짧아지도록 포지션별로 조리 도구, 식기, 식자재를 한 곳에 배치해서 기능이 원활하게 이루어지는 주방 시스템을 개발해야 한다. 1990년대부터 지켜본 사람으로서 말하자면, 한국의 외식업계가 많은 진보를 해온 건 사실이지만 주방 시스템만은 발전하지 못했다고 생각한다.

주방의 기능을 고려하기 위해서는 먼저 메뉴 개발이 선행되어야 한다고 앞서 설명했다. 매장의 설계는 기본적으로 메뉴가 정해지지 않으면 진행할 수 없기 때문이다. 그럼에도 업종만 정해지면 기능성은 고려하지 않은 채 매장의 디자인에만 신경을 쓰고 남는 공간을 주방으로 만들어 버린다. 주방 설계나 기구의 설치도 업체에 맡겨 동일 업종의 다른 매장과 비슷하게 하고 메뉴 개발은 주방 설계 후에 실시하는 경우가 많은데, 이런 식의 매장 설계로는 경쟁에서 살아남을 수 없다.

주방 시스템으로는 백키친 시스템이 좋다. 이 시스템은 미국 해병대의 잠수함에 도입하던 것으로, 한정되고 좁은 공간에서 한 번에 많은 병사의 식사를 제공하기 위해 고안되었다가 제2차 세계대전 후 음식점의 주방 시스템으로 도입되었다. T.G.I. 프라이데이, 아웃백 스테이크하우스 등이 모두 백키친 형태의 주방 시스템을 활용하고 있다.

이 주방 시스템은 세 개의 주방 라인이 앞뒤에 배치되어 있는 것이 특징이다.

객석에서 가장 가까운 앞 라인이 서비스 구역(최종 세팅 공간)Service Line이다. 이미 조리 오퍼레이션 부분에서 설명한 바와 같이 밥 준비, 수프나 국의 세팅과 같이 특수한 기술을 필요로 하지 않는 조리 작업을 홀에서 대신하기 때문에 주방의 조리 작업을 원활하게 하는 역할을 한다.

다음 라인은 주문을 받아 요리를 만드는 조리 공간Cooking Line이다. 앞에서 말한 바와 같이 조리의 속성별로 구분된 조리 포지션에서 주방 담당자의 동선을 최대한 줄이고, 주방 담당자가 정해진 위치인 주방 기구 앞에서 식재료와 조리 도구, 식기를 꺼내 작업할 수 있도록 설계하는 것이 중요하다.

마지막 라인은 사전 준비 작업을 하는 준비 공간Preparation Line이다. 이곳은 준비 시간에 미리 식재료를 정리해 피크타임 전에 조리 공간으로 옮길 수 있도록 하는 역할을 한다. 이로 인해 조리 담당자는 조리에만 전념할 수 있고, 조리와 사전 준비를 분리함으로써 효율적인 작업이 가능해진다.

이처럼 백키친 시스템은 기능별로 조리 라인을 분리해 최소한의 인원으로 효율적인 조리가 가능하도록 만든 것으로, 세 개의 조리라인에 세척 공간Dish Wash Line과 식재료의 1차 보관을 위한 창고나 냉동냉장고, 설비실인 백야드Back Yard를 갖추면 주방 공간이 완성된다.

인간의 몸에 비유했을 때 신장에 해당하는 세척 공간은 준비 공간 옆에 배치하는 것이 좋다. 신장이 노폐물을 걸러 필요 없는 물질들은 배출시키고 피를 세정해서 다시 심장으로 보내는 것처럼, 세척 공간에는 가능한 한 설거지거리를 모아 담을 수 있는 공간과 식기·컵·수저·나이프·포크 그리고 냅킨이나 빈병 등의 분리 및 설거지를 마친 기구들을 분류해 보관할 수 있도록 공간이 충분해야 한다. 세척 공간을 분리, 독립시키는 이유는 피크타임을 제외한 시간에 여유가 생기면 직원들이 한꺼번에 설거지를 처리할 수 있도록 하기 위해서다. 따라서 피크타임에는 설거지하기 쉽도록 분류해 모아두고, 잔 등은 설거지 전용 선반에 두는 것이 좋다.

세척기는 피크타임의 고객 수에 맞는 용량으로 설치함으로써 한꺼번에 최대한 많은 양의 설거지를 처리할 수 있어야 한다. 세척이 끝난 식기들은 종류별로 정해진 장소에 보관하는 등 적은 인원으로도 효율적으로 신장의 기능을 실현하는 세척 공간이 되어야 한다.

가끔 설거지 전담 인원을 배치하는 경우가 있는데, 피크타임에는 설거지거리가 나오지 않아 그냥 앉아만 있을 때가 많다. 그러다 설거지거리가 나오기 시작하면 그제야 조금씩 세척기를 돌리기 시작하는데, 이는 인건비는 물론 수도, 전기 등의 광열비를 낭비하는 일이다. 식기세척기를 도입한다고 일손이 줄어드는 게 아니다. 적은 인원으로 효율적인 주방 오퍼레이션을 실현하기 위한 세척 공간과 세척 기능을 도입해야 한다는 말이다. 세척 공간의 세척 기능이 떨어지면 주방에 식기 조달이 늦어지고, 고객에게 음식 제공이 늦어져 결과적으로 객석 회전율에 영향을 미치게 된다.

매장 설계 시에 크게 관심을 기울이지 않는 세척 공간이 중요한 기능을 갖고 있다는 사실을 이해하고, 메뉴 개발할 때 결정한 식기의 종류를 고려해 가며 공간과 기능을 설계해 나가야 한다. 또한 백야드는 조리 오퍼레이션에서 설명한 바와 같이 납품된 식재료의 이동이 홀이나 주방을 경유하지 않도록 뒷문에 배치하고, 필요한 양을 충분히 보관할 수 있을 만큼의 공간을 확보하는 것이 좋다.

이처럼 주방을 설계할 때는 백키친 시스템 기능을 토대로 최종 세팅·조리·준비·세척 공간, 백야드를 확보함으로써 노동생산성을 향상하도록 한다. 또 배기와 흡기의 밸런스를 위해 매장 전체에 공조 시스템을 갖추어 주방의 조리 냄새가 객석으로 새어나가지 않도록 한다. 그리고 주방 안에도 에어컨을 설치해 조리 담당자가 쾌적한 온도에서 작업할 수 있는 환경을 만든다.

나는 몇 년 전 백키친 시스템 주방을 도입한 적이 있다. 광주시의 베르파제라는 이탈리안 레스토랑인데, 이미 여러 번에 걸친 일본의 외식업체 탐방을 통해 이 시스템을 알고 있던 이 업체 대표와의 논의 끝에 이루어졌다. 당시 상담을 통해 메뉴 개발부터 주방을 포함한 매장 설계까지 전체적으로 도움을 준 베르파제는 지금도 순조롭게 영업하고 있다. 게다가 피크타임에 어떻게 하면 좁은 주방에서 적은 인원으로 음식을 만들 수 있는지 궁금하다며 주변의 매장 경영자들이 찾아오는 일이 비일비재하다고 식장 사장은 흡족해 하고 있다.

이 사례로 보아 한국에서도 어떤 업종이든 백키친 시스템 기능을 갖춘 주방을 도입해야 하지 않을까 생각한다.

홀의 효율적인 작업 동선

주방의 배치와 레이아웃이 정해지고 나면 홀의 레이아웃을 계획한다.

먼저 주방에서 음식이 나오면 최종 세팅을 해서 고객에게 제공하고, 식사가 끝나면 식기를 수거해 세척할 때까지의 동선을 확인한다. 이때 음식이 나오는 장소와 식기가 회수되어 들어오는 장소가 같으면 동선이 겹치기 때문에 효율이 떨어진다. 따라서 〈그림26〉과 같이 IN, OUT의 동선이 겹치지 않도록 경로를 분리하는 것이 좋다.

주방에서 객석까지 동선이 길거나 도중에 계단 같은 장애물이 있으면 작업 효율이 떨어지고 홀 직원의 부담도 커진다. 매장 형태는 장애물이 없는 정방형에 가까운 형태가 이상적이지만, 정방형이 아닌 장방형 매장이라 하더라도 주방에서 객석까지 거리는 가능한 한 짧은 동선으로 레이아웃을 설정할 필요가 있다.

타깃으로 삼은 고객에 맞는 객석 수의 테이블(카운터석, 2인석, 4인석, 6인석, 8인석 등)을 고려해 좌석 레이아웃을 정하고, 고객이 매장에 들어왔다가 돌아갈 때까지 홀 직원의 접객 서비스 동선을 확인한다. 입점 고객 안내·주문·음식 제공·중간 정리 및 서비스·계산·테이블 정리와 세팅 등 일련의 오퍼레이션을 확인한 뒤에 출입구의 위치, 고객에게 제공할 물·물수건 등을 넣어 두는 서비스 공간의 위치, POS 단말기 위치, 식기를 일시 보관해 두는 공간의 위치, 계산대 위치 등을 결정한다. 동선이 너무 길지는 않은지, 서로 부딪치지는 않는지, 더 효율적인 동선이 있는지 여러 번에 걸쳐 시뮬레이

〈그림26〉 홀 동선 기능표

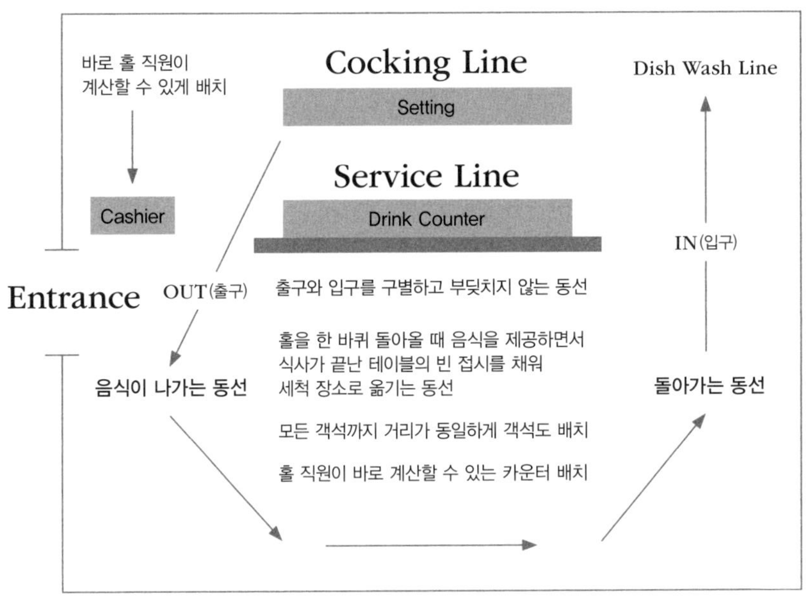

션을 하면서 설계자와 함께 논의한다.

특히 적은 인원으로 효율적인 오퍼레이션을 하기 위해서는 〈그림26〉과 같이 홀 직원이 고객에게 요리를 제공하고 돌아올 때 빈 그릇을 회수해 올 수 있도록 객석 레이아웃을 설계해야 한다. 그러려면 출입구와 계산대, 서비스 공간의 위치를 한곳으로 모아서 서비스 공간에 있던 고객이 곧바로 계산대를 향할 수 있도록 하는 배려가 필요하다. 홀 설계 역시 이 같은 기능을 먼저 고려한 다음 본격적인 디자인 작업에 들어가야 효율적인 매장이 될 수 있다.

주방이나 홀의 기능을 제대로 고려하지 않고 매장을 설계하면 고객을 만족시키기 위해 더 많은 사람이 필요해져 인건비가 높아질 수밖에 없다. 인건비가 낮은 시대에는 직원들을 많이 배치해 비효율적인 기능을 보완할 수 있었다. 하지만 인건비가 높은 요즘에는 필요한 만큼 직원을 고용하지 못하기 때문에 일을 하고 있는 직원들에게 부담을 줄 수밖에 없다. 이는 결국 직원들의 정착률을 떨어뜨림으로써 경영을 압박하게 된다.

매장 구조 자체의 기능성을 높이지 않으면 이러한 악순환이 반복되어 심각한 문제로 발전할 수 있으므로 매장 설계에서 기능의 강화는 매우 중요하다. 주방과 홀의 오퍼레이션을 잘 아는 사람이 그 기능을 충분히 이해한 뒤 설계자와 함께 검토해 나가야 한다. 설계를 디자이너에게 맡겨 버린 채 디자인만 우선시해서는 안 된다.

지금까지 콘셉트부터 메뉴 개발, 매장 개발에 대해 이야기했듯이 앞으로 다가올 변화의 시대에 번성점포로 살아남기 위해서는 개발 업무에 대한 기획력을 강화하고, 노동생산성을 높일 수 있는 매장을 목표로 해야 한다.

마케팅 기획의 포인트

고객 정보를 효율적으로 관리하려면

앞으로는 언제나 고객 제일주의의 개념을 갖고 있어야 살아남을 수 있는 시대다. 때문에 고객 정보를 어떻게 관리할 것인지가 마케팅 기획에서 가장 중요한 포인트가 될 수밖에 없다. 계획한 만큼 신규 고객을 확보할 수 없는 시대가 될 가능성이 농후한 요즘, 단골 고객의 확보는 격동의 시대에 살아남기 위한 생명선이다. 단골 고객의 정보를 시스템화해서 고객의 정보를 관리해 나가야 한다.

고객을 분석하는 데는 RFM이라는 방법이 있다. 고객의 구매 행동을 최종 구매일Recency, 구매 빈도Frequency, 누적 구매 금액Money의 지표로 나누어 분석하는 방법으로, 항목을 단계별로 점수화해서 고객의 순위를 정하는데, 통상적으로 5단계 평가를 실시한다.

예를 들면, 최근 1개월 이내 내점한 고객은 R에 5점을 주고, 3개월 동안 5회 이상 내점한 고객은 F에 5점, 3개월 동안 50만 원 이상 사용한 고객은 M에 5점이라는 점수를 주어 세 가지 항목이 5-5-5가 되는 고객을 우량 고객으로 분류한다. 이렇게 고객들의 순위를 정해 데이터화하는 방법이 RFM 분석이다.

이 결과를 통해 매장에서는 어느 순위의 고객층을 대상으로 판매 촉진을 위한 마케팅을 실시할 것인지 판단한다. 구매 금액인 M은 5점으로 제일 높지만 구매 빈도 F가 3점인 고객군의 구매 빈도를 높이기 위해서는 그들에게 DM을 발송하거나 메일로 정보를 보낸다. 특정 고객층을 자극시켜 효과적으로 매출을 올리는 방식인 것이다.

이전처럼 불특정 다수를 겨냥한 매스마케팅 방식으로 대량의 프로모션을 실시해서 고객을 늘리는 방법은 오늘날 성숙해진 시장 환경에서는 효과를 보기 어렵다. 비용 대비 효과를 고려하더라도 방문 경험이 있는 고객 중에서 특정 고객층에게 특정 목적의 프로모션을 실시하는 방법이 효과가 더 높다.

이 방법은 대기업의 유통체인점 등에서 자사가 발행한 신용카드나 포인트 카드의 사용 이력을 분석해 실시하고 있다. 일본의 이온몰은 쇼핑몰 안에 입점한 매장을 통해 고객에게 자사 카드나 포인트 카드의 발행과 이용을 유도하도록 한 후 매장별로 RFM 분석 결과를 제공한다.

이런 방식은 쇼핑몰에서 매장의 DM 발송이나 고객 관리를 지원함으로써 결과적으로 쇼핑몰을 방문하는 전체 고객이 늘어나는 일석이조의 효과로 이어진다. 하지만 비용이 많이 들고 전담 직원을 고용해야 할 정도로 수고와 시간이 들기 때문에 일반 음식점이나 프랜차이즈 본사에서는 쉽게 도입하기 어렵다. 그럼에도 이러한 고객 정보 관리는 필요하다. 특히 단체 예약 비율이 높은 매장에서는 반드시 도입해야 한다. 최근 기업의 회식비 삭감으로 회식 빈도가 현저히 떨어지고 있으나 단체 모임이나 회의 등은 여전하기 때문에 매장을 이용한 고객 정보 관리는 꼭 필요한 부분이다.

어느 '게 요리 전문점'에서 실시한 성공 사례를 보자.

근처에 대형 게 요리 전문점이 오픈한다는 이야기를 들은 이 매장은 경쟁 업소가 개업하기 3개월 전부터 예약 고객을 내점 빈도에 따라 A, B, C로 분류해 데이터베이스화했다. 그리고 A급 고객에게 집중적으로 DM 발송과 홍보를 반복했다. 그 결과 경쟁 매장이 개업한 이후 오히려 매출이 늘어나는 효과를 보았다.

이는 운영력의 '단골 고객의 중요성'에서 이미 설명한 바와 같다.

음식점 고객층 중에서 상위 10%를 차지하고 있는 응원 고객이 매출의 45%를 올리고, 단골 고객을 포함한 30%의 고객이 전체 매출의 80%를 차지한다는 법칙에 근거해 상위 고객에게 집중적으로 마케팅을 실시한 결과라고 볼 수 있다. 앞으로는 이러한 마케팅 방법이 큰 효과를 나타낼 것이다.

RFM 분석만큼 상세하게 분류하지는 않더라도 전문업자에게 포인트 카드를 의뢰해 디지털화하는 시스템을 도입하는 방법도 있다. 이 방법은 매월 일정한 비용을 지불하면서 기본적인 고객 정보(단체명, 고객명, 주소), 내점 빈도, 사용 금액 등의 데이터 관리를 맡기는 것이다.

고객에게 한 걸음 더 다가서려면

한국에서는 휴대폰이나 신용카드를 통한 마케팅 방법은 실시되고 있는 것 같다. 하지만 대부분이 카드 회사나 통신사에 유리한 조건일 뿐 매장에는 메리트가 없어 보인다. 또 메리트가 있다 하더라도 그 메리트를 활용해 어떤 특별한 행동을 취하는 것 같지도 않다. 충분히 매장에 유리한 시스템을 구축할 수 있는데도 말이다.

보통의 음식점에서 비용을 들여가면서까지 시스템을 도입하기가 힘들다면 아날로그적인 방법으로라도 반드시 고객정보를 관리해야 한다. 정기적인 이벤트를 기획해 설문조사에 참여하는 고객에게 다양한 특전을 주는 등의 동기부여로 매장을 평가하고 고객 정보를 입수하는 방법도 있다.

고객이 이름, 주소, 생년월일, 결혼기념일, 이메일 주소 등을 정보 기입란에 기입해서 제출하면, 매장은 즉시 데이터베이스화 해서 매월 생일이나 결혼기념일 등을 맞이한 고객에게 DM이나 메일을 발송한다. 단체 예약을 받을 때도 이름과 시간, 전화번호만 묻지 말고 회사명과 소재지 등의 정보까지 받아서 정기적으로 DM을 발송하거나 직접 찾아가는 영업력을 발휘해야 한다.

이처럼 시스템의 도입이나 아날로그적인 방식을 통해 고객정보를 입수해 매장에서 고객 정보를 잘 활용한다면 내점 고객 수의 증가와 노동생산성의 향상으로 이어지는 긍정적인 효과를 거둘 수 있다. 하지만 제대로 활용하지 못한다면 노동생산성이 떨어지는 것은 물론 정보 수집과 데이터 관리에 사용한 노동시간만 허비해 버리는 결과를 낳고 만다. 고객정보 관리는 어디까지나 매장이 고객에게 다가가기 위한 행동이란 점을 꼭 알아야 한다.

판매 촉진을 위한 기획의 키워드

지금까지 고객 정보 관리를 이용한 판매 촉진과 효과적인 기획 방법에 대해 알아보았듯, 효과적인 판매 촉진을 위한 기획의 포인트는 목적을 명확히 하고 계획적으로 실시하는 것이다. 여기서 판매 촉진의 목적은 매출의 구성 요소 어딘가를 자극해서 매출을 촉진시키는 것으로, 다시 한 번 매출의 구성 요소에 대해 확인해 보자.

매출 = 객수×객단가

객수 = ①이용자 수×②내점 빈도×③동석자 수

객단가 = ④음식의 평균 단가×⑤구매 개수

운영력의 '단골 고객의 확대' 부분에서 설명한 대로 매출은 위와 같이 분해할 수 있는데, ①~⑤의 어느 부분에 판매 촉진을 실시할 것인지 그 목적을 명확하게 해야 한다.

①의 이용자 수를 늘리는 판매 촉진으로는 광고지, 블로그 마케팅, 홈페이지, 인터넷 광고, 방문 영업 등의 홍보로 아직 매장을 방문한 적이 없는 사람들에게 매장의 존재를 알려 방문을 유도하는 방법이 있다.

②는 현재 이용하는 사람들의 내점 빈도를 높이려는 목적으로 실시하는 판매 촉진으로, 포인트 카드에 특전을 주거나 고객 리스트를 이용해 DM이나 메일을 발송해 방문을 유도하고, 방문할 때는 할인권이나 서비스 쿠폰을 제공하는 방법이 있다.

③은 회식, 모임 등의 단체 예약을 유치하거나 점심을 이용하는 개인 고객을 저녁시간에 가족 단위 또는 회식 모임으로 오도록 유도하는 등 단체 이용을 촉진할 목적으로 실시하는 방법이다. 현재 이용하고 있는 사람에게는 DM·메일·점내 POP로 홍보하고, 방문한 적이 없는 사람에게는 휴대폰이나 광고지·기타 광고 매체를 통해 안내하거나 직접 방문해 영업을 한다.

④는 계절 메뉴, 한정 메뉴 등 부가가치와 객단가가 높은 메뉴를 도입해 일정 기간의 평균 단가를 올리는 것을 목적으로 하는 판매 촉진을 말한다.

⑤는 단품 요리 주문에 추가로 이어지는 음료·디저트 등의 사이드 메뉴와 테이크아웃 상품을 개발해 홀 직원의 추천 판매나 효과적인 POP로 판매를 높이는 판촉 방법이다.

이처럼 어떻게 하면 목적별로 판매 촉진을 기획해 나갈지를 결정하는 일이 중요하다. 판매 촉진은 결코 매출이 나빠서 실시하는 것이 아니다. 매출이 오르지 않는 이유는 운영력이 떨어지거나, 입지와 콘셉트가 맞지 않거나, 메뉴나 상품의 기획에 문제가 있기 때문이다. 이러한 문제가 있을 때는 판매 촉진을 실시해도 효과를 보지 못하고 비용만 낭비하게 된다.

매장의 이용자 수는 일정한 비율로 자연 감소한다. 매장에 관심이 있어도 사망이나 병으로 방문할 수 없게 되거나, 이사나 전근 등으로 방문할 수 없는 상황이 생기는 경우도 있다. 따라서 휴대폰이나 각종 홍보 매체를 통해 매장의 존재를 항상 노출해야 한다. 또 매년 매출은 성수기와 비수기가 반복되기 마련이다. 성수기와 비수기의 매출 차이를 최대한 줄이려는 노력을 통해 비수기의 매출을 성수기 수준으로 끌어올림으로써 매출을 안정시킬 필요가 있다.

이처럼 매장을 운영하면서 꼭 필요한 판매 촉진은 연간 계획 또는 마케팅 캘린더를 통해 기획하고, 실시하기 3개월 전부터 준비를 시작하는 것이 좋다.

〈그림27〉 연간 판매 촉진 계획표

		1월	2월	3월	4월	5월	6월	7월	8월	9월	10월	11월	12월
제목		새해 이벤트	스피드 복권	봄 메뉴 이벤트	설문 조사 이벤트	어버이날 감사 이벤트	여름 메뉴 이벤트	냉면 축제	맥주 이벤트	가을 메뉴 이벤트	스피드 복권	2주년 축제	가을 메뉴 이벤트, 한류축제
내용		새해 할인 쿠폰	복권으로 식사권 증정	기간 한정 할인	설문 조사 응답자 식사권 증정	가족 고객 대상 특별 메뉴 주문 고객 식사권 증정	기간 한정 할인	냉면 집중 어필	가격 할인	기간 한정 할인	복권으로 식사권 증정	2주년 축제 특정 서비스	한국 관광 당첨 복권
대상		전고객	전고객	봄 메뉴 주문 고객	전고객	전고객	여름 메뉴 주문 고객	전고객	전고객	가을 메뉴 주문 고객	전고객	전고객	전고객
매체	점포 내	POP	POP	POP	POP	POP	POP	POP	POP	POP	POP	POP	POP
	점포 외	Face Book	Face Book	Face Book	Face Book	Face Book	Face Book	Face Book	Face Book	Face Book	Face Book	전단, Face Book	Face Book
기간		1/1~ 1/6	2/1~ 2/29	3/1~ 3/15	4월중	5/6~ 5/16	6/1~ 6/15	7/1~ 7/15	8월중	9/1~ 9/15	10/1~ 10/31	11/20~ 12/5	12/1~ 31
준비 기간		12/1~	1/1~	1/1~		4/1~	4/1~	5/1~	7/1~	7/1~	9/1~	10/1~	9/1~
담당자													
이벤트 목적		2월 집객	2~3월 집객	봄 메뉴 촉진 및 객단가 상승	고객 정보 수집	가족 고객 고정화	여름 메뉴 촉진 및 객단가 상승	계절 메뉴 촉진	매출 극대화	가을 메뉴 촉진 및 객단가 상승	10~11월 집객	매출 극대화	매출 극대화 및 1월~2월 집객
예산													

〈그림28〉 3개월 행동 계획표

〈점포 ○○점〉 작성자 :

3개월 후 목표	마케팅 테마	홍보 기간(When)	2020년 8월 1일~10월 30일
전년 대비 매출 110% 달성	10주년 감사 기념이벤트	홍보 대상 지역 (Where)	매장 상권 3km
		홍보 대상 고객층 (Who)	전 고객층
마케팅 활동 목적	**마케팅 내용**	**홍보물(What)**	전단, 매장 내 POP, 페이스북
오픈 10주년을 기념하고 고객에게 감사를 표시하며, 점포의 존재감을 극대화하기 위해 대대적인 홍보 활동을 통해 집객을 촉진함과 동시에 새로운 고정 고객을 창출한다.	기간 중 메인 메뉴 로스돈가스 10년 전 가격 5000원 실시, 기간 중 내점 고객에게 다음 번 사용할 수 있는 할인 쿠폰 증정.	홍보 목적(Why)	신규 고객 유인, 기존 고객 리피트 촉진
		홍보 방법 (How To)	전단 배포 및 POP 게시, SNS 발송
		이벤트 기간 (How Long)	2020년 11월 1일~11월 7일
		홍보 비용과 효과 (How much)	홍보 및 할인 원가 비용 300만 원, 매출 증대 1,000만 원

준비 내용	활동 내용	담당자	스케줄 8월 1주	8월 2주	8월 3주	8월 4주	9월 1주	9월 2주	9월 3주	9월 4주	10월 1주	10월 2주	10월 3주	10월 4주
전단 제작 플랜	대략적인 계획 세우기	부장												
POP 제작 플랜	대략적인 계획 세우기	부장												
전단 제작업자 선정 미팅	대략적인 계획을 바탕으로 업자 미팅 발주	부장												
SNS 홍보 내용 입안	점포 10년 역사에 대한 스토리텔링	부장												
이벤트 내용 공유 미팅	직원들에게 이벤트 내용과 방법 설명	점장												
전단 디자인 확인 수정	업자와 반복 확인 수정	부장												
전단 납품	내용물 확인	점장												
매장 내 홍보 매뉴얼 작성	고객에게 구두로 설명하는 매뉴얼 작성	홀주임												
매장 내 홍보 훈련	홀 직원 대상 역할 연기 실시	홀주임												
홍보 개시	전단 배포, POP 게시, SNS 게시, 구두 설명 개시	전 직원												

〈그림27〉은 연간 판매 촉진 계획표이며, 〈그림28〉은 3개월 단위로 실시하기 위한 구체적인 행동 계획표이다.

연간 계획을 세울 때의 포인트는 성수기 매출을 최대한 끌어올릴 수 있는 시스템을 기획해 더욱 많은 단골 고객을 확보하는 한편, 비수기에는 단골 고객이 매장을 방문하도록 유도해 매출이 떨어지는 것을 방지하는 일이다.

온리 원Only One 상품으로 매출 올리기

내가 가장 최근에 성공한 일본의 지방 도시에 위치한 일식집 판매 촉진 방법을 보자.

이 가게는 단체 예약 고객의 매출 비율이 높아 매년 12월 송년회 시즌에는 매출이 크게 오르지만, 2월처럼 수요가 없는 달에는 매출이 현저히 떨어지는 점이 경영자의 가장 큰 고민이었다. 나는 연간 최대 매출 시기인 12월에 방문한 고객을 대상으로 대대적인 홍보 활동을 실시해 2월 비수기에도 단골 고객이 가게를 방문하도록 유도했다.

또 이 가게에서는 오리지널 간장을 판매하고 있었는데, '우마미UMAMI, 감칠맛'라는 말이 국제어가 될 정도로 일식이 세계적으로 유명하다. 특히 아미노산 성분이 많고 감칠맛이 강한 이 간장도 고객들에게 큰 인기를 끌었다. 생선회를 찍어 먹어도 맛있고, 음식의 조미료로 사용하기에도 충분했기 때문이다.

경영자와 나는 이 간장을 무기 삼아 판매 촉진을 기획했다. 먼저 간장 증정 교환권을 만들고 2천 병의 간장을 준비했다. 그리고

12월부터 높은 매출이 계속되는 1월 중순까지 가게를 방문한 모든 고객에게 교환권을 배포했다. 배포를 종료한 다음 날부터 2월 말일까지 교환권을 지참한 고객에게 간장을 증정하는 행사였다.

이 기획의 효과로 2월 매출은 전년 대비 137%까지 올랐다. 이 이벤트를 계기로 입소문이 나면서 그 해에는 매월 매출이 상승하는 결과를 가져왔다. 증정 기간 중에 교환권 없이 소문을 듣고 찾아와 간장을 구입하고 싶다는 고객들이 많아 추가적인 매출 효과도 올릴 수 있었다. 매출이 오르는 시기에 더욱 적극적으로 홍보함으로써 매출이 없는 달에도 매출을 끌어올린 성공 사례다.

계획적인 판매 촉진, 5W 2H

이 기획은 일시적인 성공 사례에 불과하지만, 이러한 흐름대로 1년 계획표를 작성하고 3개월 단위로 준비해 나간다면 높은 판매 촉진 효과를 얻을 수 있다.

이 외에도 판매 촉진을 위한 구체적인 방법은 많으니 매장 사정에 따라 준비해 보자. 매월 조금씩이라도 매출을 올릴 수 있는 방법을 찾다 보면 아이디어가 나올 것이다. 이벤트나 계절 한정 메뉴 등의 기획을 통해 고객의 관심을 끌 수 있는 방법이다. 이러한 기획은 실시하기 3개월 전부터 5W 2H를 준비하는 것이 포인트다.

5W 2H는 '왜Why, 무엇을What, 언제부터 언제까지When, 어디에서Where, 누가 무엇을 담당하는가Who, 어떤 방법으로 실시하는가How to, 어느 정도의 예산으로How much 실시하는가'를 명확히 하는 일로, 기

획을 실행할 때는 타임 스케줄 안에서 담당 역할을 확실히 구분하고 목표치를 설정해야 한다.

또한 실행 기간 중에는 매주 효과를 검증해야 한다. 예를 들어, 계절 한정 메뉴라면 종류는 무엇이며, 매출 효과는 어느 정도인지, 매출의 구성비는 어느 정도이고 객단가가 올랐는지를 확인한다. 그리고 판매 촉진 기간이 끝나면 비용 대비 효과를 검증해서 판매 촉진 방법이 효과적이었는지 확인한다. 효과가 적었다면 내용 변경을 검토해야 한다.

이처럼 목적을 명확히 하고 계획적으로 실시해 비용 대비 효과를 높이는 판매 촉진 기획을 반복한다면 강한 성공 식당으로 거듭날 수 있게 될 것이다.

일하고 싶은 직장을 만드는 인사제도

앞에서 여러 번에 걸쳐 성공 식당으로 나아가기 위해서는 앞으로 직원들의 높은 모티베이션이 꼭 필요하다고 말했다. 그리고 모티베이션의 크기는 가치×도구성×기대의 크기로 결정된다는 브룸 이론도 소개했다.

"자신의 행복을 목적으로 삼으면 그것이 가치가 되고, 그 목적을 달성하기 위해서는 고객의 지지와 인재 육성(직원들의 성장)이 목표가 된다." "운영력을 강화해서 노동생산성을 높이면 처우가 개선될 것이라는 믿음을 갖고 일하고, 그 결과 얻어지는 처우 향상에 대한 기대가 크면 클수록 모티베이션은 높아진다." 이와 같은 내용이 위의 공식을 말해 주고 있다.

그렇다면 직원들의 기대치를 높이는 인사제도란 무엇일까?

직원들의 기대치를 높이는 인사제도

시대가 빠르게 변하고 있는 만큼 앞으로의 인사제도는 성장기와 성숙기의 인사제도와는 달라야 한다.

〈그림29〉는 카시와노 미츠루의 《점장의 실무를 알 수 있는 책》에 소개된 '직원들에 대한 미래의 처우와 개념'에 대해 설명한 것이다. 그는 처우에 대해 다음과 같이 말한다.

"처우는 크게 세 가지로 나눌 수 있는데, 바로 직접적인 조건과 간접적인 조건, 환경적인 조건이다.

직접적인 조건은 수입에 직접적으로 관련된 항목, 간접적인 조건은 수입 이외에 다양한 형태로 관련되는 항목, 환경적인 조건은 일하는 환경이나 자신의 존재를 믿는 환경 및 자신을 성장시킬 수 있는 환경으로써 본인과 연관된 항목을 말한다.

개인에게는 이 세 가지 조건이 모두 다르지만, 회사에게는 이 세 가지 항목 모두 '돈'에 해당한다. 즉, 고객이 올려주는 매출에 의해 확보되는 수익이 모든 항목의 원자가 된다. 따라서 직원들의 처우 개선은 매장의 수익에 의해 크게 좌우될 수밖에 없다.

전에 외식업계에서는 첫 번째 조건이 대부분이었다. 다시 말하면 급여 이외에는 아무것도 제공되지 않는 시대였다. 그러다 환경이 변

〈그림29〉 직원들에 대한 미래의 처우 및 개념

대우 종류 / 대우 분배 방법	직접적 조건	간접적 조건	환경적 조건
지금까지 상식	기본급	노동시간	직장 내 설비
평등하고 계속 상승하는 대우	각종수당 기타 급여 상여의 기본 부분 잡급의 시간급	휴일 유급휴가 4대 보험 퇴직금 제도	1매장 내 환경 사내 환경 사원 여행 회식 환영회 장기 근무자 표창
미래의 상식	직급 수당	각종 회의 참가	직위
공평하고 증감 가능한 대우	능력급 보상금 성과 배분 상여의 일부	기숙사 사택 완비 주택 취득 원조 제도 차량 및 경비 특별휴가 경비 사용권	권한 각종 연수 참가 연수여행(해외 등) 조사 연구 여행 독립제도

하면서 두 번째 조건이 정비되고 나서부터는 외식업이 회사로 인정받게 되었다. 앞으로는 세 번째 조건이 중요해질 것이다.

동시에 직원들에 대한 처우는 앞으로도 계속 좋아지리라 예상할 수 있다. 처우가 계속 좋아진다는 말은 회사와 매장의 부담이 점점 가중된다는 의미다. 만일 매출이 한정된 상태에서 직원들의 처우가 계속 좋아져야 한다면 회사나 매장은 감당하지 못한 채 망하고 말 것이다. 따라서 분배의 논리에도 변화가 일어나야 한다. 지금의 '평등한 대우', '높아져만 가는 처우'에서 '공평한 대우', '조정 가능한 처우'로 무게 중심이 조금씩 이동해 가야 한다."

직접적인 조건은 '연령급여, 근속급여'보다 '능력급여, 직무수당'의 비중을 높이고, 상여금은 급여의 일정 비율을 지불하는 형태에서 성과에 따른 배분이나 장려금 등의 비율이 높아지는 형태로 바뀌어야 한다. 간접적인 조건은 매장과 기업의 규모에 관계없이 적정 노동시간 근무 및 규정시간을 초과하는 잔업수당 지급, 고용계약으로 정해진 휴일, 유급 휴가, 4대 보험, 퇴직금 지급 등이 무조건 보장되어야 한다. 이 같은 각종 지출 항목은 회사의 규모에 따라 더욱 증가할 수밖에 없다.

그중 무엇보다도 환경적 조건이 중요해질 것이다. 매장 설계에서 주방의 에어컨 설치나 작업하기 편한 동선, 휴식 공간 등 직장 환경 정비와 복리 후생은 물론, 직원들의 능력을 향상시키는 연수제도와 조사 연구경비, 미래의 인생설계에 필요한 커리어 향상제도나 독립제도처럼 직원의 성장과 비전으로 이어지는 환경적 조건에 비중을 높여야 한다.

파트타이머, 아르바이트의 시간급여 사정제도

일본의 경우, 음식점 근무자의 70%가 파트타이머나 아르바이트생인 비정규직 직원들이다. 이른바 시급으로 급여를 받는 사람들로, 이들에게 직접적인 조건은 시급이 오르는 것이다. 그들은 '얼마만큼 업무 수행 능력을 높이고 직장에 공헌을 하면 시급이 오를까'에 가장 관심이 많다.

일본 외식업계에서 근무하는 파트타이머와 아르바이트생의 노동력 비율을 생각했을 때, 일에 대한 능력과 직장에 대한 공헌도를 평가하는 시간 급여 사정제도와 파트타이머, 아르바이트생의 커리어 향상플랜은 매우 중요한 요소다.

한국에서도 파트타이머와 아르바이트생의 비율을 높이지 않으면 앞으로 경영이 힘들 거로 생각한다. 따라서 반드시 파트타이머와 아르바이트생의 기대를 높일 수 있는 시간 급여 사정제도와 커리어 향상 플랜을 구축해야 한다.

독립 지원제도로 모티베이션을 높이고, 매장도 늘리고

직원들의 성장과 꿈으로 이어지는 환경적 조건의 비중을 높이는 방법 중 주목받는 것이 '독립 지원제도'다. '쇼오야, 야루키차야' 등의 선술집 체인점을 주력으로 운영하는 다이쇼 그룹은 독립 지원제도로 매장을 확대해 가면서 도쿄증권시장 1부에 상장한 기업이다. 지금은 다양한 업종의 외식기업을 경영하고 있으며, 연매출 7천억 엔이 넘는 선술집 체인점으로 발돋움했다.

내가 다이쇼 그룹의 주력 업종인 '쇼오야'에 근무하던 1980년대는 선술집 체인점이 급성장하던 시대로 쇼오야 외에 '무라사키', '츠보하치' 등의 라이벌이 있었다. 무라사키와 츠보하치가 프랜차이즈 가맹 방식으로 매장 수를 늘리는 것과 달리 쇼오야는 직원들의 독립 지원제도를 통해 매장 수를 늘려갔다.

최저 근속 연한이 5년 이상 된 주임이나 점장으로 승격한 사람 중에서 주임연수, 점장연수, 간부연수를 거쳐 창업자인 타이라 타츠

회장(현 상담역)의 최종 면접에 합격하면 자사 브랜드인 '쇼오야'로 독립할 수 있는 제도다. 이 독립제도의 가장 큰 특징은 다이쇼 그룹의 직원들로 구성된 협동조합에서 최고 5천만 엔까지 지원을 받을 수 있다는 점이다. 직원들은 독립을 목표로 매달 급여에서 독립을 위한 자기 자금을 적립하고, 후에 그 적립금으로 운영되는 협동조합에서 자금을 대출받는다.

선술집 영업은 심야까지 이어지고 근무 조건도 다른 업종에 비해 좋은 편이 아니다. 술을 취급하는 업종인 만큼 고객 응대에도 신경을 많이 써야 하기에 당시에는 직원들의 정착률이 낮고 직원을 육성하기도 쉽지 않았다. 지금과는 달리 경기가 좋았던 때였는데도 일손이 부족했던 매장 운영의 어려움을 극복하고자 창업자 타이라 타츠가 생각해 낸 방법이 바로 독립제도였다.

5년 이상 근속하면 점장이 되고, 그다음에는 연수를 통해 경영자로서의 자세와 지식을 쌓을 수 있다. 또한 담보 없이도 독립자금을 빌릴 수 있는 이 제도는 직원들의 모티베이션을 높일 뿐만 아니라 목표를 이루기 위해 적극적으로 일하려는 직원들을 육성할 수 있었다. 이 제도를 이용해 독립하려던 나는 도중에 한국 유학의 길을 선택해 지금은 컨설턴트로 일하고 있지만, 근무 기간 동안 모티베이션을 높이기에는 충분한 제도였다.

이처럼 다이쇼 그룹의 경영이념을 몸에 익히고 점장 경험과 연수를 거치며 경영 감각을 갖춘 인재가 독립 지원제도를 발판으로 자사 브랜드의 간판을 달고 하나둘씩 독립을 해나갔던 것이다. 그리고 그것은 프랜차이즈 시스템으로 가맹점을 모집해 매장 수를 늘려나가던 무라사키와 츠보하치보다 훨씬 튼튼한 조직 기반을 갖추며 높은 성장을 이루는 결과로 나타났다.

지금도 일본 외식산업 매출 랭킹 100위 중에서도 상위권(2015년도 18위)에 올라 있는 다이쇼 그룹은 매년 성장해 나가고 있다. 하지만 1980~1990년대에 100위권 안에 함께 들어 있던 라이벌 무라사키와 츠보하치는 현재 이름을 거의 찾아볼 수 없을 정도로 매장 수가 많이 감소했다.

앞으로 독립 지원제도를 인사제도로 채택하는 회사가 더욱 늘어날 전망이다. 외식업에 종사하는 사람들의 대부분은 독립을 생각하지만, 예전과 달리 쉽게 독립할 수도 없고 독립해도 성공할 확률이 낮다. 그럼에도 회사의 지원을 받아 자사 브랜드로 독립하는 길을 만들어 준다면 직원들의 모티베이션을 높이고 회사의 조직을 강화하는 동시에 꿈을 실현시킬 수 있다는 메리트를 주게 된다. 매장 확대도 가맹점보다 직영점의 비율을 높일 수 있어 앞으로는 직원을 독립 시켜 매장 수를 늘려나가는 방법이 더 낫다.

경영기획, 실천을 위한 로드맵

기획력의 마지막은 지금까지 설명해 온 모든 항목을 경영에서 실천하기 위한 계획을 세우는 일이다.

요즘은 운전을 할 때 사람들이 대부분 내비게이션을 사용한다.

하지만 내비게이션 시스템은 설정 방법(고속도로를 이용할지, 이용하지 않을지 등)에 따라 우리가 예측하는 것과는 전혀 다른 방향으로 안내할 때가 있다.

내비게이션 시스템에 의지하는 사람은 예상하지 못했던 방향으로 안내를 받으면 스마트폰 내비게이션 시스템도 함께 가동해서 경로를 확인할 때도 있다. 그런데 스마트폰이 다른 경로를 알려주면 이번에는 스마트폰을 믿고 운전하다 먼 거리로 돌아가며 시간을 낭비하는 경우가 발생하기도 한다. 극단적인 예이긴 하지만, 요즘에는 사실 많은 운전자가 내비게이션을 너무 믿어 버린 나머지 전체적인 운행 감각을 잃어버리고 운전에 집중하지 못할 때가 많다.

과거에 그런 경험을 해본 나는 그 후부터는 내비게이션에 전적으로 의지하지 않는다. 먼저 지도 검색 등을 통해 목적지까지 전체적인 경로를 확인하고 대략적인 방향을 파악한다. 그리고 가능한 한 목적지 근처까지는 도로표지판을 보면서 가다가 목적지에 가까워지면 그때부터 상세한 경로를 내비게이션에 의지해 주행한다. 헤매지 않고 목적지에 도착하기 위한 방법이다.

음식점 경영도 마찬가지다. 목적을 명확히 설정하고 그 목적 달성을 위한 이미지를 떠올리면서 상세한 계획을 세워 나가야 한다. 지금처럼 정보의 홍수 시대에 경영의 방향성과 계획을 명확하게 세우지 않으면 범람하는 정보로 오히려 방향을 잃고 헤맬 수 있다. 장기적으로 성공 매장으로 성장해 나가고 경영을 안정시키기 위해서는 경영 계획을 통해 목적지에 도달하기 위한 방향을 명확히 설정해야만 그 정보를 유용하게 활용할 수 있다.

음식점 경영기획에 대해 지금까지는 장기계획으로 10년 후의 비전을 먼저 제시하고 10년 동안의 계획을 세워 왔다. 하지만 요즘처럼 변화가 심한 시대에는 10년 앞을 예측하기가 쉽지 않다. 따라서 먼저 10년 후라는 장기목표를 세우고 5년간의 중기계획을 세운 다음, 1년짜리 연간 계획을 세워 수정해 나가며 목표를 달성하는 형태가 바람직하다.

경영기획의 핵심 세 가지

경영기획을 위해서는 정책, 전략, 전술 세 가지를 명확히 해야 한다.

정책에 대한 확신

정책은 기업경영이나 매장경영의 토대이므로 기업이나 매장의 존재 이유가 담겨 있어야 한다. 다시 말해 창업정신을 나타내는 경영이념과 10년 동안의 성장계획 및 어떤 기업상과 매장상을 갖출지에 대한 비전을 명확히 담아야 한다. 목표로 삼은 기업상이나 매장상으로 매출 규모나 매장 수가 우선시되어서는 안 된다. 경영자를 포함한 직원들, 또 그와 관련된 모든 사람들의 행복을 위한 것이어야 한다. 그러려면 어느 정도의 매출을 올릴 수 있어야 한다. 그리고 그에 따라 매장의 수 등을 정해야 한다.

이처럼 존재의 의미와 비전의 방향성을 명확히 하는 의사결정이 바로 정책이다. 정책을 확실하게 정하지 않으면 기업과 매장은 치열한 경쟁과 경영 환경의 변화, 범람하는 정보에 흔들리게 된다. 확신을 갖고 정책을 구축해야 하는 이유이다.

음식점 운영 전략 네 가지

전략이란 정책을 통해 명확해진 기업상과 매장상을 만들기 위한 계획과 작전을 말하는 것으로, 음식점 운영을 위한 전략은 다음의 네 가지가 있다.

돈을 운용하기 위한 재무전략

회사와 매장을 확대해 나가기 위해 가장 필요한 포인트는 자금조달 능력이다. 적자 또는 자금 사정이 어려운 회사에는 은행도 투자자도 돈을 빌려주지 않는다. 경영자를 비롯해 직원들이 행복해지려면 이익을 올려 일정한 금액을 사내 유보금으로 적립함으로써 자금조달의 기반을 만들어 놓아야 한다.

먼저 회사와 매장의 규모에 관계없이 손익계산서와 캐시플로Cash Flow(현금 흐름) 확보의 필요성을 충분히 이해하고 재무전략을 세워야 한다. 캐시플로란 영업의 결과로 얻은 영업이익에 영업활동 이외로 얻은 이익(매장 처분으로 얻을 수 있는 권리금 수익 등)을 더한 경상이익에서 세금을 지불하고 난 세후 이익으로, 절세 자금에 감가상각비를 더해 남은 순수 이익금을 말한다.

또 차입금에 대한 변제자금은 캐시플로에서 지불해야 한다. 납세의무가 있는 이상 세금을 내고 난 후 차입금에 대한 변제 자금을 어느 정도 확보할 수 있는지가 중요하다. 경상이익이 흑자라고 해도 세금 등을 정확히 예상치 못해 변제 자금이 모자라면 자금의 유동성이 악화되어 도산하는 경우가 생기는데, 이를 흑자도산이라고 한다. 때문에 재무전략은 변제 규모를 고려해 매출과 경비를 예상하고, 어느 정도의 캐시플로를 확보할 수 있는지를 우선적으로 확인해야 한다. 그리고 매출 달성과 지출 관리 계획을 명확히 세운 다음 차입을 해야 한다.

이러한 전략과 계획 없이 무리한 출점과 투자로 인해 흑자임에도 불구하고 비참한 결과를 맞은 기업이나 매장이 많다. 계획은 가능한 한 면밀하게 세우고, 정해 놓은 기간에 계획대로 결과가 나오는지 확인해야 한다. 기업 규모가 어느 정도 성장하면 총자본 회전율, 고정 비율과 유동 비율, 자기자본 비율 등 경영의 안정성, 성장성, 수익성의 경영지표를 회계사와 상담해 가면서 재무전략을 세우는 일도 중요하다.

매장 확대를 위한 출점 전략

목표로 하는 기업 규모나 매장 규모를 달성하기 위한 매장 출점 계획으로, 입지 개발 및 매장 개발을 위한 정보수집과 그 방법, 출점 매장 수와 출점 속도 등을 포함해 매장을 오픈하기 위한 프로세스와 시스템을 구축해야 한다.

매장을 확대해 나가는 형태로는 여러 가지가 있다. 다가올 저성장 사회와 급격한 변화의 시대에는 지금처럼 하나의 업종 또는 업태의 가맹 계약을 통해 광범위한 지역에 체인점을 확대해 나가는 방식은 리스크가 커질 수밖에 없다. 시장이 점차 축소되어가고 있으며, 콘셉트의 라이프 사이클도 짧아져 성쇠의 속도가 예전보다 빠르다. 게다가 사회현상(조류독감, 광우병, 원자력발전소 등)의 영향을 받았을 때 회복하기가 더욱 어려워졌기 때문이다.

그렇다면 앞으로는 어떻게 매장을 확대해 나가야 할까?

먼저 한정된 지역에 다양한 업종과 업태로 확대하는 방법이 있다. 본사의 소재지가 서울이면 서울시, 대전이면 대전시 등 지역을 한정해서 상권을 분류하고, 그 상권에 맞는 업종과 업태로 다매장화해 나가는 방법이다. 하나의 브랜드가 경영이 어려워지면 다른 업종과 업태로 리스크를 분산할 수 있고, 지역이 한정되어 있어 본사의 매장 관리나 물류 원가를 줄일 수도 있다. 반면 다양한 분야에서의 개발 노력과 비용, 업종에 맞는 인재 육성 등이 복잡하게 얽혀 있으므로 주의해야 한다.

또 지역에서 우수 매장을 지속적으로 확대해 나가는 방법이 있다. 직영점에서만 가능한 방법으로 확실한 수익 확보를 기대할 수 있는 반면, 매장 수가 한정되어 있어 우수한 매장 운영 책임자의 육성이 필요하다.

매장 확대 전략으로 이처럼 몇 가지 방법을 생각해 볼 수 있는데, 지금 같은 저성장 시대에는 '무엇을 위해 출점하려고 하는가?'하는 목적과 자사의 역량, 매장 확대의 방향성을 명확히 정한 뒤에 실행에 옮겨야 한다.

물론 지금까지 설명한 매장 확대 방법만을 고집하지 말고 다양한 출점전략을 고민하는 일은 당연히 해야 한다. 직영점의 비율을 높이거나, 상권(오피스거리, 번화가, 주택가)에 맞는 업종과 업태를 개발해 그 상권에서만 가능한 업태를 우수매장으로 성장시키거나, 본사가 위치한 지역에만 한정해서 출점할 수도 있다. 또한 매장 규모와 객단가가 다양한 업태와 한식·일식·서양식 등 다양한 업종을 조합해서 확대해 나가거나, 직영 확대 전략으로 지역의 우수 매장을 목표로 하는 등 재무와 조직전략에 맞도록 방향성을 세우고 매장을 확대해 나가는 것이 중요하다.

인재를 육성하는 조직전략

조직전략은 목표하는 방향으로 나아가기 위해 필요한 인재를 어떻게 채용해 육성해 나갈지에 대한 작전과 계획을 말한다. 매장 수의 증가와 함께 1년, 3년, 5년마다 조직도를 수정하고, 매장 수에 따른 점장과 매장 직원의 수, 관리자와 본사 직원의 수를 파악해서 인재 채용 방법과 육성 방법을 계획하는 것이 바람직하다.

조직전략에서는 교육이 특히 중요하다. 조직에서 요구하는 능력을 가진 인재를 얼마나 확보해서 육성할 수 있는지가 최대 포인트다. '경영자의 이념이 현장에 반영되도록 하는 것'과 '현장에서 일어나는 일들이 정확하고 신속하게 경영자에게 전달될 수 있도록 하는 것' 이 두 가지만큼은 철저히 교육되어야 한다.

조직이 커질수록 조직계층이 늘어나 위에서 내려오는 전달 사항과 아래에서 올라가는 보고가 현장이나 상사에게 전달되기까지 상당한 시간이 걸린다. 또 사업부가 늘어나면 부서 간에 공유나 연계가 약해져 각 부서의 협력이 필요한 안건의 의사결정 속도도 느려지게 된다.

'경영자가 결정을 내리고 지시한 사항과 본사의 결정 사항이 얼마나 현장에 잘 반영되어 실행되고 있는가? 경영자가 현장에서 날마다 일어나는 일과 고객의 반응 및 직원의 의견을 얼마나 제대로 파악하고 있는가? 사업부 간 안건을 얼마나 신속하게 해결할 수 있는가?'

이처럼 즉시 확인되는 커뮤니케이션 시스템을 구축하는 일이 조직전략에서는 가장 중요하다. 각 포지션에 있는 책임자의 역할과 책임을 강화해 나가기 위한 '교육'이 필요한 이유다.

매장을 원활히 운영하는 마케팅 전략

콘셉트 책정부터 메뉴나 상품개발, 매장개발 그리고 기업이나 매장의 이미지 구축, 판매 촉진까지 포함해 고객에게 회사와 매장의 존재 가치를 구체적으로 전달하고 고객에게 많은 지지를 받기 위한 넓은 의미의 마케팅 계획으로, 다가올 변화의 시대에는 로컬 스토어 마케팅LSM 개념이 중요하다.

살아남기 위해 단골 고객의 확보와 확대가 중요한 이때에는 전국적으로 동일한 마케팅을 실시하는 것보다 매장의 지역이나 고객층에 맞는 마케팅을 실시해야 한다. 세계 제일의 체인점 맥도날드도 현재는 지역에 맞추어 메뉴와 메뉴의 수에 변화를 주고 있다. 이처럼 앞으로는 지역과 상권의 특성을 고려해 고객의 반응을 정확하게 파악한 후, 로컬 커뮤니케이션 어프로치LCA를 실시함으로써 고객과의 밀접한 관계를 유지하는 마케팅 전략이 매우 중요해질 것이다.

이처럼 전략 부분은 재무의 안정과 향상을 목표로 조직, 출점, 마케팅이라는 네 가지 전략이 잘 맞물려서 돌아가는 정합성이 매우 중요하다. 카시와노 미츠루는 자신의 저서 《점장의 실무를 알 수 있는 책》에서 유연함이 관건인 전략을 실천하기 위해서는 다음과 같은 발상이 필요하다고 말했다.

"도착점(목표)을 명확하게 하고, 도달하기 위한 구체적인 방법을 입안하고, 현장과 공통된 인식(의견 일치)을 갖고, 매장 운영 책임자 혹은 실행자를 육성한다. 전략을 실행할 때는 먼저 사람, 상품, 돈 그리고 정보를 활용하여 관찰·분석·검증을 반복한 후 비로소 전략에 반영해야 한다."

외식업 전술을 현장에 적용하려면

전술이란 정책에 따른 방향성을 설정하고 전략이라는 계획과 작전을 실제로 현장에 반영해 나가는 구체적인 방법이다. 외식업의 전술에는 경리·재무관리, 인사관리, 영업, 기획·개발의 네 가지가 있는데, 정책과 전략이 현장에 충분히 반영되고 실행될 수 있어야 한다.

전술은 매장 운영 책임자가 그 역할과 책임을 담당해야 하는데, 매장 운영 책임자의 실행력과 능력에 따라 매출과 수익에 큰 차이가 발생한다. 아무리 훌륭한 정책이나 계획이라 할지라도 전술을 제대로 펼치지 못하면 성과를 낼 수 없다.

경리·재무관리, 현장 활동의 평가

숫자는 거짓말을 하지 않는다. 노력도 게으름도 결과는 숫자로 나타난다. 숫자로 나타나는 모든 결과는 현장 활동의 평가인 셈이다. 따라서 자신들의 평가를 정확하게 파악해 좋은 부분은 더욱 강화하고 부족한 부분은 보강하는 전략을 세워야 한다.

이익은 오르고 있는지, 영업은 효율적으로 하고 있는지, 문제점의 원인과 대책은 무엇인지 매장의 상황을 확인하고 대책을 세우기 위해서는 숫자를 정확하게 파악하는 것이 중요하지만, 이러한 전술이 제대로 실시되고 있는 매장은 그리 많지 않다.

내가 1990년대부터 한국에서 컨설팅을 시작했을 무렵에는 매장에서 계수 관리를 직접 실시하는 곳이 거의 없었다. 매출, 세금 등 직원들에게 수치와 관련된 내용을 알리지 않으려는 경향이 강했기 때문이다. 하지만 이제는 대부분이 신용카드로 결제하기 때문에 매출을 줄여 신고하는 게 불가능해졌다. 또한 직원들의 모티베이션을 높이고 정착률을 높이기 위한 성과 배분이나 보상제도를 실시하기 위해서는 현장의 매출이나 지출 명세를 직원들이 파악하고 있어야 한다. 그래서인지 매장에서 매월 손익계산서를 작성하고 숫자를 공개하는 회사나 매장이 늘어나긴 했으나 아직도 결과 반성형인 계수 관리가 많은 것도 사실이다.

〈그림30〉 데일리 체크리스트

			전년 매출		전년 대비	예산		실제 매출		구매				실동시간		맨아워당 매출		객수		객단가	
일	요일	일	당일	누계		당일	누계	당일	누계	달성일	구매액	누계	구매율	당일	누계	당일	누계	당일	누계	당일	누계
1																					
2																					
3																					
4																					
5																					
6																					
7																					
8																					
9																					
10																					
11																					
12																					
13																					
14																					
15																					
16																					
17																					
18																					
19																					
20																					
21																					
22																					
23																					
24																					
25																					
26																					
27																					
28																					
29																					
30																					
31																					
합계																					

〈그림31-1〉 월차 손익계산서 사례

과목		금액	비율(%)
매 출 고			
원 가			
	1, 전월 재고		
	2, 당월 구매		
	3, 당월 재고		
총 매 출 이 익			
인 건 비			
직접 인건비	급여·수당		
	잡 급		
	상여		
	퇴직금		
간접 인건비	법정복리비		
	복리후생비		
	교육비		
	구인비		
제경비			
I 수도광열비			
	가스		
	전기		
	수도		
II 물건비			
	소모비품비		
	사무용품비		
	수선비		
III 판매 촉진비			
	판족·광고비		
	접대·교제비		
	기부·조합 회비 등		

Ⅳ 잡비·기타		
여비교통비		
통신비		
공조공과		
연구개발비		
수수료		
차량비		
서비스·세탁비		
잡비		
기타		
매장 관리 가능 이익		
조기 조건		
임대료·관리비		
리스료		
소계		
감가상각비		
지불금리		
소계		
본부비		
기타 손익		
잡수입		
잡손실		
경상이익		
법인세		
순이익		

〈그림31-2〉 영업 효율표

	1월	2월	3월	4월	5월	6월	상반기 합계
2016년 매출액	4,181,305	3,177,726	3,717,539	3,274,679	3,365,982	2,640,151	20,357,382
2015년 매출액	4,375,603	3,687,917	4,176,837	3,628,439	3,596,937	3,388,692	22,854,425
2016년 객 수	4,706	3,734	4,333	3,825	3,626	3,096	23,320
2015년 객 수	889	851	858	856	928	853	873
2016년 객단가	4,354	3,344	4,740	4,110	3,963	3,949	24,460
2015년 객단가	1005	1103	881	883	908	858	934
매출 신장률	95.6%	86.2%	89.0%	90.3%	93.6%	77.9%	89.1%
객수 신장률	108.1%	111.7%	91.4%	93.1%	91.5%	78.4%	95.3%
객수 증감수	352	390	-407	-285	-337	-853	-1,140
객단가 신장률	88.4%	77.2%	97.4%	97.0%	102.3%	99.4%	93.4%
객단가 증감액	-116	-252	-23	-27	21	-5	-61

메뉴 판매 Best 5

	1월	2월	3월	4월	5월	6월	7월	8월	9월	10월	11월	12월
1위												
구성비												
2위												
구성비												
3위												
구성비												
4위												
구성비												
5위												
구성비												

7월	8월	9월	10월	11월	12월	하반기 합계	1년 합계
3,304,011	3,483,439	2,841,224	2,933,882	2,752,878	2,982,629	18,298,063	
3,875,069	4,011,774	3,230,479	3,378,543	3,385,754	4,073,541	21,955,160	
4,248	4,736	3,721	3,535	3,292	3,623	23,155	
778	736	764	830	836	823	790	
5,026	5,210	3,913	3,880	3,727	4,487	26,243	
771	770	826	871	908	908	837	
85.3%	86.8%	88.0%	86.8%	81.3%	73.2%	83.3%	
84.5%	90.9%	95.1%	91.1%	88.3%	80.7%	88.2%	
-778	-474	-192	-345	-435	-864	-3,088	
100.9%	95.5%	92.5%	95.3%	92.1%	90.7%	94.5%	
7	-34	-62	-41	-72	-85	-46	

경비 효율

	1월	2월	3월	4월	5월	6월	7월	8월	9월	10월	11월	12월	합계
원가율 '16													
원가율 '15													
인건비율 '16													
인건비율 '15													
매출 총이익 '16													
매출 총이익 '15													
총노동사간 '16													
총노동사간 '15													
인시생산성 '16													
인시생산성 '15													
노동분배율 '16													
노동분배율 '15													
영업이익 '16													
영업이익 '17													
이익 차이													

'결과 반성형'이란 매월 영업을 끝내고 나온 결과치를 보면서 대책을 강구하는 방식인데, 계수 관리는 '목표 달성형'인 '중간 수정 운영방식'이어야 한다. 수치 계획을 세운 다음 매주 확인하면서 계획과의 차이를 중간에 수정하고 월말까지 반드시 목표치를 달성시키는 방식을 말한다. 계획PLAN→실행DO→확인CHECK→수정CONTROL의 사이클로 재무관리를 하는 것이 바람직하다.

인사·교육, 인재 육성의 전술

회사와 매장이 조직의 목표를 달성하기 위해 현장에서 필요한 인재를 교육, 훈련시키고 예절을 가르치는 일로, 파트타이머와 아르바이트생을 포함해 직원들을 모집해서 채용하고 육성해 나가는 전술이다. 교육의 원점은 '모티베이션과 의식'이다. 회사와 매장이 나아가야 할 방향을 직원들이 함께 이해하고, 목적을 위한 목표를 설정해 목표 달성을 위한 교육을 체계적이고 계획적으로 실시해야 한다. 개인이 성장해서 노동생산성을 높이고, 그것이 처우 개선으로 이어지는 현장 교육의 중요성은 몇 번을 말해도 지나치지 않다. 이 전술의 지속적인 실천이야말로 다가오는 시대에는 큰 힘이 될 것이다.

영업 전술, 매장의 레벨이 결정된다

고객의 지지를 받아 매출과 이익으로 이어지게 만드는 데 가장 중요한 전술로, 영업전술에 따라서 매장의 레벨이 결정된다. 영업 이외의 다른 전략이나 전술이 아무리 잘 구축되어 있다 하더라도 영업전술이 반영되지 않으면 고객의 지지를 받을 수 없다.

'QSC-A 레벨을 얼마나 향상시킬 수 있을까?', '반복되는 루틴 업무를 철저하게 실천해 QSC-A 레벨을 높임으로써 고객이 느끼는 여유로움, 즐거움, 만족감의 가치가 고객이 지불한 금액보다 커지면 고객의 지지를 얼마나 확보할 수 있을까?' 하는 부분에 대한 고민은 성공 매장으로 나아가기 위해 기본적으로 체크해야 할 항목이다.

영업 전술을 철저하게 실행하지 않으면 외식시장에서 살아남을 수 없지만, 철저하게 실행해 나간다면 성공의 길은 활짝 열리게 될 것이다.

기획, 판매 촉진을 위한 전술

매장에서 판매 촉진을 실시하기 위한 전술로, 연간 스케줄을 세워 제때에 매출을 확보할 수 있도록 계획적으로 기획해야 하며, 비용 대비 효과를 높여 나가는 것이 중요하다. 판매 촉진은 평소 영업을 하면서 이루어지는 활동이기 때문에 영업이 안정되지 않은 상태에서 실시하면 역효과가 난다. 따라서 가장 좋은 성과를 내는 판매 촉진은 평소 영업의 수준을 높이고, 높아진 영업 수준을 많은 사람에게 알리는 일이다. 그러려면 판매 촉진 기획에 대해 충분히 이해하고 계획을 세워야 한다.

지금까지 설명한 네 가지 전술을 현장에서 실천하기 위해서는 정책, 전략, 전술의 밸런스가 필요하다.

정책, 전략, 전술의 균형을 이루어야

지금까지 매장 운영의 세 가지 주축인 정책, 전략, 전술에 대해 설명했다. 이 세 가지 주축은 균형을 이루어 실시되어야 한다. '정책'에는 확고한 방향성이 필요하고, '전략'에는 회사와 매장의 상황과 방향성에 맞는 유연성이 요구되며, '전술'은 반드시 실행되어야 한다. '정책'은 확신성을, '전략'은 유연성을, '전술'은 확실성을 담보한 상태에서 균형 있게 구축해 나가야 한다는 말이다.

때문에 경영자는 자신이 가지고 있는 목표(꿈)를 명확히 하고, 간부는 그 목표에 맞도록 경영자와 함께 4가지 전략을 구축해 현장에 구체적인 실천 방법을 정확하게 전달해야 한다. 또 현장의 매장 운영 책임자는 전술을 확실하게 실행에 옮겨야 한다. 이처럼 계층별로 자신의 역할에 책임지고 실행해 나갈 때 안정적인 경영이 가능해진다.

한국에는 프랜차이즈 본사를 운영하고 있는 기업이 수없이 많은데, 프랜차이즈 비즈니스를 위해서도 이러한 구도는 반드시 필요하다. 가맹 점주에게 회사의 정책과 전략을 이해시키고 실천할 수 있는 전술을 확실하게 습득시켜 일상 업무에 반영하도록 해야 한다.

이제는 날마다 엄격해지는 정책과 격변하는 사회 상황에도 유연하게 대처할 수 있는 전략과 지금보다 더욱 강한 지원 체제를 구축함으로써 확실하게 전술을 펼칠 수 있는 체제가 필요하다. 그렇지 않으면 앞으로 프랜차이즈 비즈니스는 성공하기 어렵다.

경영 계획, 감동 스토리 실현을 위한 대본

지금까지 경영 계획을 세우고 그것을 매장 운영에 활용해 나가는 방법에 대해 설명했다. 기업의 규모와 관계없이 앞으로 경영 환경이 갈수록 어려워지는 변화의 시대에 살아남기 위해서는 경영 계획이 명확해야 한다. 마찬가지로 개인이 운영하는 매장에서도 규모에 맞는 경영 계획이 반드시 필요하다.

경영 계획은 '감동 스토리'를 실현하기 위한 대본과 같다. 나는 외식업을 '감동 비즈니스'라고 생각한다. 매장을 방문한 고객에게 맛, 즐거움, 편리함, 여유로움 등을 제공하고 행복을 주는 매우 보람 있는 직업이라고 믿는다. 규모가 작은 분식점이나 패스트푸드점에서도 고객의 이용 동기에 맞춘 정성 담긴 QSC-A를 제공한다면 고객은 분명히 감동하게 될 것이다.

외식업에 종사하는 일은 이처럼 훌륭한 일이다. 더욱이 고객이 행복을 느낄 때 자신들도 행복을 느끼며 일한다면 분명 풍요로운 인생을 보낼 수 있다. 고객과 직원의 행복을 실현시키기 위한 대본인 경영 계획을 반드시 작성해야 하는 이유다. 부디 경영자는 물론 모든 직원들과 함께 감동의 무대를 만들어 나가길 바란다. 감동의 무대를 준비하는 일이 진정한 승자의 길이다.

외식업의 노동생산성을 향상시키기 위해 매장 운영책임자인 점장에게 필요한 것은 바로 인건비 관리다. 오늘날 최저 임금의 상승으로 인건비 압박이 계속되는 한국의 외식산업에서는 결코 빼놓을 수 없는 요소다. 여기에 인건비가 고정화되어 있다는 점 또한 큰 문제점이다. 인건비의 고정화는 직원의 비율과 일정하게 고정된 시간에 일하는 아르바이트의 비율에서 발생하는 문제를 말한다.

일본에서는 음식점 종업원 중 아르바이트의 비율이 70%로 인건비로 환산하면 사원과 아르바이트의 임금 비율은 50 대 50 정도가 일반적이다. 아르바이트의 근로시간도 점장의 일정 관리를 통해 노동시간을 조정할 수 있는 변동비적 고용 체계를 갖추고 있다. 즉, 바쁜 성수기에는 인원을 늘리거나 일인당 노동시간을 연장하고, 비성수기에는 반대로 인원을 줄이거나, 노동시간을 단축한다.

최근 일본에서는 비정규직 노동자의 고용 안정화를 위해서라도 이 같은 근로 체계는 재고되어야 한다는 목소리가 높다. 하지만 양질의 대학생 아르바이트가 많이 근무하는 외식 업계에서는 여전히 유지되고 있다. 이와 같은 환경 속에서 점장은 매출 예측과 인시 매상고(MPH: MAN /HOUR)를 사용해서 인건비를 관리한다.

예를 들면, 다음 달 매출 예산은 100,000,000원이고 목표 인건비를 25%라고 했을 때, 사용할 수 있는 인건비는 25,000,000원이다. 사원과 아르바이트의 임금 비율을 50 대 50으로 가정해서 고정 인건비인 사원의 인건비를 제외하면 12,500,000원이 아르바이트에 사용할 수 있는 인건비가 된다.

여기서 확인해야 할 중요한 지표가 바로 평균 시급이다. 지금 고용하고 있는 아르바이트에게 지급하고 있는 평균 시급을 10,000원이라고 가정했을 때, 12,500,000원(아르바이트의 예상 임금)÷10,000원(평균 시급)=1,250시간 즉, 이번 달 사용할 수 있는 아르바이트의 노동 시간이 나온다. 이 매장의 정사원은 5명이고, 정규 고용 계약서상 직원의 노동시간이 일인당 209시간이라고 했을 때, 정직원의 노동시간 209시간×5명=1,045시간이며, 여기에 위에서 산출한 아르바이트 노동시간을 더하면 1,250시간+1,045시간=2,295시간이다. 이것이 1개월간의 총 노동시간이 된다.

그리고 여기에서 인시 매상고를 산출하면, 매출 예산 100,000,000원÷총 노동시간 2,295시간=43,523원이 된다. 점장은 이 인시 매상고를 달성할 수 있도록 총 노동시간인 2,295시간을 일별로 배분해서 한 달간의 일정을 세우게 된다. 조금 어렵게 느껴지는 부분도 있겠지만, 인건비는 이러한 방법으로 관리한다.

직원의 경우, 정해진 노동 시간이 있기 때문에 직원의 근무 일정을 가져오면 되지만 남은 1,045시간 분의 아르바이트는 근무 스케줄을 매출 예산에 맞추어 일별로 배정해 나간다. 매출이 낮을 것으로 예상되는 날에는 시간을 적게 배분하여, 인원수뿐만 아니라 평소 5시간 근무하는 아르바이트를 4시간으로 단축하는 등 근무 스케줄을 유연하게 계획해야 한다.

반대로 매출이 높은 주말에는 시간을 길게 배분하기도 하지만, 매출을 높일 수 있는 날에 노동생산성을 집중시킬 수 있도록 필요한 인원수만 배치해서, 가능하면 노동시간을 절약하는 것이 중요하다. 그 결과 목표했던 인시 매상고를 날마다 확인해 가며 43,523원에 최대한 근접해 지도록 하는 것이 점장의 인건비 컨트롤이다. 즉, 인건비 예산은 25,000,000원, 총 노동시간은 2,295시간 25,000,000원÷2295시간=직원을 포함한 전체의 평균 시급 10,893원은 시간당 인건비가 되며, 인시 매상고 43,523원은 1시간당 매출액이 된다.

즉, 10,893÷43,523×100=25.11% 인건비 목표금액과 거의 같아진다. 다시 말해 노동시간과 인시 매상고를 컨트롤해야 인건비를 관리할 수 있다. 이 방법을 이해하기에는 어려운 부분도 분명 있지만, 일단 알아두면 매우 유용하게 인건비를 관리할 수 있다.

〈그림32〉 월간 노동시간 예산표

○월 예산 목표 인건비 25%

목표 매출 = 100,000,000 원

목표 인건비율 인건비 = 25 % 25,000,000

목표 아르바이트 급여		목표 인건비		정직원 급여
12,500,000 원	=	25,000,000 원		(12,500,000 원)

목표 PA 노동시간		목표 아르바이트 급여		PA 평균 시급
1,250 시간	=	12,500,000 원	÷	10,000 원

목표 노동시간		직원 노동시간		목표 PA 노동시간
2,295	=	1,045 (209시간)	+	1,250 시간

목표 인시 매출 (맨아워 매출)		목표 매출		목표 노동시간
43,573	=	100,000,000 원	÷	2,295 시간

이 시간을 배분한다

평일 →	시간	×	일		시간
토요일 →	시간	×	일		시간
일요일 →	시간	×	일		시간
기타 Ⅰ →	시간	×	일		시간
기타 Ⅱ →	시간	×	일		시간
합계 →			일		시간

※ 포인트 : 매출 큰 주말에 생산선을 올릴 수 있도록 한다.

〈그림33〉 업무 스케줄

						예산 고객수													
이름	시간			계획	시인	실적 고객수													
합계 인원 배치 수																			
합계 인원 배치 수																			
노동시간 합계			H		K														

목표 과제		계획	실적
①	매출	원	원
②	MPH	원	원
③	객수	명	명
④	객단가	원	원
비고	노동시간		
		계획	실적
	정직원(홀)	H	H
	정직원(주방)	H	H
	P·A(홀)	H	H
	P·A(주방)	H	H
	회의 연수	H	H
	합계	H	H

〈그림32〉의 '월간 노동시간 예산표'와 〈그림33〉의 '업무 스케줄'을 참고하며 이 방법을 완벽하게 마스터하길 바란다. 왜냐하면 나는 이 방법으로 관리하지 않을 경우 한국의 외식산업이 인건비로 인해 도산하는 매장과 기업이 속출할 것이라는 위기감을 강하게 느끼고 있기 때문이다. 이것이야말로 바로 최저임금 쇼크다. 그렇지만 한국이 안고 있는 과제는 높은 고정 인건비에 있다.

내가 고문으로 있던 한국 기업의 점장에게 이 방법을 전수했지만, 높은 고정 인건비로 인해 컨트롤할 수 있는 변동비인 인건비 분의 노동시간이 너무 적어 관리가 어려운 곳이 많았다. 이것은 한국의 음식점과 외식 기업의 고용 체계에서 나타나는 특징과 주휴수당 제도, 그리고 아르바이트의 특성 등에서 기인한다.

매장의 전력에 도움이 되는 아르바이트는 주 15시간 이상이 아니면 일하지 않고, 주휴수당을 지급해야 하니 거의 직원과 같은 급의 노동시간으로 고정화되어 있다. 15시간 미만으로 근무하는 아르바이트(대개 하루 6시간 정도)는 짧은 기간 동안 일하며, 일을 어느 정도 익힐 즈음에 그만두기 일쑤다. 사정이 이렇다 보니 매장에는 전력화가 불가능한 사람들이 대부분이다. 이러한 악순환은 인력 부족과 항상 인건비 상승으로 이어지는 구조가 되고 만다.

이 과제를 어떻게 해결해 나갈지가 향후 과제이지만, 나는 15년 전부터 이 과제에 대해 한국의 외식 기업 경영자들에게 이야기해 왔다. 하지만 그들은 한국은 일본과 다르다는 의견만 낼 뿐, 귀 기울여 주지 않았다. 그러나 이제는 그 우려가 안타깝게도 현실이 되어 버렸다는 것을 독자 여러분도 강하게 느끼고 있을 것이라 생각한다.

한국에서 이 같은 인건비 측면의 문제는 노동력만이 아니라, 이 책에서 내가 강조하고 있는 모든 사안을 해결해야만 해소될 수 있다고 생각한다. 다시 말해 기초력을 바탕으로 원만한 인간관계가 형성된 직장 환경을 만드는 것이 전제되어야 한다. 그러자면 지속적인 교육과 본문에서 서술할 인력을 최소화한 매장과 주방의 설계, 그리고 면밀하고 철저한 수치 관리 등을 실천해 나가는 것이 필요하다.

급할수록 돌아가라!

외식업의 위기를 맞은 이때, 문제를 해결하는 데 지혜가 되어 줄 것이다.

옮긴이 **김수은**

배화여자대학교 일어통역과를 졸업했으며 일본 후쿠오카 서남여자대학교에서 일본어 교원 양성과정을 수료했다. 현재 전문번역가로 활동 중이다. 옮긴 책으로는 《장사 잘하는 집》, 《고객을 팬으로 만드는 미스터리 쇼핑 마케팅》, 《미스터리 쇼퍼가 밝히는 대박집의 비밀》, 《장사력》 등이 있다.

감수 **김성태**

㈜토다이코리아 인사교육팀장 및 영업기획지원팀 본부장으로 재직 중이며 외식분야 현장에서 전문가로 활동하고 있다. 특히 국내 최초 외식전문 미스터리 쇼퍼 과정 초대강사로 국내 고객경험 관리를 전파하는 데 큰 역할을 했다. 외식브랜드 개발 및 외식기업 교육 전문강사로도 활동했다. ㈜썬앳푸드 교육팀장 및 브랜드팀장, 전 와이즈앤피㈜ 대표이사를 역임했다.

외식업 생존의 법칙

초판 1쇄 인쇄 2020년 9월 16일
초판 1쇄 발행 2020년 9월 23일

지은이 아라이 미치나리·김태경
옮긴이 김수은
감 수 김성태
펴낸이 이상규
주 간 주승연
디자인 엄혜리
마케팅 임형오

펴낸곳 이상미디어
출판신고 제307-2008-40호(2008년 9월 29일)
주소 (우)02708 서울시 성북구 정릉로 165 고려중앙빌딩 4층
전화 02-913-8888, 02-909-8887
팩스 02-913-7711
이메일 lesangbooks@naver.com

ISBN 979-11-5893-104-9 03320